예비교사와 현직교사를 위한 생활중심주제

유아음악교육

안미숙 · 신원애

창지사

머리말

"침묵 다음으로 표현이 불가능한 것을 최대한 표현해 주는 것이 음악이다."
– Aldous Huxley(1894~1963) –

인간의 뇌는 음악을 인지하고, 거기에 반응하는 특별한 재질를 가지고 있다. 기술의 발달로 인해 특히 어릴 때의 음악활동이 유아의 뇌를 자극해서 머리를 좋게 하는 독특한 위력을 가지고 있음이 밝혀졌다. 또한 유아가 악기 연주를 배우거나 연주를 잘하게 되면 아이들이 논리적으로 판단하는 능력, 수학 잘하기, 문제해결 능력 등 이른바 고등 정신기능(higher mental function)에 꼭 필요한 능력을 발달시켜 준다는 것도 증명되었다. 음악은 자기 속에 있는 생각, 느낌, 알고 있는 것과 무의식 세계에 있는 것을 표현하는 도구이자 매체이다.

이러한 통합적인 발달을 돕는 음악은 인간의 마음을 밝고 풍요롭게 한다. 생활 속에 음악이 깃든 상태의 인간은 행복을 느끼게 되고, 음악을 통하여 위로 받고 미래를 위한 에너지를 기를 수 있다. 더욱이 음악은 중요한 언어의 하나이며 아주 독특한 소통의 방법이다. 우리가 말로서 감정과 생각을 표현하듯이 음악도 감정과 생각을 전달하는 독특하고 훌륭한 언어가 된다. 따라서 이러한 음악을 유아에게 지도한다는 것은 단순히 교육을 위한 것이 아니라 음악을 통해 유아의 생활을 함께 발달시키는 것이다. 또한, 유아기의 음악교육은 인간성 배양과 음악의 예술적인 가치를 이해하는 한편, 음악적 능력을 발달시켜 아름답게 하고 통합적인 발달을 하게 함으로써 조화로운 인격 형성과 풍부한 정서를 이루게 한다. 그렇게 함으로써 유아가 자연스럽게 생활 속에서 스스로 음악적 미의 경험을 통해 즐거움을 찾고 느낄 수 있도록 하는 데 음악교육의 의의가 있다고 할 수 있다.

본서는 총 2부로 구성되어 있다. 제1부는 '유아음악교육의 이해'에 해당하는 9장의 이론으로 구성하였고, 제2부는 현장에서 활용할 수 있는 '생활중심주제의 유아음악교육'에 대한 실제적인 활동 계획안으로 구성하였다.

모든 교육에는 철학적 이념이 존재한다. 먼저 1장은 삶과 음악, 음악교육의 개념, 중요성, 목적과 방향 및 음악교육의 역사에 대하여 고찰하였다. 2장에서는 인간의 뇌 과학으로 인해 음악교육의 중요성이 밝혀지면서 음악교육과 두뇌발달 간의 관계를 제시하였다. 3장에서는 Dalcroze와

Kodály, Orff, Gordon, Montessori, Suzuki의 음악교육이론에 관한 부분으로 다양한 교수법을 이해시키고자 하였다. 각 사람의 음악교육철학과 음악교육의 방향성을 이해한다면 유아기에 필요한 음악적 성장과 전인발달에 필요한 부분들을 확장하여 지도할 수 있는 지식과 사고를 갖출 수 있다고 본다. 4장에서는 음악교육을 위한 음악적 개념과 구성요소를 제시하였다. 유아의 생활에 접해 있는 놀이나 노래, 율동 등을 통해 음악의 기초적인 요소와 개념을 이해시켜야 한다는 것을 강조하고 싶다. 특히, 본 장은 음악개념을 이해하는 데 도움을 주기 위한 학습방법으로 청각뿐만 아니라, 시각에도 예민한 반응을 통하여 학습하는 시기인 유아에게 시각적 자료를 제시할 수 있도록 실례를 다양하게 수록하였다. 5장에서는 교사의 음악적 기술과 능력 이전에 유아기의 바람직한 음악교육을 위해서 각 연령별 발달단계 및 음악성의 발달에 대한 이론을 제시하였으며, 덧붙여 현행 영유아 교육과정에서 표준보육과정과 누리과정 중심의 음악교육의 관계성에 대하여 설명하였다. 6장에서는 유아음악교육의 내용을 소리 탐색, 노래 부르기, 악기 다루기, 음악감상, 신체표현, 음악극으로 활동할 수 있도록 제시하였으며, 7장에서는 시대의 흐름에 맞추어 통합적 유아음악교육의 방향을 제시하였으며, 8장에서는 효율적인 음악활동을 위한 환경을 교육기관, 가정, 지역사회로 제시하였다. 그리고 9장은 효과적이고 발전적인 음악교육을 위해 교사의 역할과 유아의 음악평가 방법을 다루었다. 2부에서는 생활중심주제로 실제 교육현장에서 활용 가능한 음악교육활동 계획안을 음악교육 내용과 음악개념을 중심으로 제시하였다.

좋은 교육은 얼마나 개개인을 행복하게 해 줄 수 있느냐로 그 성공 여부를 평가받을 수 있을 것이다. 개개인이 가지고 있는 특수한 재능이나 소질을 다양하게 인정하는 것은 대단히 중요한 일이며, 음악교육은 궁극적으로 즐거운 경험이 되어야 한다.

유아를 위한 음악교육은 유아가 음악적 경험을 표현할 수 있도록 교사들의 인식과 지식에 대한 성찰이 매우 중요하다. 특히, 음악교육을 제대로 실행하기 위해서는 먼저 예비교사 및 교사가 취학 이전 유아기 음악교육의 중요성과 필요성을 인식해야 한다. 따라서 유아를 가르치는 교사의 가치관과 사고는 음악교육의 질과 비례한다는 점을 고려할 때, 이 책이 예비교사 및 어린이집과 유치원에 있는 교사들에게 좋은 자료가 되길 희망한다.

마지막으로 이 책이 출간되도록 기획과 편집에 수고해 주신 창지사 모든 분들께 감사드린다. 그리고 이런 과정을 통해 교육의 동역자들을 섬길 수 있는 기회를 주심에 감사를 돌린다.

2016년 8월

저자 대표 안미숙

차례

Music Education for Children

Part 1 유아음악교육의 이해

Music Education for Children

CHAPTER 1

유아음악교육

1. 삶과 음악

> "음악교육(musical training)은 다른 어떤 것보다도 영향력 있는 도구이다. 왜냐하면 리듬과 하모니는 영혼의 내면으로 깊숙이 파고들어 영혼을 강하게 지배하게 되는데, 만약 어떤 사람이 바르게 교육을 받는다면 고상한 인간이 될 것이나 그렇지 못하면 그 반대의 인간을 만들기 때문이다. 또한, 참된 음악교육을 받은 사람은 잘못된 것과 아름답지 못한 것을 바로 알아차려 나쁜 것은 비난하고 싫어하지만, 아름다운 것에 대해서는 찬양하고 기뻐하면서 그의 영혼 속에 깊이 받아들여 이것으로 양육되어 고상하고 선한 사람이 된다."
>
> (Plato, 2004: 95-96)

사람은 일상적인 삶에서 다양한 경험을 하게 된다. 새로운 장소에서는 위축되고, 자주 거하던 장소는 느슨하거나 지루함을 느끼며, 반복되기도 하고 혹은 생존을 위해 무거운 짐을 지기도 한다. 우리의 삶은 이런 어려움에 직면하고 노력하면서 새로운 이해에 도달하게 된다. 이러한 삶의 관점에서 사람은 불균형과 균형, 긴장과 이완, 필요와 충족 등의 상태를 겪게 되는데 이 과정을 겪어 내는 것이 예술이며, 그 삶의 과정을 다른 사람이 들을 수 있는 소리현상으로 드러내는 것이 음악, 즉 삶의 축적에서 자연스럽게 형성된 문화의 한 모습이 음악이다.

음악은 이러한 삶에서의 사람들 생각과 행위로부터 나온 것이기 때문에 인간을 떠날 수 없으며, 인간들이 모여 사는 사회적 배경을 갖는다는 사실도 분명하다. 학문적 정의로 음악이란 "소리(음)를 바탕으로 하여 우리의 생각이나 느낌을 나타내는 예술"이라고 정의되어 있다. 마치 인간의 삶에서 '공기'가 인간이 살아가기 위한 필수 요소인 것처럼, '음악'은 인간의 삶을 보다 행복하고 윤택하게 만드는 필수 요소라고 할 수 있다. 즉, 음악은 그 형태와 존재 목적은 다소 달랐지만, 인간 삶의 역사 속에서 인간의 삶을 보다 풍요롭고 윤택하게 해 주었고, 아름다움을 경험하게 해 주었다. 우리 삶 자체는 리듬을 가지고 있다. 심장박동과 호흡, 식사와 배설, 눈 깜빡임과 불규칙하게 터지는 재채기, 또각거리는 구두 굽 소리, 계절 변화 등 다양한 리듬이 있다. 이 중에서 예상할 수 있는 리듬은 심신에 안정감을 주고, 빠른 단위의 리듬은 앞만 보고 달려가는 인생을 상징적으로 표현하기도 하며, 지나친 반복의 리듬은 지루함, 급격한 변화의 리듬은 혼란을 느끼게 한다. 음악을 들으면서 예상되는 반복과 변화의 정도는 음악유형에 따라 다를 것이다.

미국의 음악교육 철학자 Reimer(1932)는 "말로 미처 다 표현하기 힘든 경험 혹은 느낌을 사람들이 인식할 수 있는 소리형태로 만든 것이 음악"이라 말하였다. 그렇기 때문에 음악에는 인간의 경험에서 비롯된 유사한 느낌이 있다. 움직임과 정지, 긴장과 이완, 필요와 충족, 성장과 쇠퇴, 충돌과 해결, 걱정과 평안 등 우리 삶에서 경험하는 삶의 결이 음악 안에서 고스란히 발견된다고 한다. 기쁨과 슬픔의 선율은 인생의 기쁨과 슬픔을, 경쾌한 춤곡의 리듬은 인생의 즐거움을, 또한 소리의 어울림 정도에 따라 인생의 기쁨과 절망의 깊이를 표현한다.

음악은 직관이라는 통로를 통해 인간의 영혼에 직접 호소함으로써 인간에게 선함과 진실함과 아름다움과 정의로움에 대한 바른 안목을 제공한다. 즉, 개개인에게 온전한 삶을 살 수 있도록 도와주고, 정신적 고양을 제공할 뿐만 아니라 세상에 존재하는 아름다운 것, 의의 있는 것, 가치 있는 것을 탐지하고 선별하고 향유할 수 있는 능력과 태도를 갖게 해 준다. 이러한 귀한 음악의 가치는 누구에게나 열려 있다. 왜냐하면 음악적 능력은 생득되는 것이기 때문에 유아기부터 적절한 음악적 환경이 제공되고 늦어도 9세 이전까지 적절한 음악학습을 시작해서 계속 체계적인 경험이 이루어진다면 특별한 전문가 양성식의 훈련을 받지 않아도 누구나 그 세계를 향유할 수 있는 것이다. 생득적으로 소유한 잠재적인 음악적 능력을 계발, 발전할 수 있도록 하는 것은 넓은 의미에서 전인적인 인간 형성을 뜻하는 것이라 할 수 있다.

음악을 가까이하지 않는 인간은 극히 드물며, 음악이 감정적으로 인간에게 영향을 주는 것은 누구나가 느껴 본 사실일 것이다. 만일 음악이 인간의 마음을 투영하지 못한다면, 음악은 더 이상 사람들 간에 소통되지 못할 것이다. 음악은 유아기부터 노년기에 이르기까지 가져야 하는 인간의 비언어적 의사소통 방법 중의 하나이다. 이렇게 마음과 소통되는 음악은 인간이 지구상에 태어날 때부터 있었고, 유아가 성장하는 단계에 따라 발달할 것이며, 인간의 활동하는 모든 곳에 쓰이고 있다. 음악은 인간의 삶과 동떨어질 수 없으며, 유아에게 있어서는 더욱 그러하다. 성인보다는 언어적으로 표현이 자유롭지 못한 유아는 왕성한 호기심을 느끼며 세계를 탐색해 나가는 시기이다. 이 시기의 유아는 성인과는 다른 방식으로 세계를 탐색하고 자신을 표현한다. 아이는 만지고, 두드리고, 듣고, 흥얼거리며 소리의 세계를 탐색할 뿐만 아니라 환경의 소리에 걷고, 달리고, 춤추면서 자신을 표현한다. 자기 생각과 느낌을 마음껏 표현하는 과정을 통하여 정서를 순화시키며 긍정적인 자아개념을 형성하도록 돕는다. 이 시기의 유아에게 있어 음악은 감정을 전하며 느낌을 포착하고 이해하는 수단이므로 더욱 중요하다(Nolen, 2003). 인간이 살아가면서 필요한 요소가 있는가 하면 전혀 필요치 않은 요소가 있다. 하지만 음악은 삶에 가장 기본적으로 필요한 요소이며 우리의 생활에 매우 밀접한 관계를 맺고 있다.

2. 음악교육의 개념

인간이 언어를 사용하기 이전에는 여러 몸짓과 다양한 소리로 소통을 시작하였으며, 웃음소리, 울음소리, 바람이나 천둥과 같은 자연의 소리 또는 환경의 소리 등을 묘사하여 사람들이 서로 감정적 소통을 하는 데 사용되었다. 이렇게 소리는 인간이 사회구성원으로 활동하기에 중요한 매체가 된다.

어떤 물체가 부딪칠 때 진동하여 소리가 생기고, 이것이 공기를 통해 전해지고, 그것이 우리 귀의 고막을 울려 비로소 소리로 인식된다. 소리를 매체로 하는 음악은 다양한 음을 재료로 하여 인간의 생각이나 감정을 아름답게 표현하는 시각적 예술이다. 동시에 음악은 음악 자체에 있는 것이 아니고 음악에 대한 인간의 반응 방법과 인간이 음악을 어떻게 이용하느냐에 그 가치가 있다.

Mursell(1934)은 음악이 인간의 삶을 보다 좋게 하기 위해서 존재하는 것이라 하였으며, 음악이 인간생활에 유익한 것일 때 교육으로 채택할 가치가 있고, 보다 인간다운 삶을 지향하는 데 도움이 된다고 하였다. 또한, 음악이 단지 정서를 위한 것이라기보다 사회성과 도덕성을 향상시키며 미적 체험을 통하여 전인적 인간 형성을 지향하는 것이라 하였다. Bearsley(1940)는 미적 체험은 긴장을 해소시키고 파괴적 충동을 완화하며, 자아의 여러 내적 갈등을 정화시켜 통일과 조화의 생태를 유지하게 하며, 상상력을 계발시켜 스스로를 타인의 입장에 서게 하는 능력을 갖게 한다고 하였다. 또한, 지각과 분별력을 순화시키고, 상호 공감과 이해력을 배양시키며, 정신 건강에 도움을 주고 인간 생활에 대해 이상을 제공해 준다고 하였다.

Rousseau를 비롯한 학자들은 인간이 최초로 느낄 수 있는 예술 환경으로 음악을 말한다. 인간은 모태의 심장박동 소리로부터 시작하여 태어날 때부터 주위 환경의 갖가지 소리에 노출되기 때문에 자연스럽게 음악을 접할 수 있다. 이러한 초기의 음악적 경험은 유아의 잠재적인 창의성을 자극하고 음악의 감각을 개발시켜 줌으로써 유아의 표현능력을 길러 주는 동시에 성장해 가면서 음악에 흥미를 증진시켜 줄 수 있는 중요한 역할을 담당한다. 이처럼 음악은 훌륭한 인간 형성과 좋은 사회를 만드는 데 도움이 되므로, 음악교육은 음악적 소양을 배양시키고 인격체로서의 전인을 육성하기 위해 반드시 필요하다.

역사적으로 학자들은 유아기 음악교육의 중요성을 주장해 왔다. Platon은 음악의 목적을 인격 형성과 인간의 감정을 평온케 하는 것으로 보았으며, 유아기 음악교육이 절대적으로 필요하다고 하였다. Aristoteles는 음악을 미적 도야의 가장 중요한 수단인 동시에 도덕교육을 위해 필수적인 교과임을 강조하면서 유아기 음악교육의 가치를 중요시하였다. Comenius, Rousseau, Pestalozzi, Fröbel과 Montessori는 음악교육의 중요성과 함께 듣기, 노래 부르기, 악기 연주하기, 신체표현하기 등을 유아가 경험할 수 있는 환경을 제공하여야 함을 시사하였다(Greata, 2006). 또한, Dalcroze, Kodály, Orff, Gordon과 같은 음악교육가도 음악은 모든 유아가 경험해야 하고, 교육받아야 하는 것으로 유아기 음악교육의 중요성을 피력한 바 있다. 특히, Gordon(1997)은 3~5세를 음악 적성 형성에 중요한 시기임을 강조하면서 9세까지는 음악 적성의 성장이 가능하지만, 그 이후에는 음악 적성이 거의 고정되어 성장하지 않는다고 하였다. 또한, Dewey는 유아기 음악교육의 목적은 음악에 친숙하게 하고 좋은 음악적 표현이나 감상에 적극적인 태도와 흥미를 갖도록 하여 유아의 생활 속에서 자연스럽게 음악을 받아들이는 습관을 기르도록 하는 것이라 주장하였다. Piaget는 유아의 발달단계에 맞는 음악 프로그램을 제공해 주고 유아 스스로 음악활동에 참여하게 함으로써, 유아의 자존감 형성과 완전한 인격을 갖춘 성인으로 성장하는 데 도움을 주는 교육으로 이루어져야 한다고 보았다. 정리하면, 유아의 음악교육은 음악을 통한 유아교육으로서 유아의 음악적 경험에 대한 정서적 가치와 인지적 중요성을 깨닫게 함으로써 유아의 음악적 능력을 기르도록 하는 것이라 할 수 있다(정현경, 2001). 특히, 출생과 동시에 시작되는 자연과 환경소리에 의한 유아의 다양한 청각 경험은 음악의 원리와 요소를 파악하게 하는 중요한 체험이다. 여러 소리를 활용하여 다양한 음색을 경험시키고, 풍부한 음악활동이 적절히 이루어진다면 유아의 음악적 잠재능력을 창의적 사고로 발전시켜 나가는 데 도움이 될 것이다. 이러한 음악체험을 지속적으로 할 수 있도록 계획하고 환경을 제공하는 것이 유아음악교육자의 역할이다.

이러한 학자와 음악교육가의 영향을 통해 음악은 유아교육현장에서 '상징적 신호나 전이활동을 위한 음악', '음악을 통한 교육', '음악을 위한 교육'으로 실시되었다(박은영, 2007).

첫째, 상징적 신호나 전이활동을 위한 음악은 인지·행동적 접근에서 음악이 과거 회상의 신호인 행동 활성제로 사용되는 측면이다. 예를 들면, 교사가 활동 시작을 알리는 종소리나 음악, 식사 및 간식 노래, 장난감 정리 노래 등을 사용하여 유아와 비언어적인 교류를 하는 것이다.

둘째, 음악을 통한 교육은 노래 부르기를 중심으로 음악 자체보다는 음악을 교육 보조물로 사용하는 측면이다. 예를 들면, 음악을 통해 유아의 다양한 발달 향상과 교사의 교수목표 달성을 위해 음악을 사용하는 것으로 노래를 사용하여 숫자나 단어 등을 유아가 배우는 것이다.

셋째, 음악을 위한 교육은 듣기와 음악 감상하기, 노래 부르기, 악기 연주하기, 음악 만들기, 신체표현하기와 같은 활동영역 간의 균형과 통합을 통해 음악적 개념과 음악 그 자체를 교육하는 측면이다. 예를 들면, 유아의 음악 관련 능력 향상을 위해 가락, 고저, 리듬, 빠르기, 셈여림, 음색, 형식, 화성과 같은 이해 영역을 유아가 배우는 것이다. 이처럼 '상징적 신호나 전이를 위한 음악', '음악을 통한 교육', '음악을 위한 교육'은 서로 다른 관점과 적용의 차이를 보이며, 유아교육현장에서 다양하게 활용되어 왔다.

3. 음악교육의 중요성

사람은 누구나 선천적으로 음악적 잠재력을 가지고 태어나며, 이 능력은 후천적으로 사회문화적 경험과의 상호작용에 의해 변화된다. 따라서 선천적인 음악적 잠재력과 출생 후 사회문화적 경험에 의한 의도적 혹은 비의도적 교육에 의해 개발된 음악능력을 모두 포함하는 음악적 능력(musical ability)은 발달에 있어서 유아기가 가장 중요한 시기이다(권덕원 외, 2006). 유아기는 다른 모든 영역의 발달과 마찬가지로 음악적 능력발달을 돕는 적절한 환경과 다양한 질 높은 음악적 경험이 체계적으로 제공되어야 한다.

유아는 태내기부터 외부의 소리나 산모의 내부에서 나는 소리에 움직임이 증가하거나 심장박동이 증가하는 등의 운동적 반응을 나타낸다. 또한, 출생 후에도 아버지의 목소리보다 태내에 있을 때 들어 왔던 어머니의 목소리를 먼저 구별하며, 생후 3개월이 지나면 어머니나 자신을 양육하는 사람의 목소리를 듣고 소리가 나는 쪽으로 고개를 돌리며 매우 편안해 한다(Bayless & Ramsey, 1991). 이처럼 유아는 태내기부터 소리를 민감하게 들을 수 있으며, 생의 초기부터 음악을 통해 자신의 의사를 표현하고 감정을 승화시키거나 타인과 감정을 교류하는 등 음악적으로 의사소통이 가능함을 알 수 있다.

유아기는 청 감각이 매우 민감한 시기로서 음악적 능력이 매우 빠른 속도로 발달한다(Gembris, 2002). 만 3~5세경에는 청각능력뿐만 아니라 음고의 판별력이나 리듬감수 능력이 가장 급속히 발달하여 성인의 수준에 이르게 된다. 따라서 유아기에 어떤 교육적 환경에서 어떠한 경험을 하는지는 유아의 음악적 능력과 밀접한 관련성이 있기 때문에 이 시기에 적절하고 다양한 음악교육을 실시하는 것은 매우 중요하다.

Gordon에 따르면 보통 사람은 누구나 음악적 잠재력(music aptitude)을 가지고 태어난다. 이러한 음악적 잠재력에 대해 살펴보면, 유아의 출생 시 약 68%는 평균의 음악적 잠재력을, 16%는 평균 이상의 높은 음악적 잠재력을, 그리고 16%는 평균 이하의 낮은 음악적 잠재력을 가지고 태어난다. 이러한 음악적 잠재력은 출생 직후가 가장 높으며, 후천적인 음악적 경험에 따라 발달하고 변화되다가 9세를 기점으로 교육이나 환경에 의한 영향을 더 이상 받지 않게 된다.

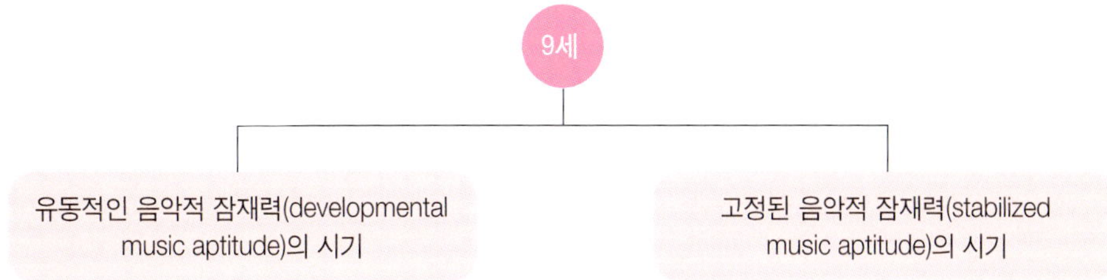

[그림 1-1] 조기음악교육의 중요성

음악 심리학자들은 9세까지는 환경과 교육의 영향으로 음악적 잠재력의 성장이 가능하며, 그 이후로 음악적 성취는 계속될지 모르나 음악적 잠재력은 거의 고정되어 성장하지 않는다고 주장한다(Reimer, 1989; Zimmerman, 1971). 모든 유아는 선천적으로 가지고 태어난 음악적 잠재력 발달을 촉진시키는 체계적인 음악교육을 받을 권리가 있다.

음악은 유아에게 자기표현과 창의적 기쁨을 제공하며 운동능력과 리듬감의 발달, 심미감 발달을 돕고 문화적 유산을 전달하기도 하며 인지적 발달과 추상적 사고가 증진되는 다양한 측면에 도움을 준다(Draper & Gayle, 1987).

유아음악교육은 유아에게 음악적 환경을 제공하여 음악경험에 대한 정서적 가치와 인지적 중요성에 반응하는 능력을 개발시킴으로써 유아의 음악적 능력을 기르도록 하는 것이라고 할 수 있다.

첫째, 다양한 음악적 경험을 통해 음악적 능력을 향상시켜 풍부한 정서를 갖게 해 준다. 음악적 경험은 유아가 느낀 바를 표현하기 위해 악기를 두드리거나, 몸을 흔들거나, 노래를 흥얼거림으로써 감수성을 기르며, 이러한 표현은 정서적 능력을 높여 주고 유아의 정서적 발달을 도와주며 정서적 예민성을 증진시켜 준다.

둘째, 풍부한 음색과 음악적 움직임을 이해할 수 있는 능력을 키워 준다. 유아는 음악적 경험을 묘사해 보는 활동이나 노래 부르기 활동을 통해 단어와 소리의 형태, 문장구성 등을 학습하게 되며, 음색을 지닌 음악적 대화만으로 언어발달에 도움이 되며, 음악적 게임이나 악기 만들기 등을 통해 사고와 문제 해결의 기회를 얻을 수 있다. 또한, 다양한 재질의 재료를 두드려 어떻게 소리가 만들어지는가를 탐색하고 소리 성질 및 음악의 특성에 대한 인지 개념을 발달시키고, 오감을 인지하여 이해력이 신장되고 지능발달에 도움을 준다.

셋째, 음악을 통해 유아가 받은 느낌을 노래, 악기 연주, 신체표현 또는 음악창작 등으로 표현할 수 있도록 도와준다. 유아는 기초 운동기능을 습득하는 데 이상적인 시기로 음악을 통한 놀이로 노래 부르기, 악기 다루기, 신체표현하기 등의 음악활동을 함으로써 신체를 움직이게 되며 음악을 통하여 자연스럽게 눈과 손, 소근육, 대근육의 조절능력을 증가시켜 운동능력을 학습하고 발달시켜 신체의 움직임을 순조롭게 해 준다.

넷째, 음악을 스스로 듣고 즐길 수 있는 음악적 능력을 길러 준다. 음악적 감각의 발달에서는 청각이 가장 중요하다. 자연의 소리, 환경의 소리에서 나오는 다양한 음색을 탐색할 수 있는 활동을 통해 주의 깊게 소리를 듣고 즐길 수 있는 능력을 키우는 것이 중요하다.

다섯째, 음악을 통해 심미적 만족감을 얻을 수 있도록 음악적 능력을 함양한다. 유아기에 다양한 경험의 통합은 음악경험에 대한 정서적, 지적 상호 관련성에 의해 나타나는데, 이 상호작용은 유아의 음악경험에 심미적인 의미와 성취감을 준다.

4. 음악교육의 목적

음악은 유아의 본능이자 매일 생활의 한 부분으로서 음악을 요구한다. 유아기의 음악적 경험은 평생의 음악적인 기호를 결정하므로 유아가 가지고 있는 적성과 자질, 흥미, 발달단계 등을 고려하여 적절한 음악적 경험을 제공해야 한다. 유아기 음악교육은 유아가 음악을 느끼고, 상상하고, 즐김으로써 음악의 아름다움을 인식할 수 있도록 돕는 교육으로 제공되어야 한다. Greenberg(1979)는 음악교육의 목적을 창의성의 신장, 지적 성장, 언어발달, 신체발달, 자아개념의 형성, 정서적 감수성의 신장 및 심미적인 발달 등으로 보았으며, 미국의 전국음악교사협의회(MENC, 1986)는 음악교육의 목적을 음악을 충분히 이해하고 창작하고 연주할 수 있는 각 유아의 능력을 가능한 충분히 발달시켜 주는 데에 두고 있다. Andress(1995)는 음악교육의 목적을 한 개인의 음악에 대한 타고난 성향(disposition)을 육성함으로써 음악에 대한 기호(propensity), 호기심, 참여를 통해 인생에 중요한 힘이 되게 하며 개인 자신이 음악을 좀 더 독립적으로 다룰 수 있게 하는 것이라고 보았다.

유아기 음악교육은 음악적 능력의 발달뿐만 아니라, 전인발달에 매우 긍정적인 영향을 미친다(안재신, 2004; Byo, 1999; Campbell & Scott-Kassner, 1995; Hickey, 2001; Kieff & Casbergue, 2000; Perry & Perry, 1986).

① 정서적 발달을 돕는다

음악의 가치는 무엇보다도 긴장을 완화해 주고 정서를 순화하며 심미감을 발달시켜 주는 것에 있다. 유아는 음악의 아름다움을 느끼면서 심미적 경험의 추구로 정서적 감수성의 증진을 얻을 수 있다. 또한, 음악적 경험은 유아가 느낀 바를 표현하는 능력을 증진해 줄 뿐만 아니라 타인의 감정을 민감하게 의식하게 함으로써 더욱 성숙한 감정표현 및 통제를 발달시킨다.

② 신체적 발달을 돕는다

유아는 리듬이나 소리에 맞춰 동작으로 표현해 보거나 악기를 연주해 보는 활동적 체험을 통해 눈과 손의 협응력뿐만 아니라 소근육, 대근육의 조절능력을 증가시킨다. 또한, 소리에 따라 몸을 적극적으로 움직이며, 자신의 감정을 신체로 표현하면서 신체적 발달을 도모한다.

③ 인지발달을 돕는다

소리에 대한 이해력의 향상과 음악적 개념을 구분하는 능력이 발달하게 된다. 이러한 음악적 경험은 유아의 사고와 문제해결, 다양한 재질의 자료를 두드려 어떻게 소리가 만들어지는지를 탐색하고, 소리의 성질 및 음의 특성에 대한 인지 개념을 발달시킨다. 음악경험은 유아가 음에 대한 변별력과 정확하게 음을 찾아내는 인식력, 특성에 따라 음을 범주화할 수 있는 분류능력, 음을 차례로 나열할 수 있는 서열능력, 음을 재생할 수 있는 재생능력 등을 향상시켜 준다.

④ 언어발달을 돕는다

음악적 경험을 묘사해 보는 활동이나 노래 부르기를 통해 단어와 소리의 형태, 문장구성 등을 학습하며 노랫말의 단어나 이야기 등을 이용하여 언어발달을 촉진한다. 나아가 자신의 생각도 말할 수 있게 된다.

⑤ 창의성 발달을 돕는다

본능적으로 음악에 반응하는 유아에게 음악은 자기를 표현하는 수단이다. 생각과 느낌을 탐색하고 실험하며 자유롭게 독창적으로 표현하게 함으로써 유아의 상상력과 표현력을 신장시켜 창의적 사고력과 다양한 표현능력을 가능하게 해 준다.

⑥ 사회적 발달을 돕는다

음악적 경험은 개인 및 그룹으로 진행되기도 하는데, 또래와 함께 어울려 하는 활동으로 서로 협력하고 소통하는 법을 배우게 되며, 타인과의 긍정적인 상호작용과 협동심, 공유하기와 같은 사회적 행동을 경험할 수 있을 뿐만 아니라 서로의 관점을 이해해 보는 기회를 갖게 된다. 또한, 유아에게 사회적 규율을 가르치거나 사회의 집단 구성원으로서 지켜야 할 규칙을 자연스럽게 알게 함으로써 사회적 기술을 배운다.

⑦ 자아개념의 발달을 돕는다

음악적 경험은 유아가 한 인간으로서 자신을 알고 인정하도록 문화적 정체감과 자신감을 키워 준다. 여러 경험을 시도하면서 자신감을 갖게 되고, 주어진 과제를 수행하면서 이루는 성취감으로 긍정적 자존감을 형성하게 하여 자아개념의 성장을 돕는다.

⑧ 심미적 발달을 돕는다

음악은 멜로디와 리듬을 통해서 생각과 느낌을 전달하고, 이를 통해 풍부한 감정, 충만감, 아름다움을 개발시킨다. 마음속 깊이 감동을 주는 음악의 힘은 심미적인 차원에서 기인되며 이 차원은 음악경험에 대하여 지각하고 느끼고 통합하고 사고하는 과정을 만들어 낸다. 유아는 음악 속에서 감정과 인식, 영상의 감수성이 전달되면서 심미감을 형성한다. 따라서 유아에게 음악경험을 통해 음악이 좋은 것이고 아름답다는 것을 느끼게 해 주면 유아는 즐겁고 행복한 마음으로 음악을 즐기게 되면서 심미감이 저절로 증진된다.

MENC(1992)의 음악교육 목적은 유아의 음악적 태도 형성과 음악적 행동 증진 및 음악적 소양 향상이다. 또한, 음악은 유아의 자기표현 수단으로 유아기는 음악을 학습하고 경험하면서 음악에 대한 판단력을 배우며, 이를 통해 심미감을 내면화할 수 있다고 하였다.

5. 음악교육의 흐름

"음악은 사회의 도덕적, 윤리적 그리고 관습적인 존재에 의해서 형성되며, 음악교육은 그 시대의 사회적이고 도덕적인 관념에서 인간이 무엇을 해야 하는지를 일깨워 준다(Castorp & Joachim Ziemssen)."

(김종환, 2004, 재인용)

모든 학문의 역사 속에는 그 학문에 관련한 인간의 지혜와 사상과 의지가 축적되어 있으며, 철학 속에는 그 학문의 개념과 추구하고자 하는 목적이 규정되어 있다. 이런 관점에서 음악교육의 역사는 여러 음악교육적 사실만 모아 놓은 것이 아니라, 역사적 사실, 시대적 문화 및 사상을 기초로 하여 음악교육적 사실을 규명함으로써 인간형성에 대한 새로운 미래상을 제시하고자 하는 것이다. 인간은 음악 없이는 아름다운 삶을 유지하기 어려우며, 음악을 제외한 문화는 넓은 의미로서 인간 사회의 문화가 아닌 것으로 인식한다. 이러한 이유로 음악과 음악교육은 항상 인간의 문화 속에서 발생하고 발전되고 있다.

음악과 음악교육은 인간이 존재한 순간부터 시작되었다. 마치 아기가 태어나면 살기 위해서 본능적으로 엄마의 품을 찾듯이 인간의 먹는 문제가 해결되자 인간은 의미 있는 놀이를 하고, 이를 통해서 협동과 단결심을 알게 되었으며, 부족 간의 독특한 문화를 형성하고 이를 통해서 동족의 의미를 알게 되었다. 여기서 의미 있는 놀이란 좁은 의미에서 체육이 될 수 있고 음악도 될 수 있으며, 무용이나 회화도 될 수 있다. 그러나 음악의 역사는 기술 가능하고 과학적 논증이 가능한 시기를 출발점으로 보는 것이 일반적인 시기이다.

1) 고대의 음악교육

고대 그리스와 로마의 시대부터 기술되고 있는 것이 일반적이며, 이 시기는 이미 수많은 철인의 사상이 인간의 삶과 예술을 논하였는데, 음악이 인간의 마음, 육체, 영혼에 깊이 관련된다고 믿었다. B.C. 4세기경 Aristoteles는 그의 시학(poetice)에서 "음악이란 인간이 가진 영혼의 상태나 감정, 너그러움, 분노, 용기, 고집 또는 이와 반대되거나 다른 상태를 직접적으로 모방한다."라고 하였다. 따라서 어떤 사람의 특정한 감정을 모방한 음악을 들으면 그는 그 감정을 옮겨 받게 된다는 것이다. 또한, 그 사람이 오랫동안 습관적으로 비천한 감정을 일으키는 종류의 음악을 들으면 그의 전체 성격이 비천한 형식으로 형성된다는 것이다. 이는 소위 Aristoteles의 '모방이론'으로서 고대 그리스 시대 음악교육의 철학적 바탕이 되었다. 즉, 인간의 감정을 편안하게 하고 정서적인 음악을 접함으로써 인간은 그대로 변화될 수 있으므로 좋은 음악, 안정된 음악을 듣고 가르치는 일은 이 당시 인간교육에서 중요한 목표이자 철학이었다.

"교육에 있어서 음악은 다른 수단에 비해 훨씬 효과적"이라고 말한 그리스의 위대한 철학자였던 Platon과 Cicero는 아동기의 음악교육에 지대한 관심을 가졌던 인물로 "아동의 음악교육은 처음에 잠재상태에 놓여 있을지 모르나 성장하면서 능력이 나타나고 후에는 선하고 아름다운 심성을 갖도록 하는 중요한 역할이다."라고 역설하였다.

2) 중세의 음악교육

중세시대(4~14세기경)는 무엇보다도 철저한 신본주의 사상이 뿌리를 내렸던 시기이다. 이 시기는 주로 종교 음악적 차원의 교육이 이루어졌는데, 모든 인간 삶의 목적은 결국 신의 존재를 파악하지 않고는 불가능하다는 것이 중세인들의 판단으로 선율보다는 가사의 의미를 통해 신앙적인 믿음을 어떻게 승화하느냐에 더 큰 목적이 있었다. 따라서 음악교육은 주로 그리스도교 문화권 안에서 이루어지는 한계점도 있었지만, 종교음악의 발달, 기보법의 발달, 성악 음악의 발달 등의 측면에서 볼 때 큰 역사적 의미를 지닌다고 볼 수 있다.

3) 르네상스 시대의 음악교육

문예 부흥기의 르네상스 시대(14~16세기)는 인간이 모든 것의 중심이 되며, 스스로의 방향을 잡아가는 시기이다. 바로 이러한 맥락에서 르네상스와 휴머니즘(인간성)이 결성되고 인간의 발견과 자연과 세계의 새로운 발견이 이루어진다. 새로운 인간상은 새로운 예술가 부류를 낳게 하였다. 유럽의 음악교육 발달은 Luther의 종교개혁과 함께 이루어졌다. 그는 음악은 신으로부터 받은 것 중에 가장 뛰어난 예술이라고 칭송하며, 모든 음악은 그것을 창조한 신에 대한 예배에 사용되어야 한다고 보았다. 또한, 음악이 교육적으로 유익하며 윤리적 힘이 있다고 믿어 합창학교를 권장하였다. 음악교육은 라틴어 학교를 통해서 이루어졌으며 그레고리오 성가를 주로 사용하고, 인쇄술의 발달로 인하여 성가집, 음악교재, 계명창 교재 등이 많이 발간되어 보급됨으로써 음악교육 측면에서 큰 변화가 일어났다.

4) 17세기 음악교육

17세기 유럽의 음악교육은 실학주의 교육관이 나타난 시기로 인간에게 있어서의 내면적, 미적 심성의 중요성과 음악교육의 인간교육적 가치를 외면하는 결과를 초래하였다. Locke (1632~1704), Francke(1663~1727)와 같은 사람은 음악을 세속적, 쾌락적, 오락적인 것으로 평가, 어린이 음악교육에 유해하다고 주장하였다. 이 시기 음악교육을 지지한 사람들은 영국의 대시인이며 실학주의의 대표적 교육사상가였던 Milton(1608~1674)으로 "숭고한 음악은 사람의 성품과 태도를 정화하고 고상하게 하는 위대한 힘을 가지고 있다."라고 하며, 음악교육의 필요성을 강조하였다.

5) 18세기 음악교육

18세기는 계몽주의 시대로 실리를 존중하고 합리를 중시하는 경향을 낳았고, 인간의 상상을 자극하는 예술탐구 분야는 인간으로 하여금 쉽게 공상에 흐르게 한다는 이유로 유해하다고 판단하였다. 그러나 18세기 후반의 교육 사상가들은 음악교육의 인간교육적 가치를 매우 존중하였으며, 그러한 인식은 음악교육의 내용과 방법에 있어 큰 발전을 이루게 한 바탕이 되었다. 대표적인 교육사상가로서 음악교육에 기여한 사람은 Rousseau(1712~1778), Basedow(1723~1790), Pestalozzi(1746~1827) 등이 있다. Rousseau는 교육에서 미덕과 자유 속에 사는 행복한 인간의 원시적 상태를 의미하는 "자연으로 돌아가라."는 선언과 함께 『에밀(*Emile*)』에서 "어린이가 그 자신의 내재적 힘에 의해 움직일 때 그 음악은 비로소 가치 있는 것이다."라고 하며 어린이를 위한 음악교육의 새로운 개념과 방법을 제시하였다. 음악교육에서 아동의 개성과 창의성을 존중하고, 아동의 수준을 고려한 점은 그 이전 시대 '훈련 위주'의 음악교육에서 '아동중심'의 음악교육으로 전환점을 형성하는 일에 크게 기여했다고 볼 수 있다.

Pestalozzi는 스위스의 교육 사상가이며 동시에 음악교육 사상가로서 교육이론과 실제를 동시에 실천한 사람이다. 그는 음악을 종교적, 도덕적 측면에서 인간교육을 위한 중요한 요소로 보았다. 특히, 학교교육에서 아동교육에 필수적 교과목으로 지정하였다. Pestalozzi(1801)의 교육관과 음악교육관은 교육소설 『린하르트와 게르트루트』, 『게르트루트는 어떻게 아이를 가르치는가?』에서 음악이 모든 어린이를 위해 필요한 과목임을 밝히고 있다.

6) 19세기 음악교육

19세기 유럽에서는 시민사회의 형성, 민주주의의 보편화, 산업혁명, 신인문주의가 나타남으로써 경제, 사회적으로 변화를 가져왔고 그 여파로 대중사회에서 개인이 상실되는 시대였으며, 주지주의적 과학 교육 사조가 융성함에 따라 예술을 '생활의 낭비'라고 보는 견해를 낳았다. 19세기 후반에 이르러, 인간교육에 있어서 예술의 가치와 일반인 생활에 음악의 필요성이 새롭게 인식되었고, 사람들이 과학중심의 교육사조에 대한 자각, 예술에 대한 가치, 인간교육의 필요성을 깨닫게 되면서 음악을 비롯한 예술의 중요성을 인식하기 시작하였다. 19세기 음악교육적 과제는 종교적, 정치적 이념의 수단으로 사용된 것으로부터 탈피하여 당시의 음악의 가치는 인간교화, 도덕성 함양, 신앙심을 높이는 데 있었으며, 음악교육가들이 음악교육의 발전을 위해 노력했고, 그 영향은 이후 시대의 음악교육 발달을 가져다 주었다.

19세기 음악교육 발전에 관심을 가졌던 사람들은 Goethe(1749~1832), Schiller(1759~1805), Guizot(1854~1888), Thomascik(1790~1875) 등으로 시인, 정치가, 교육가, 음악교사이다. 특히, Goethe는 음악교육의 필요성을 느끼고 올바른 음악교육을 위해서는 우선 정책적으로 제도화되어야 한다는 점을 주장하였다. Guizot는 예술은 사회를 조화롭게 만들 수 있기 때문에 아동에게 예술교육이 필요하다는 것을 강조했다. Thomascik은 "예술은 일부 상류 계층에 독점되어서는 안 되며, 모든 어린이를 위한 그리고 인간교육의 일환으로 행해져야 한다."라고 하면서 음악을 비롯한 예술교육의 보편화를 주장했다.

7) 20세기 이전 음악교육

20세기 음악교육의 발달은 크게 세 단계로 나누어 볼 수 있다. 초기는 제2차 세계전쟁이 종료된 시기인 1944년까지, 중기는 종전 이후에서 1960년대 말까지, 후기는 1970년대부터 현재까지이다. 크게 유럽의 음악교육과 미국의 음악교육으로 볼 수 있다. 먼저 20세기 초기 유럽 음악교육의 역사는 독일, 프랑스, 영국, 오스트리아 등의 사회적 변화에 의한 외적 조건에 의해서 크게 두 가지 방향으로 진행되었다. 하나는 도덕성 발달을 위한 음악교육이었고, 또 다른 하나는 정치적 목적을 위한 음악교육이었다.

20세기 초에 전개된 '음악중심 예술적 교육'에 대한 이상은 인간교육에 대한 개혁적 생각에서 나온 것이다. 즉, 그 이전까지 유럽 전역에 걸쳐 지배해 온 국가주의적, 논리적 성향에 의한 음악교육이 아니라 순수한 음악교육을 통한 인간형성의 목적에 의한 것이다. 중기 이후의 음악교육은 초기의 가창을 주된 활동으로 하던 음악교육에서 벗어나 교육과정이 더욱 강화되면서 질적 성장을 이루게 된다. 20세기 중반 이후 음악교육의 발전은 크게 철학, 교육과정의 체계, 교수내용 및 방법의 확대 등으로 초기의 상황과는 비교할 수 없을 정도로 많은 발전을 이루었다. 독일의 Adomo(1903~1969), Wiora(1906~1997), Orff(1895~1982), 스위스의 Dalcroze(1865~1950), 헝가리의 Kodály(1882~1967) 등은 음악교육철학, 방법론 등을 연구하며 음악교육의 실제적 측면에 많은 발전을 이룩하는 데 이바지하였다. 20세기 후반에 들어, 유럽의 음악교육은 '21세기를 향한 교육의 발전'이라는 틀에서 음악교육이 교과교육학으로서의 내실화, 학문으로서의 성장을 위한 이론과 실천적 방향의 틀을 새롭게 하기 위해 독일, 영국, 프랑스만이 아니라 대부분의 국가에서 음악교육의 가치를 인정하였다. 그들은 제도적 발전 안에서 음악교육과정, 음악교과서, 교수-학습 방법론 등을 통해 음악교육의 이론과 실천적 발전을 위해 노력해 왔다.

8) 20세기 이후 음악교육

20세기 이전까지 음악교육은 주로 유럽을 중심으로 발전하였으나, 20세기 이후로부터는 미국을 중심으로 음악교육이 실용화되어 갔다. 전통적으로 성악 교육이 중심이었던 미국의 음악교육은 19세기 말과 20세기 초에 이르면서 기악교육 분야에서도 많은 발전을 이루게 된다. 미국의 독립전쟁 이후 제대한 군악병들은 각 지역 사회와 학교에 영향을 주었으며, 그 중 Gilmore(1829~1892)는 군악대를 지휘했던 사람으로 제대 후에는 여러 음악회를 개최하여 미국 음악계에 큰 영향을 주었다. 20세기 초기에 미국 음악교육은 점점 더 체계화되어 갔다. Clark(1860~1958)의 노력으로 음악감상교육의 가치가 알려지게 되었으며, 음악교사를 하면서 음악교육과정을 체계화하였고, 감상을 통한 음악 수업에 대하여 많은 방법을 구안하였다. 1959년에 있었던 우즈 홀(Woods Hole) 회의는 매우 중요한 의미를 지니고 있다. Bruner는 『교육의 과정(*The process of ducation*, 1960)』이라는 책을 통하여 '학문중심의 교육과정'을 강조하였고, 그의 교육이론은 과학, 사회, 언어 교과뿐만 아니라, 음악교육에도 영향을 미쳤다. 1965년부터 5년간 수행된 '맨해튼빌 음악교육과정 연구(MMCP : Manhattanville Music Curriculum Program)'는 표현 가능하고 창의적이며, 매일의 삶과 관련되는 포괄성을 전제로 하는 음악교육과정을 구안하는 데 목적이 있었다. 이 연구를 통하여 개념적 접근법과 나선형 교육과정 이론이 음악교육 분야에 구체적으로 적용되었다. 또한, 1967년 탱글우드 심포지엄(Tanglewood symposium)에서 음악교육가, 사회학자, 과학자, 정부 관리들이 미국의 음악과 음악교육에 관한 다양한 주제에 대하여 논의하였는데, 이것이 미국 교육에 지속적으로 영향을 주었다.

기술의 발전은 자연스럽게 교육의 방법적인 측면에서도 큰 변화를 가져왔다. 특히, 음악 녹음, 저장, 재생의 기술이 향상되면서 음악교육에서의 기술 적용은 일반화되었으며, 미디(MIDI : Musical Instruments Digital Interface) 체제가 전자 악기는 물론 컴퓨터에도 적용됨으로써 그 활용의 범위가 더욱 넓어져 학교 음악교육에도 큰 영향을 주었다. CAI(Computer Assisted Instruction : 컴퓨터 보조학습)도 음악교육에 널리 적용되었으며, CD와 DVD의 발전도 음악교육의 방법에 큰 변화를 주었다. 이뿐만 아니라 음악교육을 위한 소프트웨어도 다양하게 개발되어 음악 교수-학습에 직접적인 영향을 주게 되었다.

1980년대부터 심리학, 교육학 분야에서 크게 활동하고 있는 Gardner는 그의 '다중 지능 이론(multiple intelligence theory)'을 통하여 교육계뿐만 아니라 음악교육 분야에도 많은 영향을 주었다. 그는 인간의 지능을 과거처럼 단순하게 보지 않았고, 최소한 8가지 영역으로 분류된다고 주장했다. 즉, 인간의 지능은 논리-수학, 언어, 공간, 신체-운동, 음악, 개인이해, 대인관계, 자연탐구 지능 등으로 이루어진다고 했으며, 그의 주장은 학교에서 음악을 비롯한 다양한 지능을 다루는 교육을 과거보다는 조금 더 중요시할 수 있는 이론적 근거가 되었다. 20세기 전체를 걸쳐 미국의 교육에서 음악교육을 포함한 예술교육은 그다지 충분한 대우를 받지 못했으며, 아동의 발달과정이나 경험, 인간 개인의 자아 완성이 중요시될 때는 예술교육의 가치가 어느 정도 인정되었다가 국가가 위기에 처해진다고 인식이 될 때는 그 해결책을 교육에서 찾으려 하면서 소위 '기본으로 돌아가자.'라는 모토와 함께 수학, 과학, 언어 등을 중심으로 하는 교육으로 회귀하곤 했다. 미국의 음악교육가는 학교교육에서 음악이 주변 교과목이 아니라 중심 과목이며, 선택적 과목이 아니라 필수적 과목이 되어야 함을 주장하고 있으며, 또한 그 주장의 실현을 위하여 지속적으로 노력하고 있다.

20세기 후반 미국 음악교육의 큰 변화 중의 하나는 '다문화적 음악교육'이다. 미국에 거주하고 있는 다양한 민족이 자기들의 언어와 문화에 대해 보다 분명하게 인식하게 됨으로써 교육과정에 다문화적인 내용이 포함되었고, 음악교육의 내용에도 다양한 민족의 음악이 자리잡게 되었다.

CHAPTER 2

음악교육과 두뇌발달

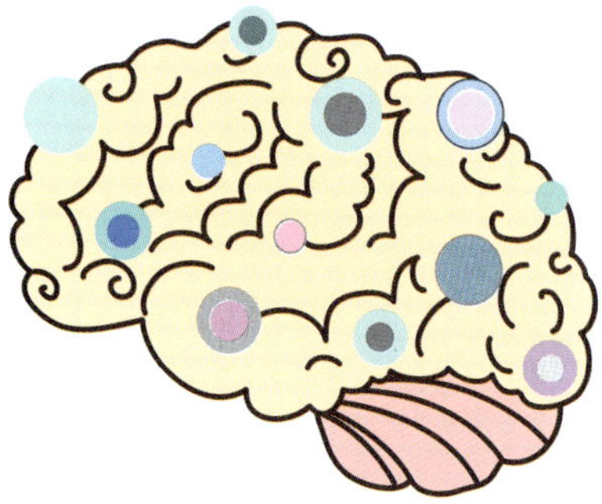

[그림 2-1] 음악을 연주할 때 뇌의 모습

음악과 움직임은 그 자체로서도 삶의 질 개선을 위해 중요하지만 사고, 정서적 표현 및 기억을 증진시키는 데 효과적이라는 인지신경과학적 근거가 다양한 관점에서 제시되고 있다.

유아의 뇌는 기본적인 음악적 요소를 처리할 수 있도록 전문화된 부위가 있음이 밝혀졌다(Jensen, 2004). 유아기의 바람직한 음악교육은 뇌 발달을 돕고, 긍정적 정서를 유발하여 학습자인 유아의 인지적 기능을 극대화한다(Bransford et al, 2003; Jensen, 2004). 또한, 뇌에는 음악성을 담당하는 부위가 있으며, 음악적 능력이 집중적으로 발달하는 시기는 만 2세 이전부터 시작하여 만 8~9세경에 정점에 이른다(Herrold, 2001; Jensen, 2004). 음악교육의 중요성이 뇌와 연관됨이 밝혀지면서 뇌 기반 학습과학에 기초한 음악교육의 필요성이 제기되고 있다. Black(1997)에 따르면 음악교육과 두뇌개발의 관계에 대하여 음악경험은 두뇌에서 청각적, 시각적, 인지적, 정의적 동작체계가 모두 관여하는 다중 방식으로 나타나고, 음악을 처리할 때에는 좌반구와 우반구가 모두 관여하므로 음악경험이 두뇌 전체에 걸쳐 시냅스의 형성과 수초의 성장을 자극한다고 보았다. 음악경험은 언어적 사고의 표현이 뛰어나지 않은 아동의 능력을 촉진시킬 수 있는 도구로서도 중요한 역할을 한다. Dickinson(1993)은 유아가 클래식을 배울 때는 뇌의 우반구가 활동하고, 악기를 배우면 뇌의 좌반구와 우반구가 모두 활동한다고 밝혔다(김은정, 2004, 재인용).

음악은 거의 모든 차원에서 뇌와 연관이 있으며, 뇌 전체가 활용될 때 음악 학습능력은 눈에 띄게 향상될 수 있다. 특히, 악기를 연주하면 시각, 청각, 운동피질이 활발해진다. 또한, 정교한 운동기술을 필요로 하고 두뇌의 좌반구와 우반구에 영향을 미치며, 특히 좌반구가 담당하는 독창성과 창의성에 영향을 미친다. 음악가들이 다른 직업군보다 상호 연관된 일을 처리하는 고도의 운영기능을 가질 수 있게 되기 때문에, 부딪히는 문제에 더욱 효율적이고 창의적으로 문제를 해결해 낼 수 있는 능력을 가질 수 있는 이유이다.

1. 두뇌개발을 위한 음악의 역할

1) 각성(arousal)을 조절하는 도구

음악은 주의를 유도하는 신경전달물질을 증가시키거나 감소시킨다. 긴박한 음악이 흘러나올 때에는 간뇌와 교감신경에서 노르아드레날린과 아드레날린이 분비되지만, 이완상태를 유도하는 음악이 흘러나올 때에는 아세틸콜린이 분비되어 장기기억 형성을 촉진할 수 있다. 또한, 음악은 유아의 알파파를 유도하는 데 상당한 영향을 줄 뿐만 아니라 학습까지도 영향을 미친다(Deporter & Hernacki, 1992; Deporter et al., 1999; Lozanov, 1979; Ostrander et al., 1994). 음악은 두뇌를 이완상태로 만들어 많은 뉴런이 동시에 활성화하도록 하여 창의성이 발현될 수 있도록 돕는다.

2) 두뇌의 신경회로를 자극

음악은 두뇌의 신경회로를 자극한다. 글루타민산과 같은 신경전달물질은 흥분적인 메시지를 전하고, GABA와 같은 신경전달물질은 억제적인 메시지를 전달한다. GABA가 분비되면, 사소한 외부 자극은 무시하고 학습과제에만 집중할 수 있는 선택적 주의집중이 가능해진다.

2. 두뇌발달 과정에서 음악교육

음악교육의 내용을 결정하기 위해서는 각 발달단계의 아동이 어떻게 인지와 정서가 발달하는지 이해해야 한다. Piaget는 특정한 학습이 가장 잘 이루어지는 시기를 '최적기(opimal period)'라고 명하였다. 최적기 동안 최적의 발달이 이루어지기 위해서는 유기체의 생리적 준비성과 환경적 지원이 조화를 이루어야 한다.

인간의 뇌는 발달단계에 맞추어 보면 특정 시기와 특정 기간에 더 효율적으로 습득될 수 있는 기능이 있어서 뇌 발달의 상당 부분이 출생 후에 지속되는 진화적 특징을 갖는다. 인간의 뇌는 한순간에 만들어져 완성되는 것이 아니라 무려 15년이라는 긴 시간에 걸쳐 천천히 완성된다. 특히, 인간의 대뇌피질은 고등인지의 가장 중요한 역할을 하는 부분으로서 다른 동물보다도 그 면적이 넓다. 또한, 그 발달과정은 시기적으로 단계가 있고 기능별로도 결정적 시기가 있으므로 한 번 기회를 놓치면 다시는 오지 않는 것이 뇌 발달과정이고 따라서 각 과정 역시 매우 중요하다.

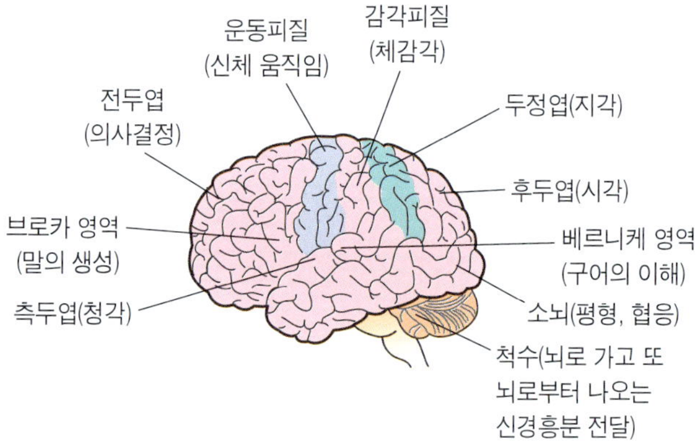

[그림 2-2] 뇌의 구조

Piaget의 인지발달단계인 감각운동기, 전조작기, 구체적 조작기, 형식적 조작기는 뇌 성장과 대체로 일치한다. 뇌파를 통해 본 뇌 발달의 급등은 발달 초기에는 대략 출생 후 3~4주, 7~8주, 10~11주, 15~18주 무렵에 한 차례씩 나타나고 잠시 소강상태를 거친 후 3세, 7세, 11세, 15세 때 다시 나타난다.

음악적 성장은 유아의 다른 발달영역과 동시에 일어나는 현상이다. 발달능력에 적절한 음악적 활동을 교육과정에 이용하는 것은 곧 유아의 균형적이고 정상적인 발달과 직접 연결된다고 볼 수 있고, 이것은 곧 성공적인 음악교육을 의미하는 것이다. 따라서 본 장에서는 Piaget의 인지발달단계에 비추어 음악교육을 살펴보고자 하였다.

1) 감각운동기(뇌 발달의 첫 단계)

전두엽, 두정엽, 후두엽 등 전 뇌가 골고루 발달하는 시기이다. 이 시기에는 다양한 영역의 정보를 왕성하게 전달받을 수 있도록 하는 것이 두뇌발달에 기초가 된다. 이때는 감각운동 기능을 발달시키는 운동발달 교육과 함께 다양한 지적 정보가 자연스럽게 제공되어야 한다. 놀이기구나 학습도구를 통한 자연스러운 학습은 뇌 발달과 학습능력 향상에 도움을 준다.

다양한 자각을 주는 감각 작용은 음악교육적 관점에서도 매우 중요하다. 전 뇌가 골고루 발달하는 시기인 만큼 바로 이 시기에 운동신경, 근 감각 등과 함께 유아의 청 감각도 발달하기 시작하기 때문이다. '청 감각'은 귀의 물리적 기능으로서의 단순한 '청력'의 차원이 아니고, 여러 가지 음 현상의 특징을 분별하는 청각적 내면 작용을 뜻한다(이홍수, 1991).

영아는 생후 2개월경부터 사람의 소리, 특히 엄마의 소리에 반응하며, 5개월을 전후하여 음악을 듣고 느낌을 몸짓으로 나타내기 시작한다. 영아는 다양한 주변의 소리를 듣고 음악에 주의 깊게 귀를 기울이면서 점차 들은 음악을 자신의 몸으로 표현하려고 노력하게 된다. 따라서 이 시기에는 영아가 속한 주변 환경의 풍부한 소리와 음악을 탐색할 다양한 경험을 제공해야 한다(신수정, 2015).

첫째, 음악에 대한 인식을 가지도록 음악을 들려주는 것이다. 출생 후 4개월부터의 영아는 다른 종류의 음악이 들리면 즉시 다르게 반응을 할 수 있다. 따라서 자장가를 들려주고 조용해지도록 하고 생동감 있는 음악을 들려주고 활동적으로 움직이게 해 본다. 즉, 경험을 많이 하게 하면 음악적 인지는 더욱 발달할 수 있게 되는 것이다.

둘째, 정서가 안정되는 음악을 선별하여 들려주는 것이다. 심장 고동 소리나 어머니가 임신 중에 자주 듣던 음악, 여러 종류의 자장가를 들려준다. 인간은 태어나기 전인 태내에서부터 소리나 음악에 대해 반응을 할 수 있다. 임신 3개월이 되면 벌써 태아는 외부의 소리 자극에 대해 반응을 하게 되고 점차 외부에서 들리는 음악과 소리에도 반응을 하게 된다. 그러므로 태내에서 들었던 음악을 들려줌으로써 음악에 대한 인식과 친숙한 감정을 느끼게 해 준다.

셋째, '듣는 것'을 '볼 수' 있도록 하는 것이다. 이 시기는 뇌의 발달에 있어서도 전두엽, 두정엽, 후두엽 등 전 뇌가 골고루 발달하는 시기이다. 따라서 시각과 청각의 감각체계도 서로 상호 결합을 하며 발달한다.

2) 전조작기(뇌 발달의 2단계)

뇌 발달의 2단계는 대략 3세에서 6세 정도로 보고 인지발달단계의 전조작기에 해당된다. 인간의 뇌 발달은 전두엽부터 시작해서 후두엽으로 발달해 가는데, 3세 이후부터는 뇌의 앞부분인 전두엽이 주로 발달한다. 전두엽은 인간의 최상위 정신작용을 조절하는 부위이다. 생각하고, 분석하고, 추리하고, 종합하며, 창조하는 모든 고도의 정신작용이 이 부분에서 일어난다. 인간이 다른 동물에 비해 번창할 수 있었던 것은 바로 전두엽이 다른 동물에 비해 발달했기 때문이다.

전조작기는 전두엽이 빠르게 발달하는 시기이다. 전두엽은 인간의 종합적인 사고를 하는 부분으로써 어떤 일의 계획, 통제, 판단 등이 이루어지며 신체 각 부위에 대한 운동 명령을 내리는 역할을 담당하는 일차 운동피질이 위치한 곳이다.

전조작기에는 인지발달과 함께 유아의 음악적 능력도 급속히 성장한다. 교사와 부모가 이 시기의 유아에게 적절한 음악 체험의 기회를 다양하게 제공한다면, 유아가 소리의 셈여림, 음높이, 음길이 등을 정확하게 구별할 수 있게 되며 가락의 흐름에 민감하게 반응하며 들려준 소리를 정확하게 따라 할 수 있게 된다. 그것은 이 시기에 음악적 능력에 있어서 가장 기초가 되는 청 감각과 반응력이 발달하는 것을 뚜렷하게 나타낸다. 따라서 유아에게는 노래 따라 부르기, 악기 소리를 듣고 표현 대상 알아맞추기, 청음 놀이하기, 흐름결을 듣고 따라 손뼉치기, 노래의 빠르기에 따라 걷거나 뛰기, 단순한 음악을 들으며 음악의 특징에 따라 무용하기 등 음악적 개념에 초점을 둔 청각 및 촉각에 의한 음악놀이와 신체 동작과 관련된 음악놀이가 가능하며, 이를 통하여 청 감각과 반응력을 발달시키는 것이 필요하다(이홍수, 1991).

3) 구체적 조작기(뇌 발달의 3단계)

뇌 발달의 3단계는 대략 6세 이후에 시작해서 11세 정도까지 지속된다. 이 시기에는 두정엽과 측두엽에서 발달 변화가 집중적으로 일어나면서 양쪽 뇌반구의 전문화가 이루어지며 Piaget의 인지발달단계의 구체적 조작기에 해당하는 시기이다.

구체적 조작기는 공간과 주의를 지각하는 두정엽, 언어의 이해기능과 소리 정보를 처리하는 측두엽의 발달 속도가 특히 빠른 시기이다. 구체적 조작기에 해당하는 이 시기의 아동은 음악의 셈여림과 음색, 빠르기를 구별할 수 있고 음악의 흐름에 흥미를 가지며 화음을 지각하기 시작하고 창조적인 상상력이 왕성해진다. 따라서 이 시기에는 어떤 소리나 사물의 움직임을 지니는 독특한 흐름의 형태를 소리로 나타내기, 청음놀이, 창의적으로 표현하기, 단순한 음악듣기 등의 활동이 권장되며, 이러한 활동을 통하여 음악요소의 보존을 훈련하게 되는 것이다.

8~9세경에는 청 감각이 일생 중 절정을 이루는 시기이기 때문에 음 현상에 대해 청각 기능이 가장 예민하게 작용하게 된다. 또한, 수 개념이 충분히 발달하기 때문에 음계와 음표의 수리적 조직에 적응할 수 있고 손의 근 감각과 손놀림이 발달하여 무리 없이 악기를 다룰 수 있으며 음악에 대한 기호가 형성된다. 그러므로 이 시기에는 청 감각을 자극할 수 있는 음악놀이, 악보 읽기와 쓰기, 악기 배우기, 여러 종류의 음악 듣기 등의 음악체험이 적절하고도 중요하며 이러한 활동을 통하여 음악적 능력을 크게 향상시킬 수 있는 것이다.

청 감각의 발달을 위해서는 소리의 변화에 주의를 기울여 분별하는 기회를 많이 제공하고, 음 현상에서 받는 느낌이나 결과를 신체로 표현하거나 악보로 나타내도록 이끄는 것이 좋다. 특히, 음악에 따른 신체반응은 흐름결, 가락, 빠르기, 셈여림, 형식, 음색 등의 음악적 요소에 직접적으로 반응하는 것이어야 한다. 음악학습에서 강조되는 신체표현은 음악적 요소와 관련되는 움직임을 뜻하며, 음향에 따라 몸을 의미 있게 움직이려고 노력할 때에 청 감각은 자극되고 활발하게 기능하며 발달하게 된다.

측두엽의 발달과 함께 청 감각이 가장 발달하는 이 시기에 음악적 인상을 갖는다는 것은 매우 귀중한 체험으로 절정의 경험을 많이 갖는 것이 필요하다.

4) 형식적 조작기(뇌 발달의 4단계)

뇌 발달의 4단계는 11세 이후부터 시작되는데, 형식적 조작기의 시기에 해당된다. 이 시기부터는 시각의 중추인 후두엽의 발달이 본격적으로 이루어지고 전두엽의 계속적인 발달과 함께 좌뇌와 우뇌가 본격적으로 통합되어 발달하면서 사고능력과 고도의 학습능력을 키울 수 있게 된다. 또 인간관계의 중요성이 부각되는 시기이기도 하다.

형식적 조작기는 뇌의 구조에서 머리 뒤쪽에 위치하며 시각 정보를 처리하는 지각피질이 있는 후두엽이 발달하는 시기이다. 후두엽은 여러 개의 작은 부위로 나누어지며 외부에서 뇌로 들어오는 시각 자료를 처리하는 데 중요한 역할을 한다. 또한, 종합적인 사고를 관장하고 정서 조절에도 중요한 기능을 하는 전두엽은 성인이 될 때까지 계속 발달하기 때문에 이 시기는 전두엽과 후두엽이 함께 발달하는 시기라고 볼 수 있다.

형식적 조작기에는 예술적 음악활동을 통하여 감성적, 시각적, 지적으로 깊은 감동의 순간들을 체험하는 것은 매우 중요하다. 만약, 이 시기에 음악활동을 통한 음악적 성취를 체험하지 못하고 감정적, 시각적, 지적 감동의 순간을 경험하지 못한다면 그들은 예술적 음악의 가치를 미처 인식하지 못하고 비예술적 음악에만 몰두할 수 있다. 그러나 음악활동을 통해 자신의 음악적 성취를 체험하고 깊은 예술적 감동의 순간을 체험한 학생들은 평생 동안 음악을 자신의 가치 체계 속에 포함하고 살게 된다. 그리하여 예술적 음악의 가치를 인정하게 된 아이는 비예술적 음악의 사회적 기능까지 인지할 수 있게 되고 모든 종류의 음악을 포용할 수 있게 된다. 따라서 무의미하게 노래만 따라 부르는 음악수업, 악곡의 의미와는 동떨어진 주입식 이론 수업이 아니라 아이 스스로 마음의 노래가 존중되고 악곡의 의미에 대한 통찰을 바탕으로 이루어지는 감상과 연주활동을 통하여 아이가 더욱 높은 수준의 음악 문화권에 속하도록 유도해야 할 것이다(이홍수, 1991).

모든 시대, 모든 지역, 모든 종류의 음악을 감상하고 음악회에 자주 참석하거나 자신이 참여한 음악활동에 대하여 비판하는 것도 좋은 방법이 될 수 있다. 우리나라 전통음악의 관용적 표현 방식에 바탕을 둔 새로운 작품과 전통음악을 감상하는 것은 물론 대중음악이나 영화음악, 오페라 등 후두엽에 자극을 주는 시각적인 매체를 포함한 다양한 악곡을 포괄적으로 체험하고 그 의미를 통찰하는 것 또한 이 시기에 중요한 과정이라 할 수 있다.

3. 음악교육과 두뇌발달 간의 시사점

첫째, 유아기는 음악적 능력에 있어서 민감한 시기이며, 이 시기 동안의 음악적 학습과 경험이 매우 중요하다. 특히, 시냅스 발달의 민감한 시기인 만 3세까지의 영아기는 서로 다른 기능을 하는 뇌의 여러 부위가 균형 있게 발달하도록 어느 한쪽으로 편중된 음악교육보다는 오감을 통한 다양한 음악활동과 경험을 제공하는 것이 좋다.

둘째, 뇌 발달과 음악교육은 밀접하게 관련되어 있고, 여기에서 정서가 중요한 역할을 한다. 유아가 음악과 관련된 새로운 내용을 학습할 때 이전에는 서로 연결되지 않았던 뉴런과 뉴런 사이에 시냅스가 형성되어야 하는데, 이때 시냅스가 형성되기 위해서는 음악교육이 스트레스 없이 유아의 긍정적 정서를 불러일으켜야 한다. 그러므로 유아를 위한 음악교육은 흥미를 고려하고 재미있는 놀이중심의 방향으로 이루어져야 한다는 것을 알 수 있다.

셋째, 뇌는 몸과 분리될 수 없는 부분으로 뇌는 곧 몸 그 자체이며 뇌는 그 자체로 인간이라 할 수 있다. 뇌 교육적 차원에서 살펴볼 때, 유아음악교육은 신체와 밀접하게 관련지을 필요가 있다. 즉, 유아음악교육은 뇌 교육적 측면을 고려하여 뇌 체조나 움직임에 대한 활동을 음악과 통합하여 실시하고, 뇌 발달을 고려한 다양한 음악교육 활동을 구성하여 제공할 필요가 있다.

CHAPTER 3

음악교육이론

1. Dalcroze의 음악교육론

1) Dalcroze의 생애

Dalcroze는 스위스의 작곡가, 음악교육자로 동작과 음악을 연결시키는 음악교육을 주장하였다. 그는 오스트리아 비엔나에서 사업가였던 아버지와 당시 Pestalozzi의 제자였고 음악교사였던 어머니에게서 음악을 배우면서 유럽 전통의 음악적 환경 속에서 자랐다. 그의 음악적인 면과 교육방법적인 면은 어머니로부터 받은 Pestalozzi의 사상과 교육 테크닉을 기본으로 Dalcroze 음악세계에 지대한 영향을 미쳤다. 이러한 영향은 그의 음악 지도에 있어서 "발견에 의한 음악학습"의 중요성을 강조함으로써 Pestalozzi의 "모든 학습은 발견으로부터"라는 교육원리를 실천하고자 했던 것이다(이홍수, 1991).

Emile Jaques Dalcroze
(1865~1950, 스위스)

1884년 Dalcroze는 파리로 건너가 당대의 유명한 작곡가 Delibes, Faure와 함께 공부를 하였고, 특히 『리듬과 음악적 표현』이라는 책의 저자이자 이론가인 스위스의 Mathis Lussy와 함께 정통적인 리듬의 의미와 움직임에 대한 연구는 훗날 창안한 유리드믹스(eurhythmics) 수업의 기초가 되었다. 1886년 알제리에서 음악 감독으로 일하게 되었는데, 이때 그는 아랍의 민속음악과 그 음악에서 사용되는 불규칙하고 원시적인 리듬에 매료되었고, 이러한 리듬

기법은 유리드믹스의 수업에 영향을 미치게 되었다. 1887년, 비엔나 콘서바토리의 학생이 되어 Bruckner와 작곡 공부를 하고 졸업 후 제네바로 돌아가 배우, 가수, 지휘자, 시인, 작곡가, 피아니스트, 민속음악 학자 등으로 활동하였다. 이후 1892년(28세) 스위스의 제네바 콘서바토리의 교수로 임용되었고, 그곳에서 화성학과 솔페이지를 가르쳤으며 이는 그의 인생에서 전환점을 마련하는 계기가 되었다. 1910년 리듬교육법을 사용하는 최초의 학교를 독일 헬레라우(Hellerau)에 설립하였고, 그가 계속 연구하고 실행했던 새로운 지도방법이 알려지기 시작했다.

제1차 세계대전으로 독일을 떠나 제네바로 돌아가서 1914년 '유리드믹스'의 보급을 목표로 쟈크-달크로즈 연구소(Jaques-Dalcroze Institute)를 설립하였고 이 연구소를 통하여 유럽지역과 미국, 일본 등 여러 나라의 음악교육자에게 더욱 널리 소개되기 시작하였다(김영연, 2002).

1929년 슈투트가르트(Stuttgart) 콘서바토리에서도 유리드믹스에 관한 기관을 만들어 유리드믹스의 가치를 깊게 연구하게 되었다. 1936년 시카고 대학에서 명예박사학위를 받고 1950년 생애를 마감하였다.

2) 음악적 지도 배경

Dalcroze가 독특한 음악 지도 방법을 창안한 것은 제네바의 음악원 교수로 있을 때로 그는 많은 학생들의 경우 악기를 연주하는 기량은 상당한 수준에 이르고 있으나, 음악을 느끼고 표현하는 능력은 매우 낮은 상태에 머물러 기능적으로 연주하는 방법만을 되풀이 하여 익히고 있었으며, 음악의 생성 원리를 발견하려는 노력 없이 음악에 대한 지식만 쌓고 있다는 것을 발견하였다.

Dalcroze는 그 학생들에게 근본적으로 결여되어 있는 것은 흐름결(rhythm)에 대한 감각이라고 생각하였다. 이때부터 학생들이 음악을 느끼고 발견하고 연상하고 상호 관련 속에서 기억할 수 있고, 독보하고 작곡할 수 있으며, 악곡을 해석하고 연주하는 능력을 개발하도록 도와주기 위한 방법을 발견하는 데 헌신하였다. 그는 학생들로 하여금 음악의 기초적 요소에 대한 경험을 충분히 할 수 있도록 기회를 제공하는 것이 음악학습의 주된 역할이어야 한다고 믿고, 이에 대한 해결책으로 자신의 리듬 활동(rhythmic gymnastics) 시스템을 발전시키기 시작하였다. 또한, 리듬교육을 위해서는 "인간은 본래 신체적으로 리듬감을 갖고 태어난다."라고 주장하며 어린이의 교육에서 음악적 잠재력을 최대한 발달시켜 주기 위해서는 '음악'과 '신체동작'을 결합하여 지도해야 한다고 하였다.

3) 음악교육철학

Dalcroze는 음악을 가르치는 동안 학생들이 가지고 있는 음악적, 신체적, 감정적인 문제점을 발견하고, 이러한 문제점을 해결하기 위해서 음악의 원천이 무엇인가에 대한 질문을 시작하였다. 그는 음악의 원천은 인간의 감정(emotion)으로, 몸의 각 부분에서 감정을 감지(sense)하고 여러 가지 몸짓 및 움직임으로 감정을 표현하며, 이는 근육의 수축과 이완작용의 결과로 믿고, 예민한 청 감각과 신체적인 반응이 결합한다면 놀라운 음악적 능력이 창출될 것이라고 확신하게 되었다.

그러한 확신은 음향을 민감하게 감지할 수 있는 감각뿐만 아니라, 음악을 이해하고 분석하는 뇌와 음악을 연주하는 근육조직 사이의 신속한 소통체계, 즉 정확한 정보를 교환하는 뇌와 정보를 신체적으로 수행하는 근육 사이에 어떤 송환체계(feedback system)가 있어야 한다는 것을 깨달았다. 마침내 그는 듣는 것은 움직임에 연결되고, 신체의 움직임에 대한 감지는 느낌으로 전환되고, 이 느낌은 신경체계를 통하여 뇌에 전달되며, 뇌에 전달된 감지 정보(sensory information)는 지식, 즉 악보를 읽고, 쓰고, 즉흥적으로 표현하고, 완벽한 연주를 하는 데 필요한 음악 논리적 사고의 과정을 거치도록 이끌어 주어 지식으로 전환되는 것이다. 결국 이 지식은 '뇌의 판단력'의 토대가 되고, 뇌는 다시 몸에 명령을 보내어 '움직임'이 일어나게 하는 과정을 말한다(Choksy et al., 2001). 이 과정을 통해 신체의 외적 힘과 뇌의 내적 과정이 조화와 협응(coordination)을 이루게 된다는 것을 알았다(이홍수, 1991). 따라서 음악을 이해하게 하고 음악 표현의 가능성을 확대하기 위해 귀나 마음 또는 소리 내는 방법을 훈련하는 것만으로는 충분하지 않고 인간의 몸 전체를 훈련해야 한다는 결론을 내렸다. 즉, 음악을 공부하기 위해서 가장 먼저 연습해야 할 악기가 신체라고 본 것이다(심성경 외, 2004).

Dalcroze의 음악교육 철학을 정리하면 다음과 같다(안재신, 1996).

Dalcroze의 음악교육철학

① 음악은 지적이기 이전에 감각적이어야 한다.
② 음악적 느낌이나 생각은 신체를 통해 표현되어야 한다.
③ 듣기훈련이 모든 음악학습의 우선이 되어야 한다.
④ 어린이의 음악적 경험은 단계적으로 이루어져야 한다.
⑤ 어린이 개개인의 개인성과 독창성은 극도로 중시되어야 한다.
⑥ 리듬, 셈여림, 박자, 속도, 음의 고저, 음의 구성 등 음악의 본질 개념에 대한 학습과 신체를 통해 이를 이해하고 표현해 보는 경험이 중시되어야 한다.

출처 : 안재신, 1996.

4) 음악교육의 목적과 목표

Dalcroze는 어린이가 음악을 듣고 동작으로 표현하는 과정을 통해서 건전한 자아개념을 형성하고, 자신의 내적 감정을 탐색하고 표현하며 형성해 나갈 수 있는 것을 음악교육의 목적이라고 생각하였다. Dalcroze가 자신의 독특한 음악교수방법을 통해 구체화한 목표는 다음과 같다.

첫째, 소리에 대한 정확한 청음 발달을 이루어야 한다.
둘째, 자유롭고 활발한 창의력이 개발되어야 한다.
셋째, 신체 운동을 통해서 음악적 리듬감을 발달시켜야 한다.

인간의 리듬감각, 음악적 귀, 목소리와 근육의 조정은 다양한 신체활동을 통해서 동시에 발달되는 것이다. 그러므로 음악교육의 목적은 다양한 신체 동작을 통해서 음악에 대한 느낌을 개발하도록 하는 것이다.

5) 음악교육방법

Dalcroze는 인간은 태어날 때부터 신체적으로 음악적 리듬을 타고난다고 주장하였다. 그러나 체계적인 훈련 없이는 이를 음악으로 발전시킬 수 없다고 믿었다. 따라서 인간 개개인의 타고난 음악적 리듬과 음악적 잠재력을 계발, 발전시키기 위해서는 음악과 신체표현의 절대적 결합이 있어야 한다고 주장하였으며, 그는 인간의 타고난 리듬감각을 최대한 촉진시키고, 청각능력을 최대한 발달시켜 창의력을 토대로 계발시키기 위한 음악교수법으로 유리드믹스, 솔페이지, 즉흥연주의 통합적인 음악학습 방법론을 개발하였다. Dalcroze 교수법의 궁극적인 목적은 우리가 음악을 할 때 사용하는 모든 감각들을 발전시키고 개선하는 것이다. 다시 말하면 청각, 시각, 촉각 등의 감각과 앎과 사고의 능력, 그리고 감정을 느끼고 행동으로 나타내는 능력을 발달·개선하는 것이며 이런 모든 능력을 조화시키는 것이 운동 감각적 지각이라고 본다. 또한, 이러한 운동 감각적 지각을 훈련시키는 것이 Dalcroze 교수법의 주요 목적이며 활동이라고 말할 수 있다.

(1) 유리드믹스(eurythmics)

유리드믹스는 음악적 리듬을 몸동작으로 표현하는 독특한 리듬 교육방법을 의미하며, 음악교육에서 신체를 통한 음악 학습방법으로서 음악에 맞는 리듬동작을 익히는 것이다(석문주 외, 2007).

유리드믹스의 어원은 고대 그리스어의 좋다(good)라는 의미의 'eu'와 흐르다(rhythmic)라는 의미의 'rhythm'이 결합된 단어로 직역하면 '좋은 흐름'이란 뜻으로 '좋은 리듬, 아름다운 움직임'을 의미한다. 그 안에는 음악의 요소 중 리듬이 가장 근본적인 것이며 리듬의 개발이 음악성의 발전에 지대한 영향을 미친다는 뜻이 들어 있다. 수업활동에서 학생들은 자신의 신체를 악기로 생각하고 신체동작을 통해 음악을 표현하면서 음악적 개념을 형성한다. 이러한 유리드믹스 과정을 통해 '보이지 않는 소리를 움직임을 통하여 보이는 소리'로 바꾸게 된다. 즉, 구체적이고 형식화된 율동이나 춤곡 등과는 달리 음악의 리듬에서 느껴지는 이미지를 몸짓으로 표현해 내는 것이다.

Dalcroze가 유리드믹스에서 음의 장단을 표현하기 위해 기본적으로 사용한 동작유형은 이동 동작(locomotor movement)과 비이동 동작(non-locomotor movement)으로 나누어진다.

〈표 3-1〉 유리드믹스에 적용하는 동작 유형

비이동 동작	이동 동작
손뼉치기(clap) 팔 휘두르기(swing) 지휘하기(conduct) 돌기(turning) 구부리기(bending) 이야기하기(telling) 노래하기(singing)	걷기(walking) 뛰기(running) 기어 다니기(creeping) 뛰어 넘기(jumping) 미끄러지기(sliding) 빨리 뛰기(running fast) 스키핑하기(skipping)

출처 : 이에스더, 2003.

Dalcroze 교수법에서 리듬은 일반적으로 정의되어 있는 길고 짧은 음의 시간적 구성이 아니라, 시간-공간-힘의 문맥에서 존재하는 리듬을 의미한다. 리듬의 정의 자체에 Dalcroze의 핵심인 움직임의 요소가 포함되어 있다고 볼 수 있다. 또한, 리듬은 필수적인 힘(energy)이 현재의 일상을 표현하는 힘이라고 정의하였고, 모든 리듬의 소재는 일상에서 얻을 수 있다고 생각하였다. Dalcroze는 유리드믹스를 통해 '좋은 리듬(eurhythmy)'을 가지기 위해 학습해야 할 리듬의 요소를 단계적으로 34항목을 제시하고 있다.

〈표 3-2〉 유리드믹스에 적용되는 리듬과 관계된 요소

1	시간, 공간, 힘, 무게, 균형, 유동성/중력	10	쉼	19	리듬적 대위법	28	혼합 마디와 혼합 박
2	규칙적인 박	11	지속	20	싱코페이션	29	복합 박자
3	빠르기	12	세분	21	반주가 있는 단선율	30	복합 리듬
4	변화하는 빠르기	13	패턴	22	대위적 형식	31	해미올라
5	강약	14	고유의 박	23	카논	32	리듬적 변화
6	변화하는 강약	15	악절	24	푸가	33	12음 나누기
7	악상	16	단선율 형식	25	부가 리듬	34	루바토
8	악센트에서 나타나는 리듬	17	축소	26	혼합 박자		
9	마디에서 오는 리듬	18	확장	27	혼합 박		

출처 : 정재은, 2004.

[유리드믹스 활동방법의 예시]

① 음의 속도 이해

음의 속도(tempo)에 대한 이해를 돕기 위해서 동물의 동작을 연상하면서 점점 빠르게 또 점점 느리게 그 모양을 모방해 보거나, 보통 걸음걸이를 '보통 빠르기(moderato)'로 하여 느린 걸음은 '조금 느리게(adagio)', 빠른 걸음이나 뛰기를 '빠르게(allegro)'로 하여 걷기활동을 할 수 있다.

② 음의 강약 이해

음의 강약(dynamics)에 대한 이해를 돕기 위해서 일정하게 북을 치다가 갑자기 크게 또는 작게 보는 경험을 해 보게 하거나, 폭풍우가 지나가는 과정을 몸으로 표현해 보게 하는 활동 등이 있다.

[그림 3-1] 음의 강약표현

③ 음의 고저 이해

허리를 세우거나 허리를 낮춘 동작, 또는 팔을 위아래로 움직이는 동작으로 음의 고저(pitch)에 대한 이해를 도울 수 있으며, 음계의 상행과 하행은 전진과 후진 동작 또는 팔을 위아래로 움직이는 동작으로 나타내 볼 수 있다. 또는 머리, 어깨, 무릎, 발 등의 신체 부위를 짚어 가며 음의 고저를 나타내 볼 수 있다.

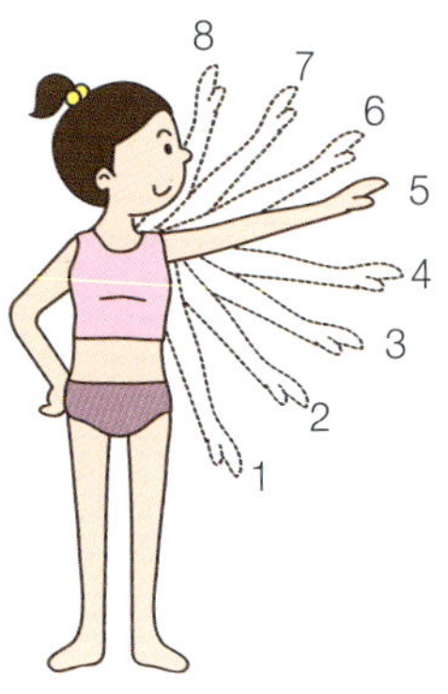

[그림 3-2] 음의 고저표현

④ 음의 길이 이해

음의 길이(duration)에 대한 지도는 4분음표를 단위로 시작한다. 어린 유아인 경우에는 처음부터 기호를 사용하지 말고, 감각적으로 듣고 신체로 반응하도록 하는 것이 훨씬 효과적이다. 음의 길이를 돕는 예로 걸음걸이로 표현할 수 있다. 천천히 걷기는 2분음표로, 보통 걸음은 4분음표로, 종종 걸음은 8분음표로 활동해 본다.

⑤ 악센트 이해

손과 발을 사용해 악센트에 대한 이해를 도울 수 있는데, 서 있는 상태에서 손뼉을 치게 하며 별도의 지시가 있을 때 강하게 발을 구르거나 강하게 손뼉을 치게 하는 방법이 있으며, 걷는 상태에서 발을 강하게 구르거나 손뼉을 강하게 치게 해 볼 수 있다.

⑥ 리듬패턴 이해

리듬패턴(rhythm pattern)은 발을 한 번 길게 구르고 손뼉을 두 번 짧게 치는 행동을 반복해 보며 이해할 수 있다. 자리에 앉아 있을 경우 박수를 길게 한 번 무릎을 짧게 두 번 치는 행동 등 비슷한 리듬감을 바꾸어 가며 표현해 볼 수 있다.

⑦ 악구 이해

기본적으로 한 악구(phrase)는 4마디로 이루어지는데, 오른 발로 걷기를 시작하다고 한 악구가 지날 때 발 바꾸어 걷기, 또는 방향을 바꾸어 걷기를 하며 악구를 표현해 본다. 또한, 여러 가지 동작을 만들어 한 악구 동안 반복하다가 악구가 바뀔 때마다 동작을 바꾸어 가며 이해해 본다.

⑧ 리듬카논 이해

리듬카논(rhythm canon)은 '규칙'을 뜻하는 그리스어 'kanon'에서 유래한 말로 규칙에 따라 반복적인 패턴을 모방하는 것을 뜻하며, 돌림노래가 간단한 예라고 할 수 있다.

⑨ 리듬적기

리듬적기(rhythm writing)는 리듬을 표기하는 것을 말한다. 리듬의 세기, 길이, 빠르기 등을 일정한 선의 길이나 굵기 등으로 정하여 표현해 볼 수 있다. 예를 들어, 세고 느린 리듬인 경우는 굵은 선으로 빠른 리듬은 짧고 얇은 선으로 그려 보게 한다.

[그림 3-3] 리듬 적기

(2) 솔페이지(solfege)

음악교육에 있어서 가장 기초가 되는 것은 청음능력을 키워 주는 것이며, 솔페이지 수업의 궁극적인 목적도 청음능력을 기르는 데 있다. 솔페이지는 악보를 보고 계이름으로 노래를 부르는 계명창을 뜻하는 것으로 Dalcroze는 이 솔페이지 방법에서 고정도법(fixed do)에 의한 보고 부르기 방법을 익히도록 권장하고 있다. 고정도법에 의한 계이름 보고 부르기는 조와 상관없이 C음은 항상 '도'로 부르는 방법이다. 이는 유아에게 절대음감을 습득하도록 이끌고자 했던 의도에서 비롯된 것이며, 솔페이지를 통해서 음의 고저를 파악하는 데 도움이 된다고 여겨졌다.

Dalcroze는 특히 마음속에 음을 상상하는 능력인 내청(inner hearing)을 강조하였는데, 이를 위해 노래 도중에 몇 마디는 소리 내어 부르고 몇 마디는 마음속으로 소리 없이 불러 보는 연습을 해 봄으로써 향상시킬 수 있으며, 솔페이지는 내청과 음형(tonal pattern)의 기억능력을 발달시켜 준다고 생각하고 기보법을 배우기 전에 경험해야 한다고 하였다(안미자, 1984).

피아노는 음의 정확성을 시험하기 위해 사용되며, 한 노래의 끝 음과 다음 노래의 시작 부분을 노래함으로써 음정을 파악하는 학습을 한다. 가락을 학습할 때는 노래의 중간마다 몇 마디씩 비워 놓고 즉흥적으로 만들어 넣는 연습을 한다. 또한, 만들어 넣은 가락을 기억으로 재생하는 훈련을 한다.

솔페이지 교육의 특징은 선율의 움직임을 몸동작과 연결해서 학습하는 것인데, 이때 우리 몸의 근육의 변화(상행 멜로디에서는 근육의 움직임이 확대된다. 하행 멜로디에서는 근육이 이완되는 성질)와 호흡의 특징(상행 선율에서는 숨을 들이쉬고, 하행 선율에서는 내쉬는 성질)을 기초로 모든 동작이 만들어지며, 이처럼 적극적 신체반응을 하고 소리를 내는 등의 활동을 거친 다음에 악보 읽기와 적기가 첨가되어야 한다고 주장한다. 이는 악보가 음악적인 아이디어를 기록하고 전달하는 수단일 뿐이며 음악활동의 주된 과제가 아니라고 보기 때문이다. 그러나 악보를 읽는 능력은 음악활동에 있어서 중요하기 때문에 Dalcroze는 악보 읽기를 위한 5단계 지도방법을 제안하였다(이홍수, 1991). 그러나 유아를 대상으로 하는 악보 읽기 지도 시에는 1단계까지가 적절하다. 1단계에서는 한 줄 악보를 사용한 이후에 두 줄 악보를 사용한다. 이렇게 솔페이지 활동에는 한 줄, 두 줄 악보나 손동작을 통한 계이름 익히기 방법 등이 사용되고 있다

[악보 3-1] 고정도법

[솔페이지 활동방법의 예시]

① 악보 읽기

가. 한 줄 악보 읽기

교실에 한 줄 테이프를 붙여 놓고 선 위와 선 밖에 선다. 유아가 많을 경우 한 줄 악보를 교실에 여러 개 만들어서 실행하는 것도 가능하다. 또한, 칠판에 그려 놓은 줄 위에 테니스공을 이용하여 음높이를 익힌 후, 악보 읽기 지도의 1단계인 한 줄 악보를 실행한다. 즉, 한 줄을 '미'라고 하면 '파 - 미 - 레 - 미 - 레'로 표현할 수 있다.

나. 리듬을 다양하게 변화시켜 시창한다.

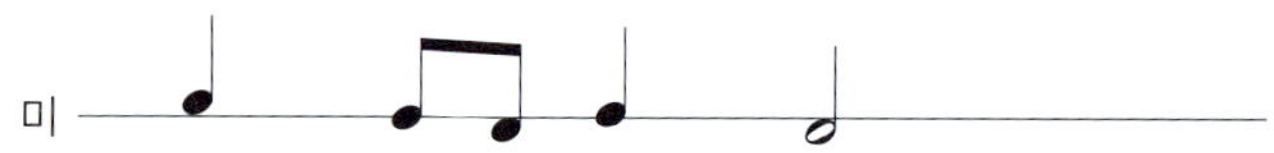

다. 악보를 거꾸로 읽어 본다.

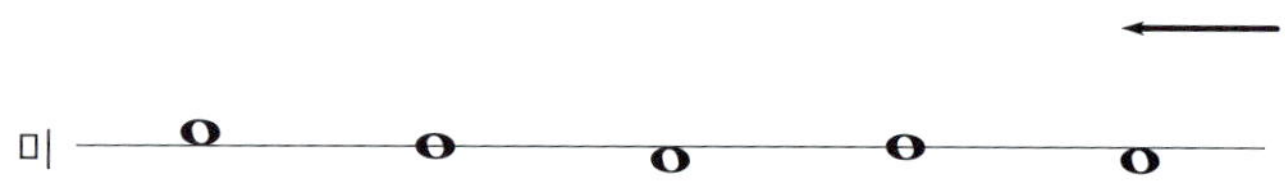

라. 한 음씩 건너서 악보를 읽어 본다.

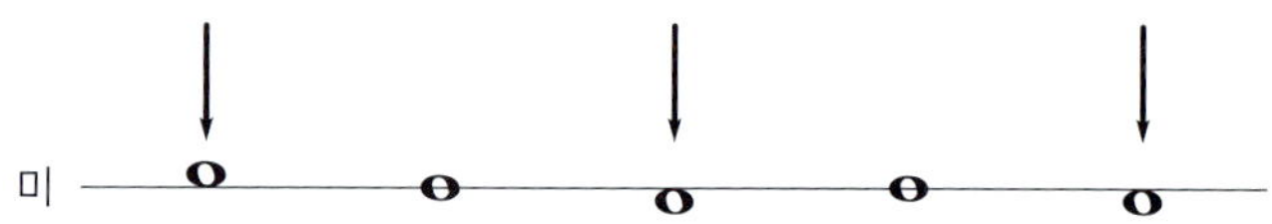

마. 두 줄 악보에서 선을 미, 도라고 정하면, '파-미-레-미-도-시'로 읽을 수 있다. 이런 방법으로 점차 오선으로 확장시킨다.

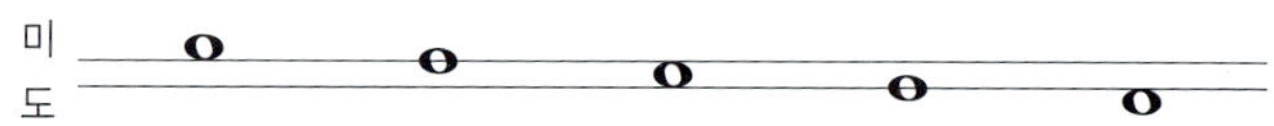

② 고저(pitch)

교사의 즉흥연주를 들으며 걷기를 시작한다. 연주 중 피아노 건반의 높은 '도' 소리가 들리면 손뼉치기, 피아노 건반의 낮은 '도' 소리가 들리면 바닥치기, 건반의 중앙 '도' 소리가 들리면 악수하기로 규칙을 정한 후 활동한다.

③ 모방(imitation)

유아의 말하기는 듣고 따라 하며 배우기 시작한다. 유아의 이름, 과일, 색깔, 교실의 사물, 음식 등의 단어에 억양(intonation)과 악센트(accent)를 다양하게 사용하여 모방하는 활동을 해 본다.

④ '도 - 도' 음계를 통한 솔페이지

'도 - 도' 음계를 통한 솔페이지는 다장조 음계(가온도에서부터 한 옥타브 위의 도까지) 안에서 모든 조성을 노래 부르는 방법이다. '도'와 '도' 사이에 해당 조가 가지는 음정들을 찾아내면서 유아는 자연스럽게 조옮김을 경험할 수 있고, 각 조의 특징을 인식하며 동시에 조성이 변화됨에 따라 달라지는 음과 음 사이의 관계, 음색의 변화를 경험할 수 있다.

예) C 스케일은 도레미파솔라시도

F 스케일은 도레미파솔라시♭도

G 스케일은 도레미파#솔라시도

[악보 3-2] '도-도' 음계를 통한 솔페이지

시창할 때 '고정도법'을 이용한 시창을 주로 사용하였으나, 필요에 따라 로마 숫자에 의한 시창, 아라비아 숫자를 이용한 시창을 사용하였다.

조성 훈련은 음계를 모르는 유아에게는 아직 사용할 수 없는 방법이나 가온도에서부터 한 옥타브 위의 도까지의 음역에서 조옮김이 가능한 동요(예 비행기, 나비야, 작은 별)를 다양한 조로 불러 봄으로써 조성의 변화에 따른 음색의 변화를 경험할 수 있도록 해 주는 것이 좋다. 이러한 다양한 조성의 음악을 접할 기회를 제공하는 것은 음악감상에서 매우 중요하다.

(3) 즉흥연주(improvisation)

즉흥연주는 미리 준비된 악보나 계획이 없이 연주자 자신의 느낌에 따라 악곡의 전부 또는 일부를 그 자리에서 창작하여 연주하는 형태를 뜻한다. 이러한 즉흥연주는 인간의 내면적인 욕구를 자유로이 표출할 수 있는 행위로 유아의 창의적인 표현능력의 기초가 된다(허혜경 외, 2014).

즉흥연주는 모든 음악 행위가 통합된 상태인 셈이며, 즉흥연주의 지도에 사용되는 것은 움직임, 말, 이야기, 노래, 타악기, 현악기, 관악기, 피아노 등이다. 이것은 경우에 따라 각각 사용되기도 하고 한꺼번에 사용되기도 하며, 음악을 만들어 내기 위해 박자, 강세, 길이, 빠르기 등의 리듬과 관련되는 요소와 음높이, 음계, 화음 등 음향과 관련된 모든 음악적 요소를 창의적으로 개성 있게 결합하여 표현하는 능력을 기르기 위한 것이며, 유아에게 진정한 음악적 경험을 주기 위한 것뿐만 아니라 유아의 잠재된 창의성과 음악성 개발을 위해서 즉흥연주는 필수적 영역이라 믿었다.

Dalcroze의 즉흥연주에 가장 많이 사용되는 악기는 피아노였다. 피아노는 즉흥적으로 자신의 음악적 의도를 자유롭게 표현하기에 가장 쉽고 적절하다고 보기 때문이다. 피아노에서 몇 개의 음을 이용해 즉석에서 어떤 형태를 표현함으로써 즉흥연주를 시작한다.

즉흥연주가 점차 익숙해지면 둘 이상의 소리를 동시에 내면서 즉흥연주를 함으로써 여러 소리가 동시에 날 때의 효과에 관심을 두게 하는 일도 중요하다. 최대한의 자유와 교사의 아낌없는 격려는 즉흥연주의 전제조건이다. 또한, 교사가 음악적 충동을 일으키기 위해 계속 발전적이고 창의적인 도전을 시도하도록 격려하고 이끌어 내어 음악 창작의 자료를 마련해 주어야 한다.

[즉흥연주 활동방법의 예시]

① 피아노 건반에서 테니스공을 활용한다

[단계 1] 교사의 질문과 유아의 응답 연주 : 선택한 피아노 건반의 위치에 따라 다양한 연주를 경험

[단계 2] 리듬변화에 중점을 둔 즉흥연주

[단계 3] 템포의 변화로 즉흥연주

예 – 은영이가 걸어가네요 : ♩로 연주하기

♩ ♩ ♩ ♩ ♩ ♩ ♩ ♩……
걸 어 가 네 걸 어 가 네……

– 아! 저기 다람쥐가 뛰어 오네요 : ♫음표로 연주하기

♫ ♫ ♫ ♫……
뛰어 오네 뛰어 오네……

– 어! 저기 거북이가 기어오네 : 𝅗𝅥로 연주하기

𝅗𝅥 𝅗𝅥 𝅗𝅥 𝅗𝅥……

기 어 오 네……

[단계 4] 드럼연주하기 : 자신의 기분을 드럼으로 각자 자유롭게 표현하여 연주해 본다. (슬픈 기분은 천천히 조용하게, 즐거운 기분은 붓 점으로 신나고 빠르게 두드린다)

② 피아노의 5개 검은건반(black key)을 활용한 즉흥연주

[단계 1] 주먹을 쥐어서 연주한다.

[단계 2] 두 손(오른손, 왼손의 검지)을 이용한 즉흥연주한다.

③ 기타 즉흥연주 활동방법의 예시

- 신체표현 : 음악의 느낌에 따라 동물소리, 사람의 특징, 사물 등을 신체 부위로 표현하는 과정을 통해 창의성과 음악적 순발력을 키운다.
- 리듬감 발달 : 박수치기, 타악기, 리듬막대를 이용해 다른 사람의 소리를 기억하고 변형하는 과정을 통해 집중력, 창의력, 기억력이 향상되고, 리듬감을 발달시킬 수 있는 즉흥연주를 해 본다.
- 노래 부르기, 말하기(making a melody for a word) : 교사가 선율을 제시하면 유아가 창작하여 응답하는 방법을 사용하여 즉흥연주를 경험해 본다.

[악보 3-3] 노래 부르기, 말하기

2. Kodály의 음악교육론

1) Kodály의 생애

Zoltan Kodály
(1882~1967, 헝가리)

Zoltan Kodály는 헝가리의 작곡가이자, 민족음악가, 언어학자, 음악교육자이다. 그는 1882년 헝가리의 부다페스트에서 태어났으며, 어렸을 때부터 음악적인 분위기의 가정에서 자랐다. 1891년 가톨릭계 학교에서 정식으로 음악공부를 시작했고, 부다페스트 음악학교에서 작곡을 공부하고 리스트 페렌츠(Liszt Ferenc) 음악학교에서 음악교사 자격을 취득하였다. 그는 헝가리의 민족음악에 관심을 가지기 시작하였으며, 1906년부터 작곡가이고 일생 동안의 친구였던 Bela Bartok(1881~1945)과 함께 헝가리, 루마니아, 유럽 남동쪽의 지역을 돌아다니며 사장위기에 있는 헝가리 민요를 수집하고 정리하기 시작하고, 민요에 관심을 두고 계속 연구하였다. 민요에 대한 그의 애착이 남다른 이유는 민요는 그 나라 말로 된 어법과 어절, 억양, 강약을 간직한 채 한 국가와 민족의 역사와 함께 노래를 통해 변화되면서 발전되어 온 정신문화적 자산인 동시에 가장 아름다운 음악예술이라는 그의 믿음 때문이었다. 1905년경부터 민요를 3,500여 곡 이상을 수집하였다. 그 중 동요가 1천 곡이 넘는데, 이는 민족의 음악을 중심으로 교육현장에서 Kodály 음악교육의 기반이 되었다.

1906년에 Debussy(1862~1918)와의 만남은 그가 인상주의 기법을 접하게 되는 기회가 되었으며, 1907년 부다페스트 음악원 교수가 되어 학교에서 음악이론을 가르치는 한편, 베를린과 파리로 가서 음악 공부를 하면서 작곡가와 음악학자로서의 소양을 넓혀 갔다.

Kodály는 부타페스트 대학과 에외트뵈스 대학에서 헝가리어와 독일어를 배우고 음악원에서 작곡을 배우며, 24세 때 '헝가리 민요의 절 구조'로 박사학위를 받았다. 1925년 Kodály는 어린이를 위한 작품을 최초로 연주하였고, 그 후 어린이를 위한 음악교육 활동을 본격적으로 시작했다.

1927년 영국의 학교에서 John Curwen(1816~1880)이 계명창법으로 음악을 지도하는 것을 참관하고, 1928년에 접하게 된 Antal Monae의 책 『계명창 지도방법』으로부터 자극을 받은 Kodály는 새로운 계명창 지도의 방안을 고안하고 어린이와 청소년을 위한 교재 악곡을 만들기 시작하였다. 1944년 Kodály의 지도방법이 초등학교의 새 교과과정의 일부로 채택됨으로써 헝가리 음악교육의 새로운 시대가 시작되었다.

1958년 국제음악교육자 협회에 소개되면서 그의 지도방법은 많은 나라의 음악교육자에게 알려지기 시작하였으며, 1964년 명예총재의 자리에까지 이르게 되었고 헤더상(Herder prize)을 수상하게 되었다.

2) 음악적 지도 배경

작곡가이고 음악학자였던 Kodály가 음악교육에 관심을 집중하기 시작한 이유는 당시 독일 지배로 인해 헝가리 국민 사이에 팽배해 있던 독일 음악문화적 성향이 민족음악에 바람직하지 못한 영향을 끼치고 있었고, 학교에서 이루어지고 있는 음악 지도의 수준이 매우 낮은 상태에 있음을 인식했기 때문이다. 그는 부다페스트의 일반 학교 음악 담당자들과 함께 수행한 한 연구에서 학생들의 음악 교재가 독일 음악적이며, 음악 지도의 내용이 매우 빈약할 뿐만 아니라, 학생들이 자신의 민속 음악을 거의 모르고 있다는 것을 알게 되었던 것이다.

특히, 1925년 교사 양성학교 학생들의 노래를 들었을 때, 그 악곡의 수준과 노래소리의 질이 매우 낮다는 점에 충격을 받았다. 이 경험이 부다페스트 음악학교에서 음악이론과 작곡을 지도하던 그에게 어린이와 청소년을 위한 음악교육에로 관심을 전환하게 하는 계기가 되었다. Kodály는 헝가리 음악교육의 질적 향상을 위해서는 보다 우수한 교사가 보다 훌륭한 음악교재를 이용하여 더욱 효과적인 지도방법으로 음악을 지도할 수 있는 기반을 마련해야 한다고 믿고, 음악을 교육해야 함을 강조하였다.

3) 음악교육철학

Kodály의 음악교육철학은 "음악은 모든 사람의 것이다."라는 말로 압축할 수 있다. 음악이 특별한 계층의 소유물이 아닌 것을 강조하였다. 이는 Pestalozzi의 "음악이 모든 사람의 인격형성에 대단히 중요하며, 모든 어린이가 음악적 훈련을 받아야 한다."라는 교육원리에 기초하고 있다.

Kodály는 음악은 모든 유아를 위한 것이며, 누구나가 음악성의 신장이 가능하다고 보았으며, 동시에 유아의 음악교육의 시작은 출생하기 9개월 전으로 보고 가정음악 문화의 중요성을 강조하였으며 조기교육을 주장하였다. 그는 "비록 악기는 소수 유아만의 소유물일지라도 목소리는 누구나 소유한 언제나 자유롭게 사용할 수 있는 가장 최고의 악기이며, 모든 음악학습의 기본이 되어야 한다."라고 하였다. 모든 악기 연주에 앞서 유아 나름대로 노래를 부르도록 하여 자유롭게 자신의 음을 상상할 수 있도록 권하였다(허혜경 외, 2014). 또한, 헝가리의 민속음악을 기초로 하여 모든 사람이 모국어를 습득하듯이 음악을 자연스럽게 배워야 하며, 민속음악의 부흥을 위해 전 국민을 대상으로 음악교육이 이뤄져야 한다고 주장하였다.

Kodály의 음악교육철학

- 음악은 모든 어린이의 것이다.
- 음악은 참여를 통해 경험되어야 한다.
- 음악교육은 어릴 때부터 시작되어야 한다.
- 음악은 모국어를 배우듯이 시작되어야 한다.
- 목소리는 모든 사람에게 주어진 자연적인 악기이며, 조기 음악 지도에 있어서 '함께 노래 부르기'는 독창이나 악기 연주보다 더 효과적이다.
- 민족문화의 유산인 민요를 음악교육에 주로 사용한다.
- 어린이는 매일의 일과로서 음악을 경험해야 한다.
- 예술적으로 가장 가치 있는 악곡만이 음악학습의 교재가 되어야 한다.
- 훌륭한 음악교사는 어릴 때부터 바르게 교육받은 사람이어야 한다.
- 가능한 한 어린이를 존중하고 관심을 가지고 대하며 그들의 음악적 능력을 최대한으로 향상시켜 줌으로써 전인적 성장에 도움을 주어야 한다.

출처 : 이홍수, 1991, 재인용.

4) 음악교육의 목적과 목표

Kodály는 모든 국민의 음악적 교양을 향상시키고자 "모든 사람은 음악교육을 받아야 한다."라고 주장하였다. 이는 글을 모르는 문맹인이 인류 문명을 이해하기 힘들 듯이 음을 읽지 못하는 상태에서는 진정으로 음악을 이해할 수 없다고 생각하였다. 그리하여 모든 이가 음악교육을 통해 음악성을 개발하고, 음악을 즐김으로써 풍요로운 삶을 영위하길 바랐고, 그것에 목적을 두었다.

Kodály의 음악교육의 목표

- 말, 동작, 노래 게임을 통해 리듬감각을 길러 준다.
- 암송창과 시창을 통해 리듬감각을 길러 준다.
- 멜로디와 동시활동을 통해 다성(polyphonic) 감각을 길러 준다.
- 민요와 가곡을 통해 음악 양식과 음색에 대한 인식능력을 길러 준다.
- 내창과 손기호를 통해 내청을 길러 준다.
- 배운 멜로디와 인식한 리듬을 기초로 하여 즉흥연주의 기술을 습득한다.
- 계명창법의 노래기술을 기초로 하여 한 기악적 기술을 습득한다.

5) 음악교육방법

(1) 노래 지도

Kodály 교육에서 기본적인 음악교육의 내용은 노래 부르기이다. Kodály는 목소리야말로 음악에서 자신을 표현하는 가장 즉각적이며 개인적인 방법이라고 하였다. 따라서 교사가 노래 부르기를 지도할 때 교사의 육성으로 가르치는 것을 제안하였다.

① 이동도법에 의한 계명창(movable do system of solmization)

으뜸음 '도'는 각 조성에 따라 그 위치가 달라진다. 도의 위치가 바뀌더라도 각 계명 사이의 음정은 일정하기 때문에 정확한 음정을 느끼며 노래 부를 수 있다. 이를 이동도법에 의한 계명창법이라고 한다.

Kodály의 계명창은 중세 음악 지도자 Guido D'Arezzo(995~1050)가 창안하고, 영국의 John Curwen이 발전시킨 으뜸음 솔파 체계(tonic sol-fa system)를 바탕으로 만들어 학생들의 시창 능력과 조성기능 감각을 발전시켰다. 이를 통해 음정의 위치와 음정 간의 간격을 배우게 된다.

처음 배우는 유아가 으뜸음 '도'를 익히며 노래하기 쉽도록 다장조(C), 바장조(F), 사장조(G)로 조성을 제한하다가 초등학교 이후에는 그 범위를 넓혀 준다.

[악보 3-4] 이동도법

② 두문자

Kodály는 오선과 음표 대신 사용할 수 있는 두문자를 만들었는데, 각 계이름의 첫 자를 사용하였다. 이는 초보자가 계이름을 읽고 쓰는 데 용이하게 하기 위해 창안되었다. 음역의 높이는 do(도)를 기준으로 옥타브 아래의 음은 do, 옥타브 위의 음은 do′로 표시한다.

〈표 3-3〉 Kodály 두문자

계이름	do(도)	re(레)	mi(미)	fa(파)	so(솔)	la(라)	ti(시)	do'(도)
두문자	d	r	m	f	s	l	t	d'

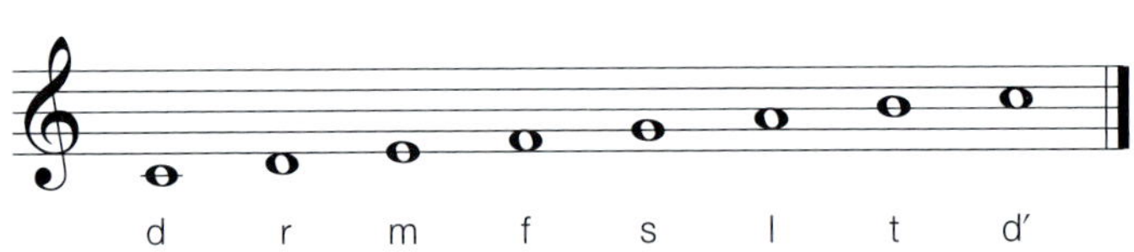

③ 손기호

영국의 John Curwen이 발전시킨 손 계명창(tonic sol-fa sight-singing)을 도입하여 응용한 것으로 헝가리 국민을 위한 독보교육으로 활용하였다. John Curwen 부자가 손기호의 원형을 완성하여 오랫동안 사용하다가 Kodály가 음악적 기능을 더 첨부하여 발전시켜 오늘날 전 세계에서 널리 사용하게 되었다.

Kodály의 손기호는 손의 높이와 모양으로 음높이를 알 수 있게 해 주어 음을 정확하게 지각하고, 지각된 음을 정확하게 소리 낼 수 있도록 도와주며, 음높이와 선율의 흐름을 시각적으로 보게 함으로써 읽기 능력을 발달시키는 데 도움이 된다. 이 손기호를 사용하여 피아노나 다른 악기의 도움 없이 음을 끌어 낼 수 있는 장점이 있다

또한 손기호는 내청 훈련에 도움을 준다. 손기호를 통해 계이름 부르기를 훈련하면, 공간 속의 거리는 음정의 거리에 부합하게 하여 가락의 변화를 인식할 수 있으며, 마음속으로 만들 수 있는 능력이 형성되고 손기호를 보면서 실제 소리 없이 소리를 떠올릴 수 있기 때문이다. 그러나 어린이는 높낮이에 대한 인식이 힘들고 섬세한 손모양을 나타내기 어려우므로 몸 전체를 통해 표현하도록 할 수 있다.

〈표 3-4〉 Kodály 손기호 모양과 음계

이름	설명	손모양 그림
do(도)	으뜸음. 주먹을 가볍게 쥐고 배꼽 높이로 옆으로 향하게 한다.	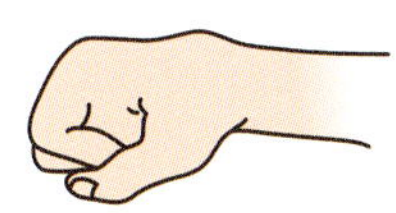
re(레)	으뜸음에서 위로 향하는 첫 음. 손바닥을 펴서 위로 비스듬히 향하게 한다.	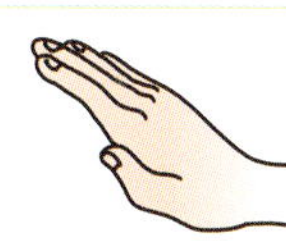
mi(미)	'레'의 손끝 높이에서 옆으로 평행이 되게 한다.	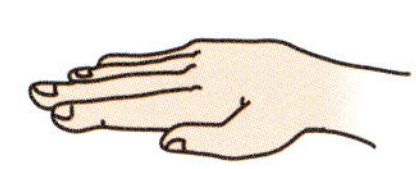
fa(파)	반음. 두 음 사이가 가까워지려고 하는데, 항상 '파' 음이 '미'로 향하기 때문에 엄지를 아래로 향하게 한다.	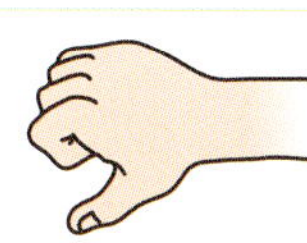
so(솔)	'파'보다 위에 손등을 바깥쪽으로 향하게 하여 보인다. 코 높이 정도이다.	
la(라)	가장 표시하기 어렵다. 손목을 구부려서 비스듬히 바깥쪽으로 해서 보이며 엄지를 안으로 향하게 한다.	
ti(시)	'도'–'시' 사이의 반음. '시' 음은 '도'를 향해 해결되므로 검지를 약간 비스듬히 위로 향하게 한다.	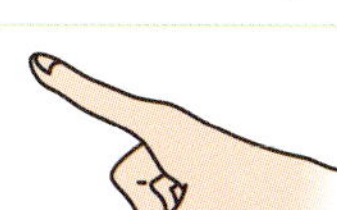

출처 : 채완병 · 조홍기, 1999.

(2) 리듬 지도

Kodály 교수법은 음악의 요소 중에 리듬부터 시작한다. 다른 음악 요소보다 리듬학습을 먼저 하는데 걷기, 뛰기, 손뼉치기, 발구르기, 무릎치기, 허리굽히기 등의 신체동작에 의해 리듬감을 체득하게 된다. 리듬 지도 시 노래 지도와 병행해 노래의 리듬적 특성을 몸으로 느끼게 한다.

초기 학습은 음악에 맞춰 행진하면서 기본박의 개념을 지도하며, 이를 위해 박을 나타낸 그림으로 학습시키면 효과적이다. 그림의 크기로 음의 길이를 암시하는 방법을 사용하는 것이다. 리듬요소를 시각화한 그림을 사용하여 리듬에 대한 인식을 강화시킨다.

① 막대 악보

기보훈련으로 리듬은 머리를 생략하여 기둥만 표시하고, 음 높이는 기둥 밑에 계이름 첫 글자를 표시한 것을 말한다. 리듬을 처음 배울 때, 머리가 없고 기둥만 있는 이 막대악보를 사용하여 읽으며 단순화된 악보의 효과를 이루며, 6세 유아부터 세 음으로 구성된 노래를 배우고, 악보 읽기와 쓰기 교육이 시작되는데 기둥만으로 이루어진 간단한 막대 악보를 사용한다.

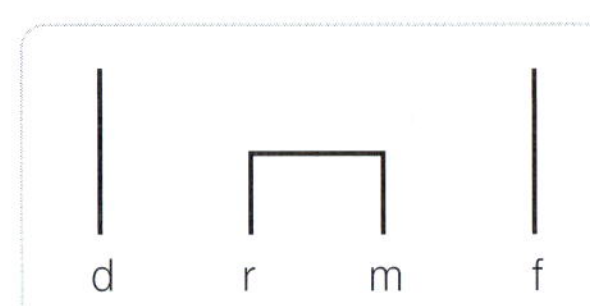

[그림 3-4] 막대악보

② 리듬 음가 음절(rhythm duration syllables)

Kodály가 채택한 리듬 음가 음절은 프랑스의 Cheve에 의해 개발된 것이다. 실제로 박과 리듬을 느낄 수 있도록 각 음표에 음가를 표시한 것으로 어린 유아에게 패턴의 관계와 리듬학습에 매우 효과적이다(Campbell & Scott-Kassner, 2002). 각각의 음절은 그들의 길이를 나타내고 있으며, 나라마다 음절을 조금씩 다르게 사용하기도 한다. 이때 강조하는 것은 반드시 기본박을 치는 일이며, 각 음표를 완전한 길이로 소리 내는 것이다. 각 음표의 길이의 차이를 확실하게 이해했을 때 음의 이름을 가르쳐야 한다.

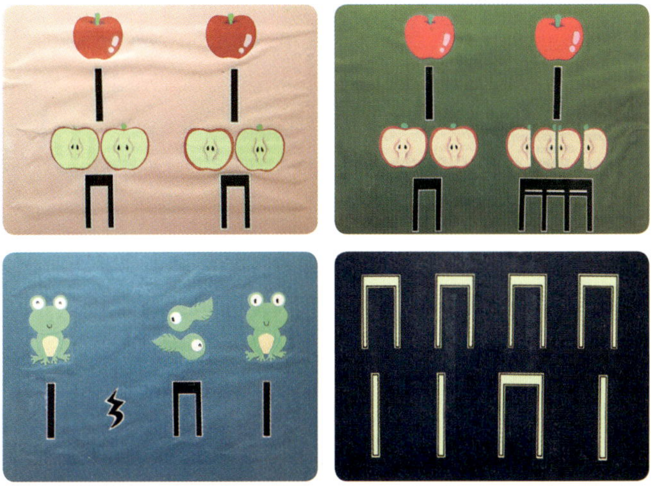

- 기본박을 손뼉치기로 연습한다. - 그림을 지적하여 손뼉치기 한다.
- 리듬 음절(ta, ti-ti, ti-ri-ti-ri)을 말하며 손뼉치기(무릎치기)를 한다.
- 교사의 리듬 음가(Kodály식 기보) 지적에 유아는 리듬 음절로 말한다.

[그림 3-5] 리듬 음가 음절

〈표 3-5〉 Kodály 리듬 기보법 및 리듬 음절

Kodály식 기보	전통적 기보	음가 음절
		ta(tah)
 또는 	 또는 	ti-ti
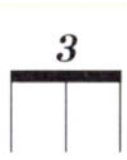	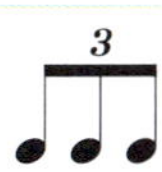	ti-rol-ra 또는 tri-ple-ti
		ti-ri-ti-ri 또는 ti-ka-ti-ka
		ti-ti-ri
		ti-ri-ti
		tim-ri
		ti-rim

Kodály식 기보	전통적 기보	음가 음절
		syn–co–pa
		ti–ri–ri
		ta–a(sustained)
		ta–a–a–a
		rest 또는 “shh”
		rest 또는 “pst”

(3) 선율 지도

유아의 발달 측면을 고려하여 음높이와 음정의 학습 순서가 정해져 있다. 단3도의 하행 음정부터 선율 지도를 하는데, 이 음정은 어린이 찬트(chant)나 엄마가 아이 이름을 부르는 음형(name-call)에서 자주 나타나는 친숙한 음정이다. 흥미롭게도 지금까지 전 세계에 걸쳐 어린이들은 솔-미 두 음이나 솔-미-라의 세 음을 사용한 찬트나 게임 노래 등을 가장 즐겨 부르는 것으로 알려져 있다. 단3도와 장2도의 음정은 유아의 범세계적인 음악 어휘이며, Kodály는 선율교육을 주로 반주 없이 교사의 육성으로 가르칠 것을 제시하였다(안재신, 2008).

① 구체적인 선율 지도의 방법

- 먼저 교사의 노래를 듣고 손기호 계명에 맞추어 따라 부른다. 즉, 청각적 경험을 먼저 제공한다.
- 융판과 펠트천으로 만든 보표(음표 등 음악적 기호) 또는 오선이 그려진 자석 칠판과 자석으로 된 보표를 이용해 기보한다.
- 기보한 악보를 눈으로 읽으며 다시 노래하는 듣기, 쓰기, 읽기의 3단계 학습과정을 거쳐 독보력을 신장한다.

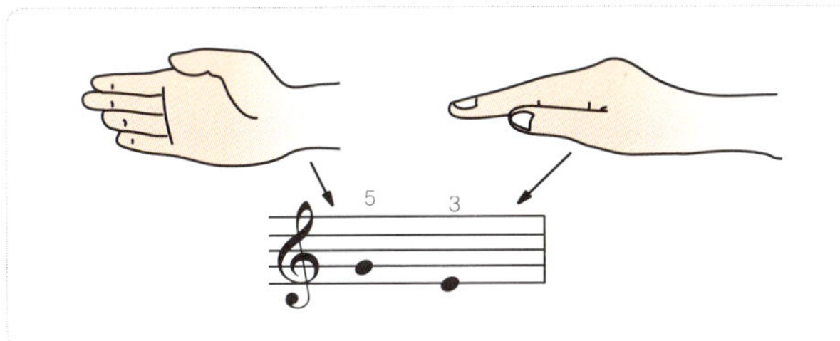

[그림 3-6] 솔 - 미 음정의 그림

② 두문자와 막대 리듬을 이용한 노래 부르기('산토끼' 합창)

파트별	두문자	음가 음절
소프라노	s–mm, sm–d, r–mr, dm–s, d′s–d′s, d′s–m, s–rf, mr–d.	ㅣ–⊓, ⊓–ㅣ, ㅣ–⊓, ⊓–ㅣ, ⊓.–⊓., ⊓–ㅣ, ㅣ–⊓, ⊓–ㅣ
알토	s–mm, s–mm, s–ff, mr–d, s–mm, s–mm, s–ff, mr–d.	ㅣ–⊓, ㅣ–⊓, ㅣ–⊓, ⊓–ㅣ, ㅣ–⊓, ㅣ–⊓, ㅣ–⊓, ⊓–ㅣ
테너	d′s–s, d′s–s, ts–s, ms–d′, d′s–s, d′s–s, ts–s, ms–d′.	⊓–ㅣ, ⊓–ㅣ, ⊓–ㅣ, ⊓–ㅣ, ⊓–ㅣ, ⊓–ㅣ, ⊓–ㅣ, ⊓–ㅣ
베이스	d –, d –, s –, d –, d –, d –, s –, d –.	ㅣ– , ㅣ– , ㅣ– , ㅣ– , ㅣ– , ㅣ– , ㅣ– , ㅣ–

산토끼(C major 악보)

이일래 작사
이일래 작곡

3. Orff(1895~1982, 독일)의 음악교육론

1) Orff의 생애

Carl Orff는 독일의 작곡자이자 음악교육자로 1895년 뮌헨의 바바리안 가에서 태어났다. 일찍부터 천재성을 보이면서 어머니에게 피아노를 배웠으며, 외조부로부터 풍부한 음악적 경험과 음악적 상상력에 큰 영향을 받았다. Orff는 피아노 외에도 오르간, 첼로를 배웠고 상상하며 연주하는 즉흥연주를 즐겨 했다. 1911년 50곡 이상의 가곡과 Nietzche의 『자라투스트라는 이렇게 말했다』에 의한 합창, 관악 오케스트라, 2대의 오르간, 2대의 피아노, 2대의 하프를 위한 대작을 완성하였다. 1913년 일본의 가부끼에 따른 최초의 오페라 『희생』을 작곡하였으며 1914년 음악대학을 졸업하였다. 제1차 세계대전 이후, 뮌헨, 만하임 등지에서 음악감독으로 일하다가 1924년 독일의 유명한 무용가인 Dorother Guenther와 Mary Wigman을 만나면서 그는 평생을 음악교육에 몰두하게 된다. Orff는 Wigman에게서 Dalcroze 교수법 중 하나인 유리드믹스 이론을 배우게 되고 많은 영향을 받는다. 1924년 Guenther와 Orff는 귄터 학교를 설립하여 무용 및 체조교사 양성을 목표로 음악과 동작이 통합된 지도방법을 연구하여 가르치기 시작함으로써 선구적인 음악교육가로서 개척의 길을 열게 되었다. 이 곳에서 Gunild Keetman을 만났다. 그녀와 함께 만든 유아를 위한 악곡의 교육방법이 독일 방송국에서 방영되면서 그의 교수법은 세상에 알려지게 되었다. 1954년 Keetman과 함께 5권으로 이루어진 예비교사를 위한 교육용 저서 『오르프 슐베르크(*Orff-Schulwerk*)』를 출판하게 되었는데, 이는 Orff 지도방법의 대명사가 되었다.

1950년부터 10년 동안 뮌헨 음악대학에서 교수로 재직하였고, 1961년 잘츠부르크에 있는 음악대학인 '모차르테움(Mozarteum)'에 『오르프 슐베르크』를 통한 음악교육활동 본부로서 오르프 연구소(Orff-Institute)가 창설되어 연구소장으로서 세계를 순방하며 그의 Orff 교수법을 널리 알렸다. 총 8권의 자서전인 『Carl Orff와 그의 작품』을 완성한 후, 1982년 3월 29일 그의 고향 뮌헨에서 사망하였다.

2) 음악적 지도 배경

Orff는 어린이의 음악성은 마치 음악이 역사적으로 발달해 온 과정을 밟듯 단계적으로 발달하며, 음악교육은 인간이 성장 발달하는 패턴에 따라 단계적으로 이루어져야 한다고 믿었기 때문에 '기초(elemental)'라는 용어를 사용하였다. 그것은 인간의 역사상 초기의 음악과 어린이의 음악에 똑같이 사용될 수 있는 말이라고 생각했고, 그러한 원시적이고 초보적인 음악은 단순하고 다듬어지지 않은 것이지만 발달하려는 속성과 가능성을 가지고 있다고 보았다. 이때부터 그는 음악교육 활동의 근원을 '기초 음악(elemental music)'에 두기 시작하였다(Landis & Carder, 1972; Schneider, 1969).

Orff가 말하는 기초 음악이란 다음과 같다. "음악은 홀로 있는 것이 아니고, 동작과 율동, 그리고 언어와 더불어 존재하는 음악이다. 그것은 들음으로써가 아니라 적극적으로 참여함으로써 의미를 가진다. 기초 음악은 머리로 하는 음악이 아니고, 대단한 형식을 가지고 있지도 않으며, 다만 단순화 구조와 반복되는 음형을 가진 축소된 론도(round) 같은 것이다. 그것은 다듬어지지 않고 자연스러우며 거의 신체활동에 가까운 그런 것이다. 그래서 누구나 배우고 즐길 수 있으며, 그러한 음악이야말로 어린이와 청소년에게 가장 알맞은 것이다."

Orff는 기초 음악의 정신을 바탕으로 작곡을 하였고, 그 작품들은 그의 지도방법에도 큰 영향을 미쳤다. 그는 리듬이 음악의 원천적인 요소라고 했다. 그의 원초적인 음악은 배워진 음악이 아니라 이미 누구에게나 내면에 지니고 있는 음악, 그래서 누구나 자신 안에서 발견할 수 있는 그런 음악을 가리킨다. 리듬은 율동적인 움직임으로부터 나오고, 선율은 언어의 리듬으로부터 나오며, 화음은 리듬과 선율과 울림의 상호작용으로부터 나오는 것이라고 했다. 음악의 요소에 대한 이러한 인식은 Orff로 하여금 음악의 기초적 요소를 원시적인 형태로 결합, 조직하여 독특한 악곡을 창작하게 하는 바탕이 되었고, 학생들이 쉽고 단순한 악기로 활발하게 참여하는 수준 높은 음악을 만들도록 이끄는 새롭고 독특한 지도방법을 창안하게 하는 원인이 되었다(이홍수, 1991).

3) 음악교육철학

음악교육의 궁극적인 목적을 음악미의 감득과 표현능력의 배양에 두었으며, 어린이의 천진난만한 순진성과 즐거움을 북돋워 주는 음악교육을 하고자 하였다.

Orff의 음악교육철학

- 음악은 모든 어린이를 위한 것이다.
- 음악은 직접적인 경험이어야 한다.
- 음악의 경험은 어릴 때 시작해야 하며, 놀이를 하듯 시작하여, 점진적으로 복잡한 단계까지 발전시킨다.
- 음악적 경험은 적극적 참여를 통해 이루어진다.
- 음악은 기초적인 것이어야 한다. 즉, 누구나 배우고 즐길 수 있는 것으로 신체활동과 밀접하게 연결되어 있다.
- 음악은 놀이와 대화, 노래, 신체 동작, 악기 연주 등이 통합되어 이루어지는 하나의 총체적인 경험이어야 한다.
- 리듬과 선율이 음악의 출발점이다.
- 비음악적인 유아는 없다.

4) 음악교육의 목적과 목표

Orff는 음악을 지도하는 데 있어서 주목적은 "음악은 인격 형성에 있어서 중요한 종합적 경험으로 이용하는 것"이라고 하여 전인교육을 주장하였다.

자발적이고 능동적으로 행하여짐으로써 어린이가 기쁨을 얻고, 자연스럽게 신체를 통해 음악을 경험하고 습득하는 즉흥연주 및 표현활동을 강조하는 창의성을 개발하는 데 목표를 두었다.

5) 음악교육방법

Orff 방법의 특징은 유아의 언어와 신체적 동작을 음악적으로 적용시키는 데 있다. Orff는 언어, 신체동작, 음악의 통합을 하나의 음악적 카테고리로 정하고 이것을 '기초 음악'으로 개념화하였다. 기초 음악에 의한 학습지도 체계를 완성한 작품이 『오르프 슐베르크』이다. 이 책은 다섯 권으로 구성되어 있으며, 다양한 수준의 악곡을 수록하고 있다. 그중 제1권은 5음음계(pentatonic scale)[1]를 바탕으로 작곡된 노래가 수록되어 있어서 쉽게 노래 부르고 악기 연주를 할 수 있으며 자연스럽게 즉흥연주와 합주에 접근할 수 있게 되어 있다. 제2권과 제3권은 장조, 제4권과 제5권은 단조의 곡으로 수록하고 있다. 부제가 〈어린이를 위한 음악(musik für kinder)〉으로 제시되어 있는 이 학습교재는 Orff가 1950년에서 1954년까지 음악교육가 Keetman과 함께 유아를 대상으로 직접 실행한 음악교육의 실제 자료를 묶어 놓은 것이다.

Orff 음악학습의 내용적 체계는 크게 세 영역으로 구성하는데, '교수법적 요소', '음악적 요소', '학습활동적 매체'이다. Jane Frazee는 이 세 영역을 Orff Pedagogy, Orff Theory, Orff Media로 분류한다. 실제 학습 안에서는 이 세 영역이 서로 연결되어 통합적 체계를 이룬다. 이러한 Orff 음악학습체계는 『오르프 슐베르크』를 통해서 이해할 수 있다.

(1) Orff의 교수법적 요소

① 모방(imitation)

모방은 창조의 시작이며 음악적 기술과 습득하는 과정으로 리듬 또는 가락 등을 창작하는 데 사용된 교수방법으로 동시모방, 기억모방, 중복모방의 세 가지로 나뉜다.

가. 동시모방(simultaneous imitation)

교사가 음악적 지시를 내리는 동시에 유아가 따라 하는 것이다. 노래에 맞추어 몸을 움직이는 것이 가장 대표적이며, 전통적으로 내려오는 언어 놀이(쎄쎄쎄, 도리도리, 아침바람 찬 바람에 등)가 있다. 교사를 모방하는 과정에서 유아는 관찰력, 지시에 따르는 능력, 몸을 자유로이 움직이는 능력 등을 개발할 수 있다.

나. 기억모방(remembered imitation) 또는 메아리 모방

교사가 표현한 것을 일정 시간 뒤 기억하여 똑같은 방법으로 모방하는 것이다. 유아는 교사가 가르쳐 준 몸 움직임, 소리, 리듬패턴, 곡조 등을 기억했다가 똑같이 해 보는 것이다. 기억모방 과정은 즉흥창작 과정을 위한 기초 과정이다.

---

1) 펜타토닉 스케일 : '도, 레, 미, 솔, 라'로 된 5음계를 말한다.

다. 중복모방(overlapping imitation)

교사가 첫 번째 동작을 보여 주고 두 번째 동작을 보여 줄 때 어린이는 첫 번째 동작을 모방하고, 교사가 세 번째 동작을 보여 줄 때 어린이는 두 번째 동작을 모방한다. 이와 같이 일정한 간격을 두고 모방하는 활동 등이 있다.

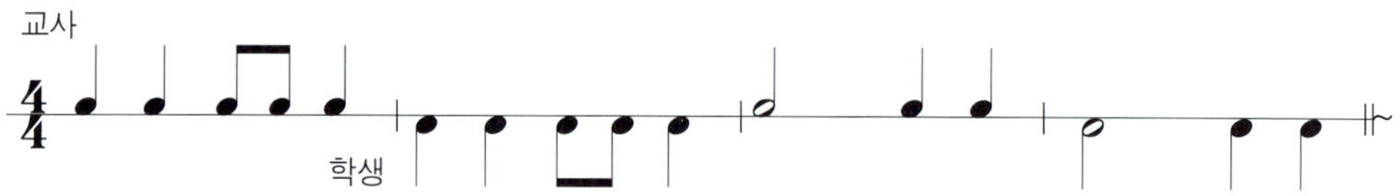

[악보 3-5] 메아리 모방

② 탐색(exploration)

탐색은 항상 새로운 것을 찾도록 유도하며 같은 악기라도 새롭게 연주하도록 격려하는 것이다. 이 탐색과정은 표현을 증진시키며 즉흥연주의 준비 과정으로 빠르기와 강약에 변화를 주어 여러 음색을 느끼게 하는 악기의 다양한 연주방법과 장조에서 단조로, 즉 같은 으뜸음조를 이용하여 단조의 느낌을 체험하게 해 주기도 한다. 또한, 자신의 목소리나 주변의 소리를 탐색, 신체의 방향과 크기, 진로 등의 공간 인식을 위한 탐색 등이 있다. Orff의 음악교육에서는 이런 다양함을 시도함으로써 유아 스스로 음악을 만들거나 끊임없이 새로운 것을 체험하게 된다. 모든 학습활동 매체를 사용한 교수법을 전개할 때 유아는 그 각각의 단계를 정확하게 인지하고 탐색해야 한다.

③ 악보를 읽고 쓰기(literacy)

음악 시작단계에서 악보를 읽거나 쓰지 않고, 먼저 그림 기보법으로 악보 읽기를 가르친 다음 상징적으로 표현된 악보를 읽거나 감정이나 목소리 또는 악기를 그림으로 표현한다. 그림 악보는 목소리, 리듬 타악기와 선율악기 연주, 신체표현 등에 사용되며, 유아의 나이가 늘어감에 따라 정식 악보를 가르친다.

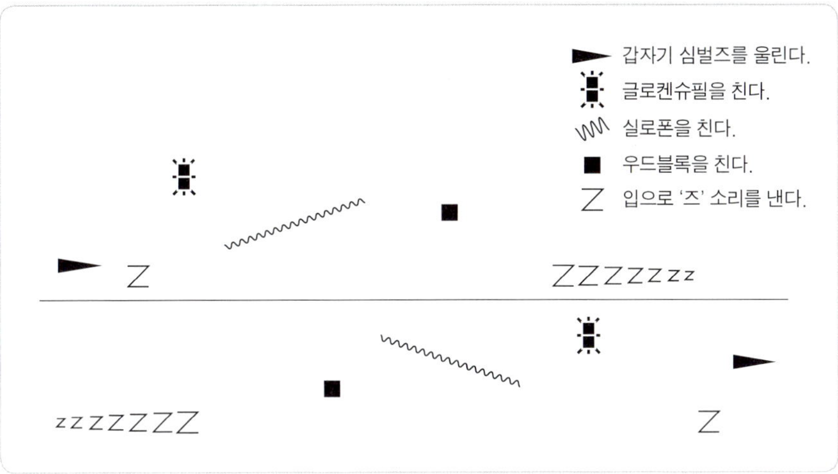

[그림 3-7] 그림 기보에 의한 악보 읽기

④ 즉흥연주(improvisation)

Orff 교수법 중 가장 강조되는 것이 즉흥연주이다. 즉흥연주는 모방, 탐색, 악보를 읽고 쓰기 과정을 준비단계로 하여 음악적 요소와 기술을 습득하게 되어 비로소 창조에 이르게 되기 때문이다. 탐색의 과정에서 이미 배운 음악을 변화시켜 보는 경험을 했다면, 즉흥작곡 과정에서는 새로운 음악을 창작해 본다. 창작시간을 통해 유아는 교사로부터 독립성을 배우게 되며, 유아는 각각 자기의 음악 수준에 맞춰서 작곡을 하게 된다. 유아는 우선 스스로 멜로디나 리듬을 만들어 본다. 이 패턴이 하나의 악구(phrase)가 되고 이 악구가 모여서 하나의 형식을 이루게 된다. 리듬과 멜로디의 응답 형식은 Orff 교수법에서 많이 쓰는 방법이며 시각적 자극이나 상상적인 이미지 등을 율동이나 악기 연주 등으로 표현할 수도 있고, 이를 노래로 만들 수도 있다.

[악보 3-6] 질문-응답하며 즉흥연주하기

[악보 3-7] 신체표현하며 즉흥연주하기

(2) 음악적 요소

① 오스티나토(ostinato)

어원적으로 고집이 세다는 뜻의 이탈리아어로 곡의 일정한 부분이나 혹은 곡 전체를 일정한 패턴이 지속적으로 반복되는 형태를 말한다. 오스티나토는 동시에 재미있는 의성어나 리드미컬한 대사를 골라 규칙적으로 사용할 수 있는 언어(예 좋아좋아, 주룩주룩)와 신체, 노래, 악기 등으로 구성할 수 있는 리듬 오스티나토와 노래와 악기로 구성할 수 있는 화성 오스티나토 등이 있으며, 유아는 오스티나토를 통해 다양한 앙상블을 경험하고 리듬, 멜로디, 화성 훈련에 많은 도움을 받는다.

[악보 3-8] 신체 타악기 오스티나토

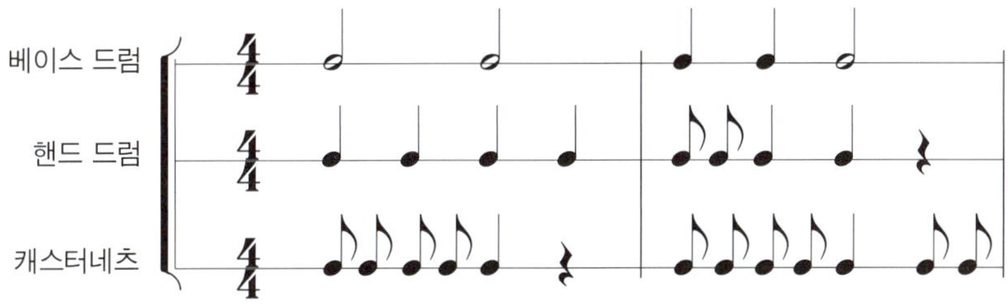

[악보 3-9] 리듬 타악기 오스티나토

② 보르둔(bordun)

원래는 백파이프처럼 동시에 울리도록 연주하는 형태를 의미한다. 으뜸음과 5도 위의 딸림음 또는 한 옥타브의 음을 동시에 연주하는 것으로 가장 기본적인 화성 반주이며 연주하기 쉽다. 이 때문에 유아의 합주와 즉흥연주의 반주로 많이 사용된다. 보르둔 반주의 형태는 코드 보르둔(chord bordun), 브로큰 보르둔(broken bordun), 크로스오버 보르둔(crossover bordun), 레벨 보르둔(level bordun) 등이 있다.

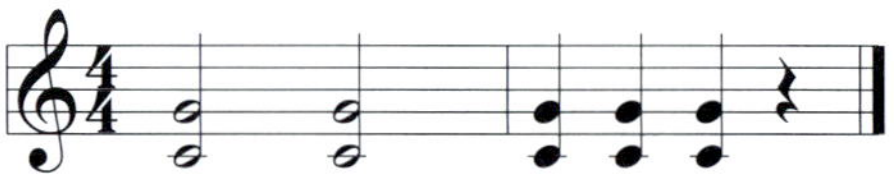

[악보 3-10] 코드 보르둔

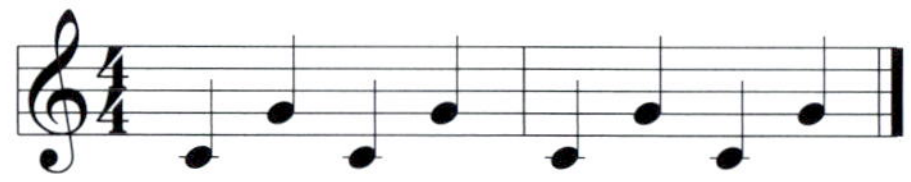

[악보 3-11] 브로큰 보르둔

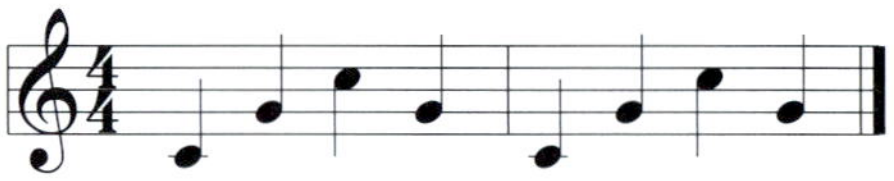

[악보 3-12] 크로스오버 보르둔

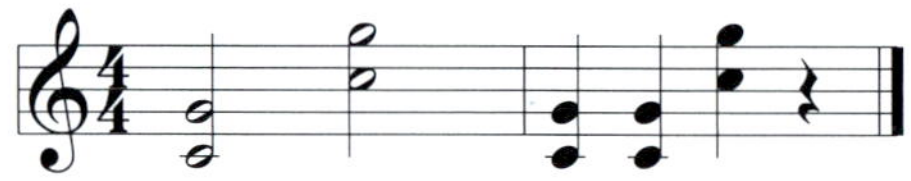

[악보 3-13] 레벨 보르둔

(3) 학습활동적 매체

Orff의 음악교육 목적은 모든 유아에게 직접적이고 종합적인 음악 체험을 통해 음악미를 감득하게 하고 자기표현을 위한 음악적 능력을 기르게 하는 데 있다. 특히, 음악 체험의 기회를 제공함으로써 다양하고 폭넓은 음악적 능력을 향상시키는 데 중점을 두고 있다(이홍수, 1991) 이러한 음악교육적 목적을 달성하기 위해 '기초 음악'의 개념을 창안하였고, 이를 지도하기 위하여 Orff 교수법에서는 음악학습활동의 모든 측면을 다룬다. Orff의 학습활동적 매체의 구성은 말, 노래, 신체동작, 즉흥표현 및 즉흥연주, 악기 연주, 듣기로 '기초 음악'의 모든 요소를 배우는 수단으로 사용된다. 이 매체는 하나씩 사용하기도 하지만, 둘 이상의 활동이 동시에 이루어지기도 한다.

① 말

Orff는 말하기(speech)가 음악적 경험의 중요한 접근방법이라고 생각하고 말의 형태가 리듬의 형태로 발전하고 이것이 다시 노래 부르기까지 발전하여 유아가 자연스럽게 음악을 습득할 수 있게 된다고 말한다. 이때 모국의 언어와 운율, 놀이, 동화, 시 등을 학습 매체로 삼아 모국어의 내재된 리듬으로 출발한다. 모국어의 친숙한 언어를 사용하여 말하기를 시작하여 손뼉치기, 무릎치기 등으로 그 말의 리듬을 표현하고, 그 다음에 악기로 리듬을 연주하도록 하는 등의 연속적인 체험 과정이 강조된다(이홍수, 1991; 안재신, 2008).

말하기는 유아의 이름, 산과 강의 이름, 꽃과 새, 동물, 과일의 이름, 어린이의 일상에 사용되는 짧은 문장 등의 리듬을 이용하여 박자와 빠르기, 강약, 악절, 레가토(legato)나 스타카토(staccato), 형식, 음색 등의 많은 음악적 요소를 교육하는 데 기초가 되며 동시에 효과적인 수단이 된다.

말 리듬을 만드는 방법은 다음과 같다.

첫째, 동시를 골라 읽어 준다.

둘째, 리듬 찬트를 붙인다. 이때 동시의 내용을 보고 어떻게 리듬 찬트를 할 것인지 토론한다.

셋째, 손뼉치기, 발 구르기, 왼무릎치기, 친구 어깨치기 등의 신체동작을 한다.

넷째, 오스티나토를 부른다. 오스티나토는 동시의 동요에 맞는 재미있는 의성어나 리드미컬한 대사를 골라 규칙적으로 붙인다.

다섯째, 반드시 몸동작을 먼저 한 다음, 악기로 해 보고 악기는 Orff 악기를 사용한다.

〈표 3-6〉 말하기와 말리듬 적용방법의 예

방법	적용
말하기	파란 하늘 높이 하늘구름 둥둥
말리듬 만들기	

[악보 3-14] 언어리듬의 예

4분음표 : 귤, 귤, 귤, 귤　　8분음표 : 딸기, 딸기, 딸기, 딸기,　　섞인 리듬 : 귤, 딸기, 귤, 딸기

[그림 3-8] 언어리듬 활용의 예

[그림 3-8]에서 과일 이름을 적용한 것과 같이 동물 이름, 사물 이름 등을 활용하여 언어리듬을 적용해 볼 수 있다.

예 곰, 곰, 곰, 곰 / 토끼, 토끼, 토끼, 토끼 / 곰, 토끼, 곰, 토끼
연, 연, 연, 연 / 팽이, 팽이, 팽이, 팽이 / 연, 팽이, 연, 팽이

② 노래 부르기

음높이를 사용하여 가락을 만드는 것으로서, 말에서 나오는 자연스러운 음정을 문답식의 대화로 연결할 수 있다. 노래는 단순한 '솔 - 미' 하행 단3도 선율의 묻고 답하는 형식으로 시작하여 '솔 - 미 - 라', 솔 - 미 - 라 - 레, '솔 - 미 - 라 - 레 - 도' 순으로 음이 추가된다. 솔, 미, 라, 레, 도로 이뤄진 5음음계(펜타토닉 스케일)를 이용하면 노래 부르기에 쉽고 즉흥연주 활용에도 도움이 된다.

Orff는 이동도법을 사용하며, 7세 이하의 유아는 D장조에서의 솔(G) - 미(E), 7세 이상에서는 F장조에서의 솔(G) - (E)로 노래 부르기를 시작하도록 권한다.

각 나라 고유의 전통민요나 전래노래는 Orff 노래 지도에서 중요한 자료이다. 이러한 자국 문화 속의 적절한 소재를 찾아 사용하는 것이 중요하다. 노래하는 동안 신체나 Orff 악기로 반주하면 교육 효과를 높일 수 있다.

〈표 3-7〉 노래 부르기 적용 방법의 예

방법	적용
두 음을 사용한 노래 부르기	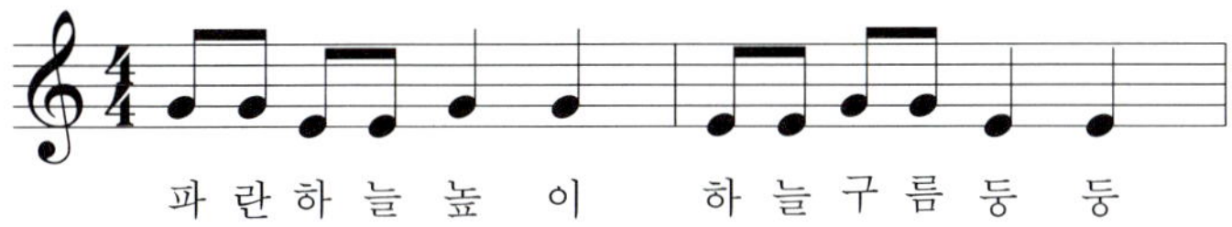
세 음을 사용한 노래 부르기	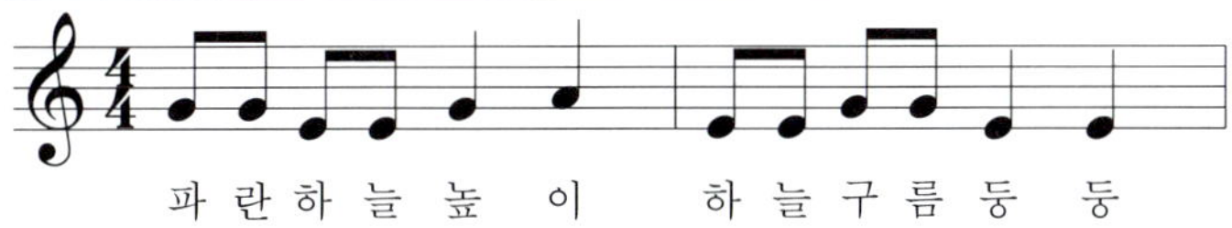

③ 신체동작

신체적인 움직임(movement)을 말하는 것으로서 신체동작은 음악을 몸짓으로 표현하는 것이며 본능적이고 자연스러운 음악 학습방법이다. 걷기, 기기, 달리기, 깡총뛰기, 돌기, 손뼉치기, 발구르기, 손가락치기 등의 유아의 일상적인 움직임이 모두 포함되는데, 이러한 기본적인 신체동작을 음악과 관련지어서 리듬, 빠르기, 선율의 흐름, 강약, 음색 등 많은 음악적 개념을 형성하도록 돕는다. 리듬은 직접적인 신체감각과 느낌으로 이해되어야 하기 때문에 신체를 통한 리듬교육은 매우 중요하며 음악에 즉흥적으로 반응하여 좀 더 복잡한 신체표현을 하는 기회를 제공하기도 한다.

〈표 3-8〉 신체동작 적용방법의 예

방법	적용
신체동작	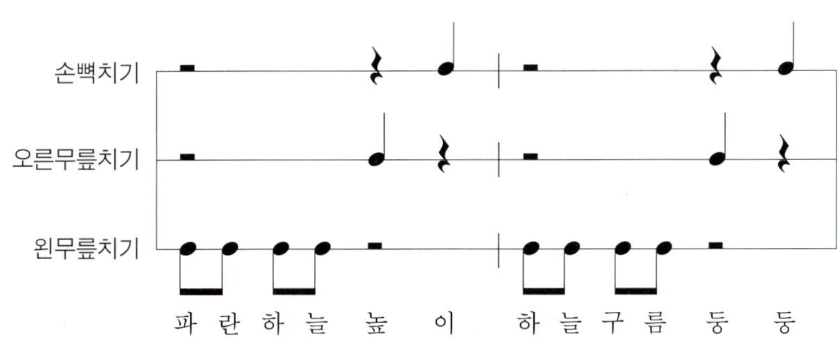

④ 즉흥표현 및 연주

음악교육의 중요한 목표 중의 하나는 창조성을 기르는 일이다. 유아 중심의 즉흥표현은 유아의 창조적인 능력을 배양하는 중요한 교육방법으로 유아의 발달 특성상 타인의 생각과 의도를 따라서 하기보다 자신이 주도적으로 하려는 자기중심적인 성향이 강한 시기이다. 그러므로 즉흥표현은 이러한 유아의 요구 해소에 큰 도움을 주며 독보적인 개성과 창의성을 증진시킬 뿐만 아니라 자아존중감을 높일 수 있는 계기가 된다. 즉흥표현은 『오르프 슐베르크』의 핵심 내용으로 말하기, 노래 부르기, 신체동작, 몸으로 리듬치기, 악기 연주 등을 모든 영역에서 활용한다.

Orff는 즉흥연주가 음악교육에서 가장 마지막 과정이라고 보고 있으며, 창의적으로 사고하며 체험하는 것에 중점을 둔다. 즉흥연주에서 강조하는 것은 훈련된 음악가와 같이 세련되게 연주할 수 있게 하려는 것이 아니라, 유아가 음악을 창조적으로 생각해 내는 과정을 체험시키는 것이다. 유아가 창의적인 활동을 할 수 있는 기회와 여건을 만들어주는 것에 중점을 둔다.

⑤ 악기 연주

악기에 의한 음악학습은 놀이 학습방법을 그대로 적용한다. 놀이과정에서 유아는 자신이 원하는 악기를 음악적으로 구현하도록 한다. 유아는 악기를 사용하는 놀이를 통하여 소리 내는 논리적 방법과 음향적 분위기를 감각적으로 지각하도록 한다.

Orff는 특별한 악기를 고안하여 사용했다. 그가 제작한 악기들은 주로 연주하기 쉽고 '원시적 매력'을 지닌 타악기식 선율악기가 중심을 이룬다. 선율악기는 글로켄슈필(glockenspiels), 실로폰(xylophon), 메탈로폰(metallophones) 등으로 유아의 선율악기로는 실로폰이 가장 적절하다고 생각하여 필요한 음만 사용할 수 있도록 음판을 뺐다 끼웠다 할 수 있게 개량하였다. 그 외에 신체 타악기인 손뼉치기, 무릎치기와 손가락 튕기기(고음), 발 구르기(저음)를 기본으로 하여, 음의 고저가 없는 악기로서 세계 민속 타악기가 많이 포함된 다양한 무선율 타악기와 관악기인 리코더 및 현악기까지 있다.

실로폰(목금)

글로켄슈필(종금)

메탈로폰(철금)

여러 가지 타악기

출처 : www.orffshop.kr, westmusic.com.

[그림 3-9] Orff의 건반타악기와 리듬타악기

⑥ 듣기

음악적 활동에서 듣기(listening)를 매우 중시하며 모든 활동 매체에서 듣기를 강조함으로써 정확한 음의 인지능력을 키우는 것을 목적으로 한다.

4. Gordon(1927~2015, 미국)의 음악교육론

1) Gordon의 생애

Gordon은 미국의 음악교육 분야에서 우수한 연구가이며 교육자로 필라델피아 템플 대학에서 유아음악발달 프로그램의 담당교수로 재직했었고, 음악교육 프로그램으로 박사학위를 받았다. 현재는 사우스 캐롤라이나 대학교의 연구 교수로 재직 중이다. 선생님이자 저자, 편집자, 강연자로서 미취학 아동의 음악교육에 헌신해 오고 있는 Gordon의 업적은 『*USA Today*』, 『*The New York Times*』 등의 출판을 통해 미국, 유럽과 아시아 등 국내외에 널리 알려져 있다.

1959년에 유아에서 성인용에 이르기까지 음악 적성검사를 개발했으며, 대표적인 저서로는 『음악교육 심리학』, 『음악연속학습 : 기술, 내용, 형태』, 『음악 적성의 본성 : 기술, 측량과 평가』, 『신생아와 영유아를 위한 음악학습이론』 등이 있다.

특히, 1980년에 발표한 『음악학습이론(*music learning theory*)』은 사람이 음악을 언제, 어떻게, 어떤 순서로 배우는가를 설명한 것으로 학생에게 초점을 맞추어 음악 학습과정에서 일어나는 학생의 마음 변화에 대한 이론이라는 점에서 일반 교수이론과 구별된다.

Gordon은 비영리재단인 'Gordon 음악학습원'(Gordon institute for music learning)을 설립하여 음악 학습이론의 실제 적용에 힘쓰고 있으며, 그의 업적 바탕은 모든 인간의 삶 속의 음악적 가치에 대한 철학에 의하여 이루어져 있다.

2) 음악적 지도 배경

Gordon은 음악 연구교수로 재직하면서 어린 아이가 왜 음악을 배워야 하는지, 어떻게 하면 효율적으로 음악을 배울 수 있는지, 언제 어떤 순서로 음악을 배우는 것이 좋은지에 대한 음악적 가치에 대한 끊임없는 연구를 통해 학생에 초점을 맞추어 학습시키는 방법인 자신만의 음악 학습이론을 창시하였다.

교사는 반드시 학생의 음악적 차이를 고려하여 수업해야 한다고 말하면서 수업 전에 음악 적성을 측정하여 그 결과에 맞추어 수업시간에 활용할 것을 강조하였고, 학습 순서에 관해서는 단순한 순서를 넘어 이전 단계는 다음 단계를 학습하기 전의 필수 요소라고 강조하고 있다.

1~3세 유아의 음악교육에 관심을 가지고 심도 깊은 연구를 통해 유아의 음악 적성, 청음, 음악 학습이론, 음조와 리듬 형태, 음악발달 연구에 주된 기여를 하였는데, 그는 유아기가 음악이 발달하는 중요한 시기로 여겨 이 때에 풍부하고 다양한 음악적 체험을 접하게 하는 것이 중요하다고 보고 적절한 환경의 제공으로 음악을 생각할 수 있는 환경을 제공해 주고자 노력하였다.

3) 음악교육철학

Gordon은 누구나 음악적 잠재력을 가지고 태어나며, 이는 환경적으로 어떻게 교육시켜 주는지에 따라 변화될 수 있다고 한다. 즉, 음악적 잠재력은 출생 직후부터 생후 9세 동안 취학 전 유아가 받는 음악 노출과 음악경험, 격려에 따라서 직접적으로 크게 영향을 받게 되고, 9세 이후가 되면 음악적 잠재력은 고정된다고 하였다.

Gordon의 음악교육철학

- 음악교육은 유아가 음악을 이해하고 즐기는 능력을 기르는 것이다. 이를 위해서는 반드시 음악을 오디에이션할 수 있어야 한다.
- 음악을 배우는 과정은 언어를 배우는 과정과 동일하므로 음악교육을 위해서는 순서적으로 계열화된 학습과정이 중요하다.
- 음악교육은 어릴 때 시작하는 것이 좋고, 빠르면 빠를수록 좋다.

4) 음악교육의 원리와 목표

Gordon은 유아가 음악을 이해하고 즐기는 능력을 기르는 것을 음악교육의 기본 목표로 하고 있다. 음악을 진정으로 이해하고 즐기기 위해서는 반드시 음악을 오디에이션(audiation) 할 수 있어야 하며, 오디에이션하는 능력만큼 음악을 즐길 수 있다고 하였다. 오디에이션 능력의 신장을 위해 언제, 어떻게, 무엇을 어떤 순서로 가르쳐야 하는지가 Gordon의 음악 학습 이론의 주요 골자이다. 원리는 유아가 언어를 배우는 것과 같이 음악을 배우는 것이 동일하며, 음악을 귀로 많이 듣는 경험이 있어야 악보 읽기와 쓰기의 학습 준비가 되었다고 할 수 있다. 또 다양한 음악적 경험이 중요하므로 Gordon은 여러 가지 선법(mode)이나 박자 등을 반드시 가르쳐야 한다고 주장하였다.

5) 음악교육방법

(1) 음악교수내용

① 음악 적성

Gordon의 음악 적성은 음악을 학습하기 위한 유아의 잠재력, 즉 내적인 가능성을 나타내며 음악 성취는 유아의 음악 적성에 의해 학습해 온 것으로 증명되어진 외적 현상을 의미한다고 보았다(Gordon, 1987).

Gordon에 의하면 유아의 음악 적성은 그룹 또는 개인적으로 아이를 가르칠 때 유아의 음악적 필요가 어느 정도이며 이에 맞는 교육은 어떠한 것인지를 알기 위해 측정될 필요가 있다고 하였다. 유아의 음악 적성은 선천적인 것이지만, 환경적인 영향과 교육의 영향을 무시할 수 없다(Gordon, 1995). 환경은 유아의 적성과 능력 개발에 커다란 영향을 미치며, 적성은 후천적인 교육에 의해서도 개발되어지기 때문에 아무리 천재적인 소질이 있어도 이에 대한 적절한 환경이 주어지지 않으면 그 소질은 더 이상 발전될 수 없다. 이러한 연구는 만 9세 이전의 아동 음악소질의 특성에 따라 유아음악교육의 방법론적 전개가 가능하게 하였으며, 음악을 경험할 수 있는 듣기 능력이 음악 적성과 음악 성취에 바탕이 된다는 사실에 착안하여 음악적 사고력과 창의력, 해석능력 및 음악적 상상력까지를 포괄하는 진정한 음악 경험능력을 오디에이션이라는 새로운 명칭으로 부르고 이 오디에이션 능력의 함양을 음악교육의 방향으로 제시하였다.

② 오디에이션(audiation)

오디에이션은 인간이 언어를 배우는 과정과 음악을 배우는 과정 간에 인지론적 공통점이 있다는 생각에 근거하여 1973년에 Gordon이 만들어 낸 용어로 어학자 Donald Brown이 말을 듣고 의미를 이해하는 과정을 '오디'(audi)라고 한 것에서 유래되었다. Gordon의 음악교육에 있어서 오디에이션은 음악 적성이 언제 이루어지며 어떻게 강화될 수 있고 무엇이 그것을 방해하는가 하는 이론과 밀접하게 연관되어 있다.

Gordon의 음악학습은 모두 오디에이션 능력의 개발에 목표를 둔다. 오디에이션이란 '실제로 들리지 않는 음악을 상상하여 마음속으로 듣고 이해하는 과정'을 의미한다. 이는 어떠한 노래를 마음속으로 들을 때 단순히 노래의 선율만을 듣는 것이 아니라 그 곡의 조성, 박, 화음 등에 대해 더 높은 차원의 내청을 하는 것이다. 오디에이션은 음악 적성의 근본 원리이며 음악 소질의 기초이다. 음악의 기본이 되는 음높이(pitch)와 음길이(duration)를 듣고 이해하고 이것을 주관적으로 혹은 객관적으로 오디에이션하는 정도로서 음악 소질의 수준을 알 수 있다.

오디에이션에는 다양한 타입이 있다. 유아는 음악을 듣고 전에 들었던 음악을 기억하고 음악을 연주(노래, 찬트, 동작, 악기 연주)하고 음악을 창작하거나 즉흥적으로 만들어 내는 동안 오디에이션한다. 더 나아가 모든 아동은 그들이 악보를 읽거나 쓸 때 오디에이션하기도 한다.

오디에이션과 모방(imitation)은 다르긴 하나 모방하는 능력은 어떻게 오디에이션하는가를 배우기 위해 필요한 준비이며, 오디에이션의 진행은 심리학에 근거를 두며 우리가 언어를 듣는 동안 생각하는 진행과 같다. 먼저 소리를 듣는 학습을 하고, 나중에 악보를 통해 배우는 것이 바람직하다고 주장하고 있다. 오디에이션이 일어나는 과정을 8개의 비연속적인 유형으로 분류하여 소개하였다.

〈표 3-9〉 8가지 오디에이션의 유형

1유형	음악을 들을 때(listening to music)
2유형	음악을 읽을 때(reading music)
3유형	음악을 들으면서 적기(writing music that is being heard)
4유형	외운 것을 기억하기(recalling music from memory)
5유형	외운 것을 적기(writing music from memory)
6유형	음악창작과 즉흥연주하기(creating or improvising music)
7유형	악보를 읽으며 창작과 즉흥연주하기(reading and creating or improvising music)
8유형	악보를 적으면서 창작과 즉흥연주하기(writing and creating or improvising music)

8가지 오디에이션의 유형은 다시 6단계를 거쳐 순차적으로 발생한다.

〈표 3-10〉 6가지의 연속적인 단계

1단계	소리가 들리고 존속된다.
2단계	음절과 기본박이 형성됨에 따라 음정 패턴과 리듬패턴의 한 계열 속에 오디에이션으로 정돈된다.
3단계	정돈된 음정패턴과 리듬패턴을 위해 기본을 형성하는 음조와 박자인 음구(音口)론이 오디에이션되어진다.
4단계	들리는 음악 안에 음정패턴과 리듬패턴이 오디에이션으로 자리를 잡는다.
5단계	다른 노래에서 조직하고 오디에이션을 한 음정패턴과 리듬패턴이 다시 기억나서 비교되면서 오디에이션으로 만들어진다.
6단계	익숙한 음악을 위한 기대와 익숙하지 않은 음악을 위한 예측이 다음 음악에서 듣게 될 음정패턴과 리듬패턴에 관하여 만들어진다.

오디에이션의 6단계는 순환적이며, 오디에이션의 제2~6단계까지의 능력은 음악 학습이론의 기술 학습 순서에 의하여 체계적으로 훈련된다.

③ 예비 오디에이션(prepartory audiation)

음악 옹알이로부터 벗어나지 못한 아이의 음악적인 생각을 예비 오디에이션이라 한다. 유아기는 일생의 음악적 발달의 기초를 형성하는 결정적인 시기, 특히 출생해서 5세까지의 음악적 경험은 성장 후 음악에 대한 이해와 감상, 성취에 지대한 영향을 미친다. 이 시기에는 부모나 교사가 형식적인 교육을 시도해서는 안 되며 음악적 이해를 도울 수 있는 비형식적인 안내를 해야 한다.

Gordon은 음악을 가르치는 순서를 중시하였다. 예비 오디에이션은 오디에이션을 하기 위한 학습의 진행단계로 정의하고, 3가지 유형과 7가지 하위단계가 있다고 하였다.

〈표 3-11〉 예비 오디에이션의 유형과 단계

시기	유형	단계	특징
출생~ 3세	문화화 유형 : 환경을 거의 조금 인식하며 참여한다.	1단계	흡수(absorption) : 환경의 음악적 소리를 청각적으로 받아들인다.
		2단계	무의식적 반응(random response) : 환경의 음악적 소리에 반응하여 옹알이하고 움직이지만, 음악적 소리와 관련되지 않는다.
		3단계	목적 있는 반응(purposeful response) : 환경의 음악적 소리와 관련된 동작과 옹알이를 시도한다.

시기	유형	단계	특징
3~5세	모방 유형 : 주로 주위 환경에 초점을 둔 의식 있는 사고를 가지고 관계한다.	4단계	자기중심탈피(shedding egocentricity) : 동작과 옹알이가 환경의 음악적 소리와 일치하지 않다는 것을 인식한다.
		5단계	음악문법의 해독(breaking the code) : 환경의 음악적 소리, 특히 음정패턴과 리듬패턴을 어느 정도 정확하게 모방한다.
4~7세	동화 유형 : 주로 자신에게 초점을 둔 의식 있는 사고를 가지고 참여한다.	6단계	자기성찰(introspection) : 선율노래, 리듬노래, 호흡, 동작이 협응되지 않음을 인식한다.
		7단계	조화(coordination) : 선율노래, 리듬노래와 호흡, 동작을 조화시킨다.

④ 음악학습과정

Gordon의 음악학습과정의 특징은 다음과 같다.

가. 음정과 리듬의 분리

Gordon은 음악학습을 할 때 음악이 가지고 있는 패턴을 이용하였다. 이때 리듬과 음정을 함께 다루는 것이 어렵다고 여기고 음정과 리듬을 따로 가르치는 것이 효과적이라고 했다. 리듬의 요소가 없는 음정패턴과 음정의 요소가 없는 리듬패턴을 따로 가르쳐야 한다는 것이다.

[악보 3-15] 음정패턴과 리듬패턴의 예

나. 개인차를 고려한 교육

개인마다 오디에이션의 능력이 다르므로, 교사는 각 학습자에게 적합한 리듬과 음정패턴을 선택하여 제시하여야 한다.

다. 개별적 연주의 중요성

오디에이션 발달에 있어 개별적인 연주경험을 매우 중요시한다. 이에 학습자가 혼자 리듬패턴이나 음정패턴을 연주해 보도록 하고 다른 학습자가 연주하는 것을 들어 보는 기회를 제공한다.

⑤ 음악학습 구분

가. 변별학습(discrimination learning)

음악적인 것을 받아들이고 모방하는 과정, 즉 음을 구별하는 능력을 기르는 학습으로써 이미 배웠던 것을 새로 기억해서 표현해 보는 활동으로 진행되며 처음 시작하는 1단계에서 5단계까지로 진행된다: 듣기, 부르기 → 계명(tonal solfege), 리듬 음절(rhythm solfege)로 부르기 → 부분적 통합 → 악보 읽기, 쓰기 → 종합.

[악보 3-16] **리듬 음절로 부르기**

나. 추론학습(inference learning)

음악적 경험으로 상상력을 기르는 것으로 변별학습에서 학습한 바를 기초로 응용하고 발전시켜 낯선 음악에 대해서도 음악적 양상을 정확히 규명하는 과정인 '일반화', 독자적인 패턴을 만들어 내는 '창작과 즉흥연주', 음악이론을 이해하고 상징적 음악기호를 소리로 내어 보는 '이론적 이해'의 과정으로 6단계에서 8단계로 순서화된다.

⑥ 음악학습방법

Gordon의 음악학습방법에 의하면 음악수업은 일반 수업 활동(classroom activities)과 학습단계 활동(learning sequence activities)의 두 부분으로 이루어진다. 일반 수업 활동이란 노래 부르기, 악기 연주, 감상 등 일반적인 음악 수업 활동을 말하며, 학습 단계 활동이란 학생들의 기본 능력을 개발하기 위해 매 수업 첫 10분 동안 리듬패턴과 음정패턴을 Gordon의 학습이론으로 가르치는 활동을 말한다. 이 활동에서는 음정과 리듬 영역이 따로 다루어지며 학생들

개개인의 학습 경과를 전부 기록하도록 되어 있다. 모든 학습활동은 오디에이션 능력을 키우는 데 중점을 둔다.

교사는 매 학습 단계 활동 처음에 그날 학습할 음정이나 리듬패턴의 종류에 따라 준비 패턴을 여러 번 부른다. 준비 패턴(preparatory sequence)이란 학생들의 조성감이나 박자가 형성을 도와줄 뿐만 아니라 다음에 나올 음정이나 리듬패턴을 오디에이트하는 데에도 도움을 준다. 물론 음정학습과 리듬학습은 반드시 따로따로 하도록 한다.

(2) 음악교수방법

① 목표 : 노래 속에 담겨 있는 박자와 리듬, 멜로디를 생각하면서 새 노래를 배운다.

② 준비물 : 음악 '씨앗', 부직포로 만든 '씨앗' 가사 전달용 융판 자료 준비

③ 활동 방법 : "오늘 배울 새 노래는 따뜻한 봄이 되면 볼 수 있는 것과 재미있는 표현을 담아 만든 노래란다. 무슨 노래인지 잘 들어 보자." 하며 궁금증과 호기심을 유발시킨다.

가. 교사 허밍 : 가사 없이 '두두두두'나 '랄랄라라' 등으로 허밍한다. 교사는 한 마디 안에 규칙적으로 적용되는 '강약약약'을 생각하면서 허밍해 준다.

나. 쿵 박자치기 : 리듬감을 길러 주기 위해 교사가 먼저 가사 없이 허밍하면서 발 뒤꿈치로 '쿵' 박자치기를 한다. 다시 한 번 반복할 때 유아는 허밍 없이 '쿵' 박자를 치기만 하면서 교사의 허밍을 듣는다.

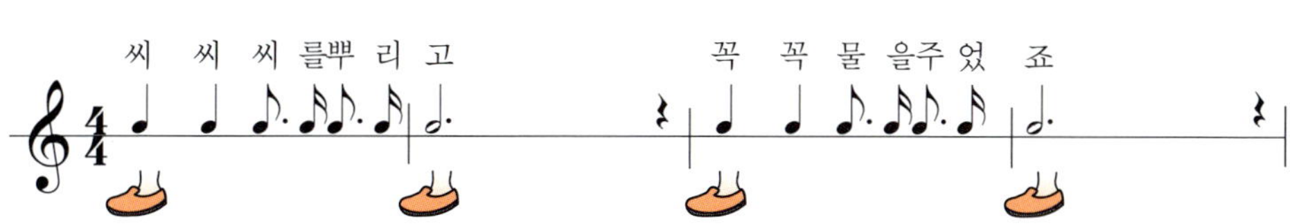

다. 짝 박자치기 : 교사가 먼저 허밍하면서 손뼉으로 '짝' 박자치기를 한다. 다시 반복할 때 유아는 '짝' 박자를 치기만 하면서 교사의 허밍을 듣는다.

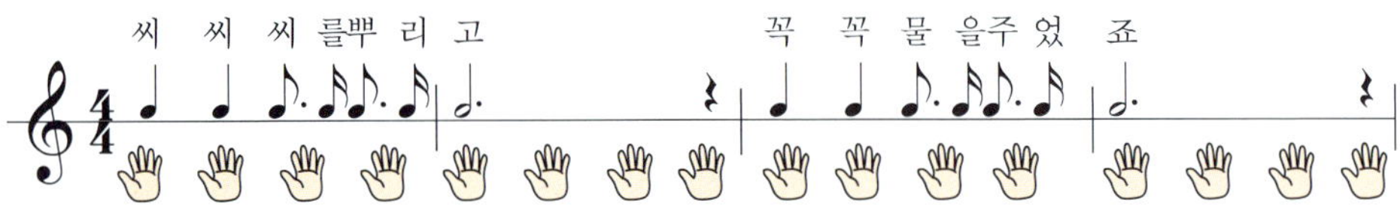

라. 쿵짝 박자치기 : 교사가 먼저 허밍하면서 '쿵짝' 박자치기하며 허밍한다. 다시 반복할 때 유아는 '쿵짝' 박자를 치기만 하면서 교사의 허밍을 듣는다.

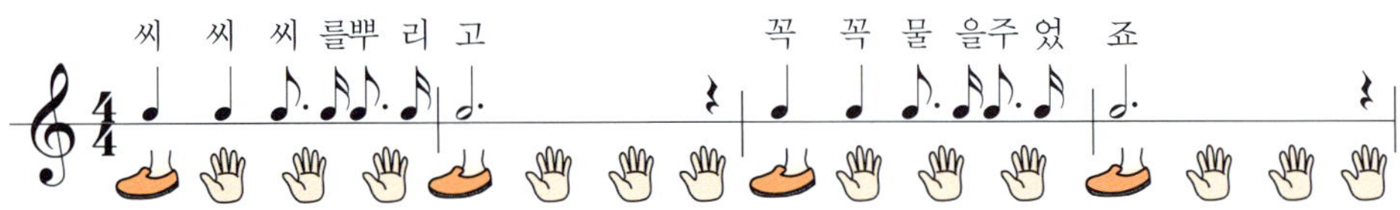

마. '씨앗' 노래는 다장조 곡이므로 '도'가 으뜸음이다. 교사는 다음의 악보대로 으뜸음을 불러 주고 유아에게 여러 번 으뜸음을 불러 보게 하여 으뜸음을 익히게 한다. 그 다음 교사는 허밍으로 '씨앗' 노래를 부르면서 중간에 수시로 멈추고 숨을 쉬게 하는 손짓을 하여 유아가 시작음을 부르도록 지시한다.

바. 교사는 시작음을 잡아 주고 유아가 마음속으로 이제까지 배운 리듬과 멜로디를 생각하면서 입 모양만 벙긋하면서 소리 없이 허밍한다(오디에이션하기).

사. 리듬을 치면서 허밍하기 : 교사는 시작음을 피아노로 쳐 주고, 손뼉치기로 리듬을 치면서 유아와 함께 '두두두' 또는 '랄랄라'로 소리 내어 허밍하면서 노래 부른다.

아. 제목과 가사 설명 : 제목과 가사를 알려 준다. 가사에 맞게 부직포로 만든 융판 자료를 융판에 한 장씩 붙여 나가면서 가사를 전달한다. 융판 자료가 없는 노랫말에서는 몸동작이나 손동작으로 가사를 전달한다.

자. 가사를 넣어 노래 부르기 : 피아노 멜로디 반주에 맞추어 가사를 넣어 다함께 노래를

불러 본다. 리듬치기, 박자치기하면서 노래를 불러 본다.

차. 음악에 맞는 율동 및 신체표현 : 음악 리듬에 맞춰 몸동작, 손동작을 해 볼 수 있으며 소도구를 이용하여 신체표현해 볼 수 있다.

5. Montessori의 음악교육론

1) Montessori의 생애

Maria Montessori
(1870~1952, 이탈리아)

Maria Montessori는 1870년 8월 31일 이탈리아 중부 안코나의 끼아라발레에서 유복한 가정의 외동딸로 태어났다. 일반학교에 진학하기 원하는 부모님의 뜻과는 달리 기술학교에 진학한 그녀는 당시 권위적이고 가부장적인 분위기로 남성 중심적인 교육을 실시하는 기술학교에 진학하여 남학생들의 차별 속에 우수한 성적으로 졸업한 후, 생물학에 관심을 가지고 의과대학에 들어가려는 결심을 하게 되었다. 당시 의과대학은 오로지 남자들만 지원이 가능하였기에 쉽게 허락되지 않았으나 남성 영역에 도전한 최초의 여자이자 이탈리아 최초의 여성 의학박사가 되었다.

Montessori는 졸업 후 로마 대학 정신과 임상진료소에 조의사로 임명되었으며, 임무에 따라 한 지적 장애인 수용소를 방문, 여기서 어린 지적 장애아에 흥미를 갖게 되었다(신화식, 1996). 그녀는 어린이가 단순히 먹는 것 그 자체보다 어떤 다른 종류의 더 높은 갈망이 있음을 느꼈다. 지적 장애를 의학적인 문제라기보다는 교육학적인 문제로 보았고, 그들을 위한 교육자료를 바탕으로 감각교구를 개발하여 지적 장애아의 교육과 관찰에 대한 특별한 방법을 가르치는 데 전심전력하였다.

1901년 그녀는 의학계와 특수교육계를 떠나기로 결심, 일반아동의 교육에 관한 교육방법을 배우기 위해 로마 대학에 재입학하여 생물학, 태아학, 임상의학, 실증심리학, 정신의학, 위생학, 인류학 및 철학, 심리학 등의 과정을 이수했다. 그녀는 이 두 번째 학문기간 동안 Itard와 Seguin의 업적을 보다 깊이 연구하여 그녀의 교육원리와 교구 개발에 많은 영향을 주었다.

1904년 4년 동안 로마 대학의 교수로 있으면서 인류학과의 학교장직을 역임, 1906년 로마 대학에서 '교사를 위한 양성과정'에서 교육인류학에 관한 강의를 하게 되면서 서두에 인류학에 관한 것보다 학교의 기능과 역할에 대하여 역설하며 교육에 대한 관심을 두도록 하였다. 1907년 비장애아를 대상으로 교육할 기회를 찾게 된 그녀는 '몬테소리 어린이집(Casa dei Bambini)'을 개원하였다.

Montessori 교육의 확장은 1911년 미국인 교사 George가 Montessori 교육을 받고 미국에 Montessori 학교를 설립하면서 시작되었다. 그러나 1914년 진보주의자 Dewey의 제자인 Kil Patrick의 『몬테소리 체계화에 대한 검증』으로 미국 학자들의 비판이 일어나기 시작하였고 1918년 이후 생활중심 교육과정이 본격적으로 대두되면서 침체기를 맞이하게 되었다.

1929년 Mussolini의 도움으로 몬테소리협회(AMI : Association Montessori International)를 창설하였다. 그러나 제2차 세계대전이 시작되어 Mussolini의 독재를 위한 이념이 드러나 몬테소리 학교가 폐쇄되고 연구 서적이 불에 타는 등의 고난으로 이탈리아를 떠나 스페인, 영국, 네덜란드에 정착, 그 이후 인도에 7년을 거주하면서 우주교육(cosmic education) 체계를 확립하는 기회를 가졌으며, 1946년 네덜란드로 이주한 Montessori는 1949년 노벨 평화상 후보로 추천되었으나 끝까지 사양하였다. 어린이를 위한 교육과 사랑의 실천에 전적으로 기여한 Montessori는 어린이를 위한 많은 저서를 남겼고 이후 1952년 5월 6일 82세를 일기로 세상을 마감하였다.

2) 음악교육철학 및 목적

Montessori의 음악교육은 전문가의 양성이 목적이 아니고 모든 유아를 위한 음악을 교육하는 것이다. 유아는 음악에 맞춰 자신의 느낌을 몸으로 표현하고 싶어 하며, 음악과 동작의 일치에서 내면의 만족을 느낀다. 이를 위해 자연과 환경에서 자연스럽게 소리를 흡수하고 모방하여 몸과 마음으로 자유롭게 표현할 수 있도록 해야 한다. 이렇게 몸과 마음으로 일치된 음악활동은 자연스러운 감정을 창조하고 조화로운 인격 형성에 도움을 준다. 즉, Montessori의 음악교육은 감각교육으로서 소리를 구별해 보는 것으로 아동의 자발성(initiative)을 중시하고 자기표현과 의사소통에 목적이 있다(김혜경, 1995). Montessori의 음악교육철학을 구체적으로 살펴보면 다음과 같다.

Montessori의 음악교육철학

- 유아가 음악적인 심미감을 갖도록 주위에서 좋은 음악을 많이 듣게 해야 한다.
- 유아에게 멜로디와 하모니를 가르쳐야 한다. 이를 위해 아주 간단한 악기를 사용해야 하며, 이 악기는 유아의 손의 크기나 역량에 맞는 것이어야 한다.
- 다음은 악보 쓰기와 읽기를 가르쳐야 한다. 유아는 작곡을 하거나 악보를 익혀 음감벨을 이용해 연주할 수 있게 된다.

출처 : 정승은, 2001.

3) 교육원리

Montessori 방법의 교육원리는 특별한 환경을 준비해 놓고 그 환경 안에서 어린이 스스로 결정을 내리는 것이다(김혜경, 1987). 즉, 유아의 자기발달에 적합한 환경을 전제로 자유롭게 감각교육을 통해 주의, 비교, 판단의 연습을 하게 되고 이로써 자기의 감각을 세련화시키는 것이다. 이러한 감각교육을 통해 최종적으로 관념교육에 도달하게 된다(이지연, 2014).

Montessori 교실에서는 교사에 의해 좌우되거나 교사와 아동의 상호작용에 의한 것이 아니고 유용한 교구에 의해 이루어진다. 음악교육은 소리를 구별해 보는 감각교육뿐만 아니라 체육이나 동작교육 등 다양한 영역과 접목해 볼 수 있다. 이때 교구는 음악에 대한기본적인 지각을 제공하는 악기의 역할을 한다. 교육원리를 살펴보면 다음과 같다.

(1) 아동관

Montessori는 아동기에 강하게 나타나는 집중현상에 대해 민감기와 흡수심으로 나누어 설명한다. 민감기는 모든 생물의 어린 시기에 그 생물의 고유한 능력을 갖추기 위하여 환경 속의 특정한 요소에 대해 특별히 예민한 감수성이 일정한 기간 동안 나타나는 것을 가리킨다. 자신이 처한 환경에서 오로지 한 가지에만 몰두하는, 지적 흡수력이 왕성한 어린 시절의 특정 기간을 말한다. 즉, 특별한 행동을 반복하여 그것에 대한 집중적인 관심을 보이는 것을 의미한다.

흡수심이란 강한 적극성을 갖고 환경 속에 있는 정신의 양식이 될 만한 요소를 흡수하여 자기 자신을 육성해 나가는 창조력을 지닌 무의식적인 정신형태를 말한다. 어린이가 환경과 경험에서 스스로 배운다고 믿고 성인이 정신을 이용해 지식을 흡수하는 반면 유아는 자신의 정신적 생활 속에서 지식을 흡수하게 되는 것을 말한다.

민감기와 흡수심을 통하여 Montessori는 어린이가 무능한 존재가 아니므로 어린이 속에 위대한 생명을 발견하고 자기발전을 해야 한다고 본다. 준비된 환경 속에서 자유롭게 활동하여 정상화된 어린이의 상태를 찾는 것이 Montessori 교육의 궁극적인 목표이다.

(2) 자동교육

Montessori 체계에서 자동교육은 교사가 직접적으로 가르치기보다는 유아가 스스로 자신의 생각과 능력을 활용하여 결정하고 분별하는 힘을 증가하는 것이다. 어린이집에서 생물학적 자유의 원리를 적용하면서 유아가 최대한으로 좋은 환경에서 자기활동을 할 수 있도록 하였다. 즉, 간섭을 최소한으로 줄이고 유아의 심신 발달단계에 적합한 환경을 제공하여 자기교육의 수단이 되어야 한다고 믿었다.

(3) 개별화된 교육

유아는 각자 독특한 존재이므로 유아에 대한 교육은 개별화되어 이루어져야 한다. Montessori 교사는 유아가 받아들일 준비가 되었을 때 각자 유아의 수준에 맞게 적절하게 교구를 제공하며 교수방법에 대한 고찰을 통해 유아의 성취감은 증대시키고 좌절감은 최대한 감소시킨다.

(4) 준비된 환경

준비된 환경이란 유아가 올바르게 발달할 수 있도록 지적인 자극을 마련해 주는 것이다. 준비된 환경에서는 어떤 환경이라도 독립적으로 활동할 수 있으며 자유롭게 또는 함께 작업할 수 있는 것이 특징이다.

(5) 교사의 역할

Montessori 교실 내에서 교사는 모든 과정의 단계마다 직접적으로 가르치는 교사라는 개념 대신에 유아의 심리적 활동과 신체적 발달을 돕는 지도자(김위자, 1987)라는 말을 사용하였다. 교사는 어디까지나 유아의 자유로운 활동을 존중하며 창조적인 활동을 존중해야 한다. 주의 깊은 관찰을 통하여 유아가 무엇을 원하는지의 내적인 요구를 인식하고 이러한 요구에 맞는 준비된 환경에서 활동을 진행할 수 있는 지도자의 임무를 지녔다. 또한, 교사는 유아에게 좋은 본보기가 되어야 한다.

4) 음악교육방법

Montessori의 음악교육은 감각교육, 즉 교구 음감벨과 소리상자의 활용을 소리를 구별해 보는 것과 선 따라 걷기와 같은 신체활동 및 동작교육으로서 여러 영역에 나타난다. 음악교육에 있어서 Montessori는 아동의 자발성을 중시하고 자기표현과 의사소통을 목표로 두었고 이러한 Montessori의 목표를 위한 Montessori의 음악교육 내용은 크게 '듣기 학습', '악기 다루기를 위한 학습', '노래 부르기', '리듬에 맞추어 움직이기'인 4가지에 중점을 두고 있다.

(1) 음악교육내용

① 듣기 학습

Montessori는 유아의 듣기 기술을 발전시키기 위해서는 침묵을 인식하게 하는 것이 출발점이라고 하였으며, 침묵으로부터 점차 벨과 북 같은 것을 사용하여 소리와 소음을 소개하면서 유아가 둘 사이를 이해할 수 있도록 이끌었다.

Montessori의 음악에 대한 기본적인 생각은 유아로 하여금 먼저 소음을 분별시킴으로써 음악 소리(音)을 따르게 하고, 그 음을 판별할 수 있는 능력을 기르게 하여 종합적인 음악 감각력을 길러 주는 것이라고 할 수 있다. 유아가 음을 식별하기 이전에 완전한 정숙이 필요하고, 정숙에 의해서 유아가 새로운 세계를 찾아낼 수 있다고 보았다. Montessori는 '정숙한 놀이'를 통해 유아에게 정숙의 연습을 습관화시키고 그 속에서 유아가 즐거움을 발견하는 완전한 정숙을 찾아낼 수 있도록 하였다.

정숙훈련을 통해 유아가 '정숙'에 익숙해지면 그들의 청력은 소리를 지각할 수 있도록 세련되어진다. 정숙의 기쁨을 알고, 섬세한 소리의 세계를 발견한 사람의 귀에 큰 소리는 불쾌한 소리임을 인식하게 된다. Montessori의 음악에 대한 기본적인 생각은 유아로 하여금 먼저 소리와 소음을 소개하고 유아가 둘 사이를 구별할 수 있도록 이끌었다.

그러므로 유아는 음에 대한 감각을 인식하게 되어 일상생활에서 큰 소리를 내지 않아도 됨을 알게 된다. 이러한 '정숙'의 개념으로 하여 음악의 개념과 교구가 발달된다.

② 악기를 다루기 위한 학습

Montessori는 악기를 다루기 위한 학습의 가장 초보적인 단계로 음감벨(series of 13 bells)의 교구를 사용하였다. 이는 C장조 1옥타브의 음계로 된 금속성 재질의 두 조로 나누어진 13개의 벨이다. 유아가 벨을 치면서 같은 음을 찾아서 한 쌍으로 짝을 지어 보고 서열화하는 연습을 한다. 이러한 연습을 통해 유아는 음감벨을 차례대로 정리해 보면서 음계의 소리를 익히게 되며, 이후 목소리로 도, 레, 미, 파, 솔, 라, 시, 도를 흥얼거리면서 몸짓도 수반할 수 있게 된다(허영림, 1984).

즉, 음감벨 교구의 활용은 다른 활동의 선행이 되고, 이후에 이러한 연습을 통해 습득된 기술은 금속관, 나무막대, 작은 하프나 피아노 같은 다른 악기에도 확장될 수 있다

③ 노래 부르기

Montessori가 묘사한 '유아 스스로 부르는 간단한 노래'는 중요한 음악적 경험으로서, 벨소리에 맞춘 목소리 연습과 피아노 음악에 맞추어 줄을 따라 걸어가면서 하는 노래 등을 포함하고 있다. 반주는 피아노보다는 아주 단순한 하프나 현으로 된 악기를 사용할 것을 제안하며, 유아에게 함께하도록 강요하지 않은 상태에서 자연스럽게 교사의 노래를 따라 하도록 교육을 진행한다.

Montessori에 따르면 유아는 음악을 들으면서 음악을 몸의 움직임을 통해 느끼고 멜로디보다 리듬에 반응하며 이러한 작업을 통해서 비로소 노래하게 된다. 또한, 멜로디가 음계진행과 가깝고 말의 억양과 음악의 프레이즈가 비슷한 점을 이용하여 '그레고리 성가'를 권하고 있다(안재신, 2008).

④ 리듬에 맞추어 움직이기

Montessori 음률 활동은 선을 따라 걷기부터 전개된다. 이 선은 마룻바닥에 분필이나 페인트, 스티커로 그려진다. 이 선 위에서 교사는 어린이들에게 계속해서 걷도록 지도한다. 몸의 균형을 유지시키며 바른 몸가짐과 안정, 동작의 자유를 목적으로 한다. 계속해서 걸을 때는 음악이 사용되며, 걷기활동을 통해 2/4, 3/4과 같은 박자의 분류, 율동적인 박자와 악곡, 음의

세기, 곡의 분위기, 음악의 속도를 알 수 있다.

유아는 리듬에 맞추어 움직이는 활동을 통해 멜로디의 해석을 신체운동과 음악적 움직임을 통해 경험하고 이해할 수 있다. 이는 다양한 음악 만들기의 준비에 중요한 기본 요소가 된다.

(2) 음악교구

Montessori는 교구가 가장 훌륭한 교사라고 믿었으며 교수를 통한 학습은 음악에 대한 기본적인 지각을 제공한다. 교구는 감각훈련 교구에 많이 포함되어 있으며 Montessori 교구는 Anna Maria Maccheroni에 의해 많이 발달되었다. Montessori는 훌륭한 교육이란 자율교육(auto education)이라 했다. 이런 자율교육을 위하여 Montessori의 교육원리 및 방법에 따른 교구교재를 발전시켰으며, 이 교구는 유아의 모든 감각을 체계적으로 자기 훈련할 수 있는 것으로 고안하였다.

① 음감벨(musical bells)

유아의 청각, 특히 음감을 발달시키기 위해 개발된 교구로 음악 감각에 대한 교육을 시작하기 위해 금속으로 된 벨을 사용한다. 옥타브의 음계를 들을 수 있는 똑 같은 모양의 벨이 13개씩 2세트가 있고 벨을 치는 타봉 2개와 소리를 정지시키는 멈춤 막대(소리의 길고 짧음을 조절)가 있다. 받침의 색이 흰 8개의 음감벨은 온음, 받침의 색이 검은 5개의 음감벨은 반음이 난다. 종의 여러 부분을 치면서 소리의 차이를 살펴볼 수 있다.

[그림 3-10] 음감벨

음감벨 교구를 활용한 연습으로는 같은 음을 찾아내기, 음폭에 따른 소리의 순서을 배우게 되어 음계를 구성해 보기, 음을 기억하기, 악보 읽기가 있으며 간단한 멜로디를 연주하는 악기로도 이용될 수 있다. 직접 목적으로 집중력과 창조력, 벨소리 듣고 목소리로 다양한 음정,

음색을 창조·발달시키며, 간접 목적으로는 교구를 조심스럽게 다루는 법을 배우며, 음악감상을 할 수 있는 준비와 손목의 근육발달을 돕는다.

② 소리상자

[그림 3-11] 소리상자

청각훈련을 위한 교구이며 음을 변별하기 위한 것으로 앞뒤가 막힌 6개의 원기둥 모양의 통이다. 목재의 작은 통 안에 다양한 재료가 들어 있으며 원통을 흔들면 통 안에 있는 사물의 성질에 따라 큰 소리부터 작은 소리까지 다양한 소리를 낸다. 이 자료에는 두 가지 세트, 즉 6개씩 2조가 있는데 외관은 같으나 원통의 뚜껑 부분이 한 조는 청색, 한 조는 적색으로 통일되어 청과 적이 6개씩 12개이다.

첫째, 짝 맞추기로 동일 음폭의 소리를 감지해 내는 것으로서 맞는 짝을 다른 원기둥 세트에서 찾는 것이다. 둘째, 원기둥들이 내는 크기에 따라 그들의 짝을 서열화해 보는 것이다. 셋째, 소리의 강약에 대한 언어를 제시한다.

직접 목적으로는 음의 강약을 변별하는 청각능력이 발달하며, 간접 목적으로는 손목의 근육운동능력의 발달과 듣기 훈련을 한다.

유아는 테이블 주위에 앉아 편안한 상태로 연습을 하는데 교사가 개괄적인 설명을 한 후에 유아 혼자서 연습을 되풀이하게 한다.

③ 악보의 읽기와 쓰기에 관련된 교구

유아가 글을 읽게 될 때 음감벨과 음악판을 함께 사용하여 처음으로 읽기 지식을 음악에 적용해 악보을 읽을 수 있게 되는데, 악보 읽기에 관련된 교구를 통해 음과 악보의 관계를 인식시켜서 독보력을 훈련시킨다.

초록색 판에 검정색으로 오선을 긋고 줄과 칸마다 둥근 구멍을 내고 그 왼쪽에 높은음자리표를 가져다 놓는다. 파 놓은 구멍에 맞는 조그맣고 흰 원반에는 '도, 레, 미, 파, 솔, 라, 시, 도'의 이름이 적혀 있으므로 유아는 쓰여진 흰 원반의 이름을 보고 높은 음부터 차례차례 해당 오선 위치에 가져다 놓는다. 유아는 그 음표의 이름을 읽으면서 오선 위에 각 음의 위치도 배울 수 있다.

음감벨을 울릴 때에 소리를 인식하여 이때 울린 음과 관계 있는 음 이름 원반을 올바른 위치에 놓을 수 있게 된다. 이와 같은 방법으로 악보 읽기의 첫 단계가 유아에게 제시되는데, 여기에서 악보 읽기란 이미 유아의 귀에 익숙해진 음과 관계될 수 있다.

④ 축소된 피아노 건반

악보 읽기 단계에서 습득한 지식을 적용하기 위해서는 축소된 건반을 사용할 수 있는데, 이러한 피아노 건반으로는 2옥타브까지 만들 수 있으며 건반은 4~5세의 유아에게 맞게 제작되어야 한다. 악보를 읽고 음표를 찾아내어 손가락을 움직여서 피아노 치는 것처럼 할 수 있다. 피아노 건반 자체는 소리가 나지 않고 단지 악보를 따라 건반으로 누르게 되는데 어린이의 많은 연습을 통해서 음에 대한 감각이 발달된다.

⑤ 길이가 다양한 나무막대를 통해서 리듬을 익힌다

- 첫째줄 : 2분음표, 4분음표, 4분음표
  (읽기 : 2분음표, 4분, 4분)
- 둘째줄 : 2분음표, 4분음표, 4분음표
  (읽기 : 2분음표, 4분, 4분)
- 셋째줄 : 4분음표, 2분음표, 4분음표
  (읽기 : 4분, 2분음표, 4분)

6. Suzuki(1898~1998, 일본)의 음악교육론

1) Suzuki의 생애

Suzuki Shinichi는 1898년 7남 5녀 중에서 셋째 아들로 태어났다. 그의 할아버지 때부터 사미센이라고 부르는 일본 고대의 악기를 만드는 일을 하며, 넉넉하지 못한 살림을 보태는 형편이었다. 우연히 바이올린을 가진 사범학교 교사를 만나 바이올린을 만들기 시작하였고 1900년 나고야에 바이올린 공장을 세워 세계에서 가장 큰 공장이 되었다. Suzuki의 아버지는 Suzuki가 장래 공장을 경영하도록 그를 상업학교에 보냈으나, 그곳에서 그는 '첫째 인격, 둘째 기량'이라는 삶의 중요한 교훈을 얻었다.

Suzuki는 어린이들에 대해서도 관심을 가지며 아름다운 마음을 가진 어린이가 왜 의혹, 불신, 부정 등을 가지는지에 대해 의심하며 조기교육이 잘못되었기 때문인지도 모른다는 생각을 하였고, 이는 Suzuki 재능교육의 출발점이 되었다(Suzuki, 1987).

1920년 22세 되던 해에 공부할 작정으로 독일로 유학을 떠났다. 그러던 어느 날 Klinger가 연주하는 Mozart의 곡을 듣고 매우 감동을 받았으며, Mozart의 높은 영혼 세계는 그에게 영향을 주었다.

이후 Suzuki는 Klinger의 제자가 되어 곡의 기술적인 측면뿐만 아니라 작곡가가 그 곡을 쓸 때의 생각까지도 연구하는 과제를 많이 받았는데, Suzuki는 그것을 매우 어려워했고 자신의 연주 재능에 절망하였다. 그러던 중 그 절망을 초래한 것이 정말 재능이 없어서가 아니라 곡을 연습하는 방법, 즉 한 곡을 몇 백 번 되풀이 연습하여 아름답게 켜는 방법을 배우지 않았기 때문이라 생각하게 되고, Suzuki는 재능교육에서 어려운 곡보다 쉬운 곡을 연습시켜 표현능력을 기르는 방법에 관심을 가졌다. 이러한 경험은 그에게 음악 예술의 정수를 가르쳐 주었고 당시 그는 연주하는 바이올리니스트가 되기보다 음악 예술을 이해하기 원하여 Klinger로부터 예술에 대해 많은 도움을 받았다(Hermann & Suzuki, 1981).

2) 음악적 지도 배경

Suzuki는 한 개인의 음악적 재능이 성장과정의 부산물이라는 신념으로 "모든 인간은 훌륭한 잠재능력을 가지고 태어났다."고 말했으며, "개인은 각자 그 자신 속에서 상당히 높은 수준까지 발달할 수 있는 능력이 있다."고 말했다.

유아가 어려움 없이 자연스럽게 모국어를 습득하는 것을 알고 유아는 우리가 일반적으로 가르쳐 주는 것보다 훨씬 더 많이 배울 수 있는 잠재력이 있다는 것을 알았다. 또한, 모국어를 배울 때의 원리를 적용하여 피아노나 바이올린 등의 도구를 통하여 어린이의 인격 형성에 필요한 여러 가지 능력을 계발할 수 있음을 알았다. 즉, 관찰, 모방, 점진적인 지식 습득과 인식의 과정을 통해 여러 다른 지식과 기술을 습득, 완성해 가는 것이 Suzuki의 음악적 접근의 기초가 된 것이다.

3) 음악교육철학 및 목적

Suzuki는 인간은 재능을 타고난 것이 아닌 잠재능력을 가지고 태어났고 스스로 기를 수 있는 능력을 가지고 있으며, 어떤 환경에서 어떤 사람에게 어떤 방법으로 길러지느냐에 따라 능력과 성품 등이 좌우된다고 하였다. 그의 음악철학은 음악을 포함한 모든 능력은 모국어를 못하는 아이가 없듯이 누구나 할 수 있고 언어습득 방법을 음악교육에 응용하는 착상이 동기가 되어 성립되었다. 그 후 36년간 Suzuki와 그의 동료 및 제자들에 의해 이론이 발전되고 정립되었다. Suzuki 교수법의 교육이념은 음악을 배우는 것을 언어를 배우는 것과 같이 한다면, 유아의 능력은 더욱 개발되고 발견될 것이라는 점을 바탕으로 하였으며, 이후 모국어식 학습방법에 의한 재능교육을 착안하게 된다. 사람이 대부분 재능은 선천적이라고 생각하지만, Suzuki는 어머니로부터 말을 배우듯 모국어를 자유자재로 할 수 있는 유아라면 음악적 재능도 후천적인 재능으로 얼마든지 개발이 가능하며, 신체적인 이상이 없다면 교육적인 환경과 잘 짜여진 지도법에 의해 개발할 수 있다고 하였다. Suzuki의 교육철학은 어린이는 환경에 의해 무한히 개발될 수 있다는 신념에 기초한 것이다.

또한, 음악교육의 목적은 음악가를 양성하는 것이 목적이 아닌 음악을 통하여 유아가 가지고 있는 모든 잠재능력을 최대한 개발하고 궁극적으로는 모든 유아를 훌륭한 인간으로 키우는 데 근본적인 핵심이 있다.

4) 음악교육방법

(1) 모국어식 학습방법

유아가 성장하면서 저절로 자국의 말을 쉽게 할 수 있고, 심지어 유아가 자기 지방 특유의 사투리나 모국어를 다른 지방 사람이나 외국인이 흉내 내기 힘들 정도로 능숙하게 하는 것은 유전성보다는 후천적인 영향으로 얻어지기 때문이다. 이것에 착안한 Suzuki는 이것을 음악교육에도 적용하려 하였다. 이렇게 유아가 모국어를 저절로 습득하는 방식으로 교육하는 방법인 모국어식 학습방법을 창안하였다(조주경, 2002).

모국어식 교육방법의 의미

- 실패는 없다.
- 유전적이 아닌 환경이 어린이를 교육한다.
- 진보의 비율은 어린이의 구체적 활동에 이루어지며 나이나 어떤 다른 표준에 의해 결정되는 것이 아니다.
- 능력은 더 많은 능력을 낳는다.
- 어린이는 좋은 환경에서 높은 수준을 가질 수 있고 탁월한 능력을 발전시킬 수 있다.

출처 : 조주경, 2002.

(2) 재능교육(talent education)

재능교육이란 유아에게 한 가지를 택하여 뛰어난 능력이 육성될 때까지 교육하는 것이다. 즉, 교육을 담당하는 교사와 가정에서의 어머니의 조력이 상호 조화를 이룬 좋은 교육적인 환경과, 훌륭한 지도자 밑에서 잘 짜인 지도법으로 끊임없이 반복해서 훈련을 쌓으면 다른 방면에서도 뛰어난 능력을 발휘할 수 있는 무한한 개발이 가능하다고 보았다. 따라서 잠재된 능력이 발휘되도록 유아기부터 도움을 주어야 한다는 음악교육철학을 가지고 있다. Suzuki는 부모가 자녀를 뛰어난 능력의 소유자로 기르기 위해 다음과 같은 5가지 원칙이 필요하다고 하였다.

재능교육을 위한 부모의 5가지 원칙

① 조기교육
② 훈련의 반복
③ 교육적으로 유익한 환경조성
④ 훌륭한 지도자
⑤ 좋은 교육방법의 적용

재능교육의 궁극적 목표는 아름다운 마음과 놀라운 감각성과 뛰어난 능력을 가져 어느 분야에서든지 훌륭하고 재능을 발휘하는 사람으로 만드는 것이며, 어릴 때부터의 음악교육을 통해 이를 가능하게 할 수 있다고 생각하였다.

(3) 음악교육 메소드

① 근본원리

가. 조기교육

음악적 재능이 언어의 발달과정에 맞춰 교육한다면 더욱 효과적이라는 생각으로 재능교육의 시작은 언어의 수가 급격하게 증가하는 3~4세에 시작하는 것을 권장했다. 모든 유아는 어떤 특정한 교육을 받지 않아도 모국어를 잘한다는 것에 착안하여 언어습득 과정과 같은 환경을 조성하고 반복 훈련을 거듭하도록 강조하였다. Suzuki는 유아가 요람에 있을 때 좋은 연주를 레코드를 통해서 들려주도록 하며, 처음 레슨을 시작하기 수 주 전에 유아가 공부할 곡을 매일 레코드로 들려주기를 권장하였다. 특히 부모의 참여는 유아의 기술개발과 음악공부에 대한 가치를 높게 인식하기 위해서 중요하게 이루어져야 한다.

나. 그룹 레슨

Suzuki는 주 1회 이상 상급반과 초급반 유아가 모여 함께 연주하도록 하였다. 모두 이 연주를 즐기도록 유도하여야 하며, 초급반 유아는 상급반 연주를 경청하고 자세 등을 관찰하도록 하였다. 이는 앞으로 배워야 할 곡을 미리 접해 보는 기회이기도 하며, 상급생의 연주를 보고 의욕이 배가될 수 있도록 아주 자연스럽게 동기부여를 하기 위함이다.

다. 반복학습

유아가 모국어를 배우는 과정을 관찰해 보면, 모국어를 습득함에 있어 자극과 훈련의 되풀이는 가장 중요한 요인이다. 말을 배우는 과정에서 반복학습은 숙련도를 좌우한다. 이와 같이 Suzuki는 음악교육에서도 매일 일정시간 반복(복습)하면 기능이 향상되는 것이므로 반복의 중요성을 강조하였다. 자신이 이미 연습한 곡을 꾸준히 반복·연습하면서 음악적 표현을 발전시키고 자신감, 성취감도 맛볼 수 있다.

라. 빈곤의 원리

유아 스스로의 내재된 깊은 호기심을 필요로 한다. 이러한 원리를 바이올린 교육에 적용시킨다면 3~5세의 유아가 바이올린에 관심을 가지게 유도할 수 있다. 그래서 처음 바이올린을 접하는 유아에게 바이올린을 주지 않는 이유가 여기에 있다고 할 수 있다. 어머니에 의해 바이올린을 접하는 것이 아니라 유아 스스로에게 바이올린에 대한 이해와 동기부여를 하기 위해 어머니 교육을 먼저 실시한다. 많은 시간을 유아와 보내는 어머니가 작은 바이올린을 집에서 연주하는 것을 보고 유아는 어머니의 행동에서 자연스럽게 흥미와 관심을 갖게 된다. 또한, 또래나 동년배의 연주 모습을 자주 보여 줌으로써 유아에게 혼자만의 학습이 아닌 다양한 형태의 자기와 비슷한 학습자를 경험하게 하는 것도 좋다.

마. 어머니의 역할

Suzuki는 올바른 지도와 부모의 관심도에 따라 학습능력이 배가된다고 강조했다. 유아와 가장 접촉이 많은 어머니가 가장 좋은 선생님이라고 하였다. 이에 따라 Suzuki 교수법에서 어머니는 지도법의 핵심이 된다.

개인 레슨이나 합주, CD청취에 있어서 어머니가 직접 악기를 듣고 배워야 하며, 레슨 시 메모하고 학습을 격려하며 연습할 때에 인내심 있게 반복을 지속해야 하기 때문이다. 진심으로 아이를 존중하고 내 아이라는 입장보다는 객관적인 교사의 입장에서 유아를 지도해야 한다.

바. 영적 훈련

감수성의 특징을 배양하고 다른 사람에게 봉사하고 고귀한 특성을 배양하는 것이다. 음악적 훈련을 통해 마음과 정신이 빛나는 고귀한 인간을 기르는 것이다.

② 음악교육방법의 특성

가. 음악 듣기

음표를 자연스럽게 연결시키고 음악의 패턴을 인식할 수 있어 음악적 귀를 발전시키도록 한다. 어린이들은 음악을 자기 것으로 표현하기보다는 단지 손가락 운동에 치우쳐 생각 없는 연주를 하는 경우가 있는데, 이러한 문제점 역시 음악 듣기를 통하여 음악적 감수성을 발달시킴으로써 해결할 수 있다. 음악의 모방에 의존한다고 우려하는 사람도 있지만 Suzuki는 "이 문제는 다양한 음악을 들음으로써 해결할 수 있다. 유아라면 누구나 흉내 내기가 필요하며 모방은 곧 창조적인 활동을 위한 준비이다."라고 말했다.

나. 토날리제이션(tonalization)

미국 현악 지도자협회의 간부들과 상의해서 만들어 낸 용어이다. 성악에서 목소리를 아름답게 길러 주기 위해 발성법을 배우듯이 기악에서 아름답고 훌륭한 소리를 내는 것을 목표로 한다. 피아노에서는 계속되는 레가토 주법을 가리킨다.

다. 개인 레슨과 그룹 레슨

개인 레슨을 '악보 읽기', '테크닉', 'Suzuki 교본', '복습하기'의 네 가지 요소로 보고, 레슨 시 유아의 성장에 따라 각 요소를 다르게 적용해야 한다고 말하였다. 피아노의 그룹 레슨 역시 바이올린 그룹 레슨 방법에 착안해 초급 어린이끼리 그룹을 만들거나 초급과 상급 어린이로 그룹을 결성한다. 그룹 레슨을 통해서 초급반 어린이는 상급반 어린이의 연주를 듣고 커다란 자극을 받을 수 있고, 이러한 자극은 열심히 노력해 높은 수준의 곡을 연주하고자 하는 강한 성취동기를 불러일으킨다.

라. 복습

대표적인 교육방법 중의 하나이다. 대부분 곡을 배운 후 몇 번 연주하고는 그것을 잊어 버리는 경향이 있다. 학생들이 끊임없이 복습하고 기억을 새로이 하여 레퍼토리를 향상시킨다. 복습의 효과를 높이기 위해 레슨 시간에 규칙적으로 복습을 포함시켜야 한다. 복습의 마지막 단계로서 한 권의 책이 끝날 때마다 연주회를 해야 하는데, 제1권일 경우 첫째곡인 '작은 별'로 시작해 마지막 곡인 '알레그로'까지 모두 연주해야 한다. 이러한 복습을 통해 유아는 음악적 표현을 발전시키고 자부심과 성취감을 맛볼 수 있다.

마. 각 단계의 정통

Suzuki 방법에서 정통이란 100% 수준을 의미한다. 이것은 연주할 때마다 쉽게 부분 부분을 칠 수 있다는 것을 의미한다. 모국어식 학습방법을 통한 매일의 연습은 자연적인 진보를 가져온다. 자연적인 진보는 유아가 배움의 과정에서 각 단계를 완성하는 즐거움을 갖게 한다. 유아가 배울 수 있는 세부적인 단계를 스텝이라 한다. 스텝을 정할 때는 유아의 개인차를 고려하여 알맞게 정해야 하는데, 하나의 스텝에 대한 음악적인 기술이 완성된 후 다음 스텝으로 넘어간다.

바. 칭찬

Suzuki는 그의 교육법에서 중요한 것 중 하나가 바로 칭찬이라고 하였다. 칭찬을 할 생각을 가지고 유아를 관찰하면 틀림없이 좋은 점을 발견할 수 있으며 발견한 좋은 점을 느낀 그대로 이야기해 주어야 한다. 유아가 형편없는 연주를 하더라도 연주 이외의 것, 손, 발 또는 자세에 대해 칭찬할 만한 것이 있으면 꼭 해 주어야 한다. 그런 다음에 더 잘하기 위해서 이런 것을 이렇게 해 보아라 하는 식으로 고쳐 준다. 이러한 태도와 방법은 유아에게 자신감과 긍정적인 사고방식을 심어 주어 전인교육을 이루는 중심적 내용이 된다.

사. 단체경험

앙상블과 작은 음악회, 연주회, 캠프, 세계 대회를 통해 다양한 단체경험을 한다. 유아는 이러한 단체경험을 통해 곡을 연습할 동기와 곡을 완성해야 할 특별한 이유를 제공받고, 사회구성원으로서 즐거운 사회적 경험을 할 수 있다. 이러한 경험으로 인해 유아는 자신감, 성취감, 적극성을 갖게 된다. Suzuki는 단체경험 교육방법을 통해 인간의 재능을 성공적으로 개발하기 위한 조건으로 다음과 같이 제시하였다.

재능을 성공적으로 개발하기 위한 조건

① 보다 빠른 시기에 시작한다.
② 보다 많은 훈련을 한다.
③ 보다 나은 환경에서 교육한다.
④ 보다 훌륭한 지도자에게 배운다.
⑤ 보다 올바른 방법으로 가르친다.

③ Suzuki 피아노 학습과정

가. 리듬치기

소리 낼 수 있는 작은 악기(예 막대, 캐스터네츠 등)를 이용해 지도하는데 첫 시작은 교사가 막대로 유아의 듣고 표현하는 능력을 알기 위해 일정한 수만큼을 치고 난 후 따라 치게 한다. 또한, 미리 정한 리듬에 적당한 말꼴을 붙여 부모(교사)가 앞 부분을 치고 난 후 유아가 뒤 부분에 해당하는 리듬꼴을 기억하여 치게 한다.

작은별 변주곡 A

- 이 놀이는 빠른 반복동작을 통해 리듬패턴을 기억하는 데 주 목적이 있다. 유아는 둥근 원을 그려 앉는다. 우선 리듬에 적당한 말꼴을 붙인다.

자 동 차 가 붕 붕

- 교사는 위의 리듬을 반복해 피아노를 치고 유아는 '자동차가 붕붕'을 따라 말하게 하며 리듬에 맞춰 몸을 좌우로 자연스럽게 흔들게 한다(♩ 박자 단위로). 새로운 패턴으로 바꿀 때는 '바꾸기'라고 미리 말하고 바꾸며 유아는 계속해서 1박자(♩) 단위로 몸을 좌우로 흔든다.

교사	리듬	
학생	움직임	
	말하기	자 동 차 가 붕 붕 자 동 차 가 붕 붕

작은별 변주곡 B

- Suzuki 피아노 방법이 악보를 보지 않고 연주하기 때문에 초기 쉼표에 대한 인식이 매우 낮다. 이 놀이는 연주에 있어서 쉼표를 인식하게 하기 위한 것이다. 처음에는 쉼표 없이 '계속'이라고 말하면서 북을 치게 한다.

계속 계속 계속 계속 계속 계속 계속 계속

- 유아 스스로 계속 말하는 것이 숨이 차다는 것을 느끼게 된다. 다음은 쉼표를 넣어 쉼표가 나올 때는 침묵하게 한다.

- 이번에는 침묵 대신 '쉬' 라고 말하게 하면서 4분음표에 고개를 끄덕이게 한다.

- 유아가 쉼표를 정확히 인식할 때까지 반복한다.

나. 손가락 번호 암기와 놀이

수에 대한 인식이 없는 유아일 경우 각 손가락에 가족 이름을 단다. 1번은 아빠, 2번은 엄마, 3번은 누나, 4번은 나, 5번은 동생이라 한 후에 반복해 손가락 이름을 말하게 한다. 손가락 번호 암기가 끝나면 몸을 푸는 체조, 호흡의 연습, 손끝의 힘 기르기 위해 손가락 끝 놀이를 한다. 1번 손가락을 중심으로 (1, 2), (1, 3), (1, 4), (1, 5)의 손끝을 둥글게 고리처럼 만들어 붙여 교사나 친구, 부모님과 함께 서로 잡아당기고 놀면서 힘을 기르게 한다. 손가락 번호 암기와 손끝의 힘을 기른 후에는 피아노 뚜껑을 덮고 그 위에 편하게 손을 놓은 후 손 안에 작은 공을 잡게 한다. 긴장을 풀게 하는 적절한 도구로 공을 잡은 손을 뚜껑 위에 올려놓고 공을 살며시 꺼낸다. 이때의 손 모양이 가장 정확한 손모양이다.

다. 건반인식

시각적인 접근법을 이용하는 것이 좋다. 흰 건반과 검은 건반을 구별하게 하고 또한 검은 건반에서 연속적인 2개와 3개의 검을 건반들을 구별하게 한다. 예를 들어, 두 개의 검은건반은 '토끼 귀'라고 하고 세 개의 검은 건반을 '콩깍지 안에 들어 있는 검은 콩 세 개'라고 한다. 유아에게 "토끼 귀는 전부 몇 개인가? 검은 콩은 몇 개인가?"라고 질문한다. 이것이 끝난 뒤 토끼 귀 바로 밑에 있는 음이 C음임을 알려 주고 음을 확인시킨다.

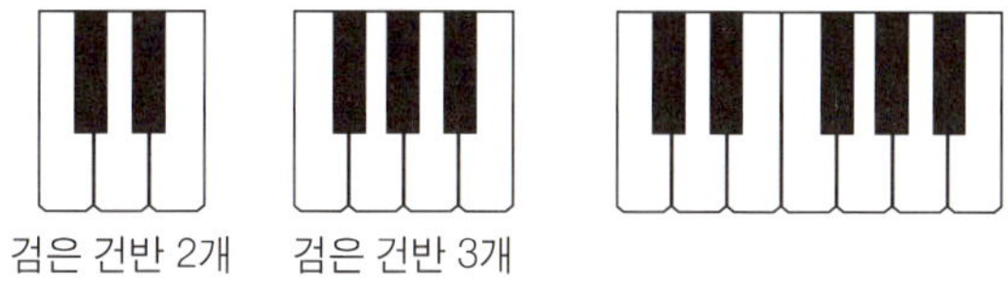

[그림 3-12] 피아노의 건반인식

라. '피아노' 노래

건반 확인이 끝난 후에는 세 개의 검은 건반에서 다양한 리듬을 적용하여 피아노를 친다. 처음에는 오른손 2번 손가락만을 사용하게 하고, 익숙해지면 3번, 2번, 1번 손가락을 사용한다.

마. 토날리제이션

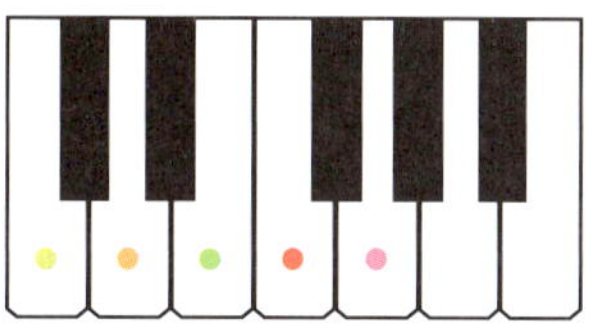

[그림 3-13] 건반의 손가락 위치 표시

유아기 어린이의 첫 단계부터 아름다운 소리를 내기 위한 토날리제이션을 강조하는데 이는 계속되는 레가토 주법으로 교사는 유아에게 각 손가락을 자연스럽게 연결할 수 있게 지도해야 한다. 두 개의 손가락(오른손 1과 2, 2와 3, 3과 4, 4와 5)을 연결시킬 수 있게 손가락을 '다리'라 말한 후 건반 위에서 자연스럽게 걷게 한다. 이때 손끝으로 건반의 가운데 부분을 누르게 하기 위해 건반 가운데에 손가락 위치 표시를 한다(Suzuki, 1987).

두 개의 손가락이 건반의 가운데 부분을 치면서 자연스럽게 연결된 후에는 다섯 개 손가락을 연결시킬 수 있게 올라가기, 내려가기를 지도한다.

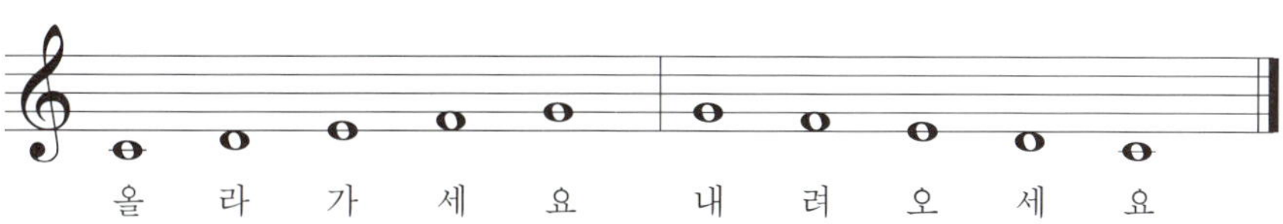

[악보 3-17] 올라가기, 내려가기

소리 하나하나를 들음으로써 연결하게 한다. 유아의 흥미를 유발하고 스타카토 연습을 위해 노래의 끝소리에 재미있는 소리를 첨가한다.

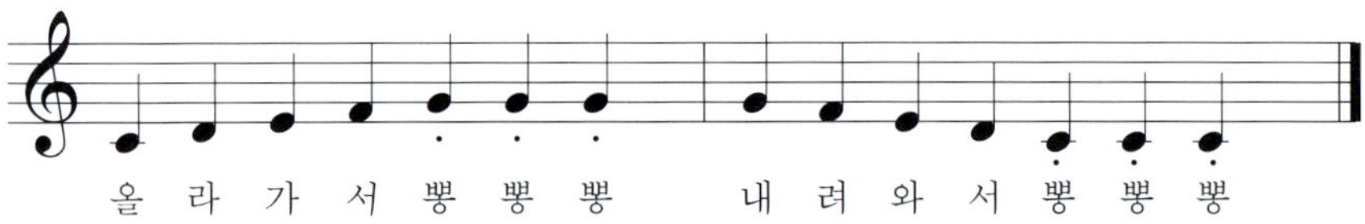

[악보 3-18] 재미있는 소리 첨가

유아가 환경으로부터 받는 최상의 영향은 부모에게서부터이며 다음은 교사가 된다. 부모는 유아가 처음 말을 시작할 때 기뻐했던 것만큼 음악적 재능 발굴과 학습을 즐겨야 한다.

모국어 교육방법은 부모의 태도 등에 의해 동기가 발전되기 때문에 피아노 치기에 있어서도 부모의 적극적인 태도는 새로운 테크닉을 시도해 보는 좋은 동기가 된다(박언희, 2005). 유아가 시도한 첫 단계에서 실패했을지라도 비평하거나 나무라서는 안 되며, 오히려 시도한 노력에 대해 칭찬과 격려를 통하여 도와주어야 한다. 또한, 교사는 배움이라는 환경에서 한 부분이며 유아를 위하여 사랑과 지원, 격려의 태도를 가져야만 한다.

CHAPTER 4

음악교육을 위한 음악적 개념과 구성요소

1. 음악적 개념의 형성

소리는 모든 음악의 기본을 이룬다. 소리는 물체의 진동에 의해 그 파장이 공기를 통해 귀에 전달되고 그 울림이 인간의 청신경을 자극하여 들리게 된다. 어떤 소리는 인간의 귀로 들을 수 없는 아주 작은 소리인 반면 어떤 소리는 인간의 청각에 장애를 일으킬 정도의 시끄럽고 큰 소리도 있다. 이러한 소리에 대한 관점과 이해가 어떠한가에 대한 표시로써 음악적 개념이 발달한다(Greenberg, 1979). 음악적 개념이란 음악 속에 담긴 의미를 언어로 표현함과 동시에 음악적 반응을 유도하여, 음악이 가지는 느낌, 즉 음악의 성질에 따라 다양한 형태로 변형되어 음악에 관한 인지·정서·신체표현 등의 이해를 통합하는 개념이다.

음악적 개념은 출생과 동시에 시작되는 다양한 음악적 경험, 즉 주변의 다양한 소리와 여러 가지 음악을 감상하거나 자신의 목소리나 악기로 연주하거나 음악을 창조하는 경험을 통해 변화, 확장됨으로써 음악을 점점 더 깊이 느끼고 이해하게 되며 자기 나름의 음악적 개념을 형성하게 된다. 음악의 체험이 반복되고 확대되면서 개념은 점차 명확해지며, 체험에 따라 점점 더 명료해지고 확대된다. 그 결과로 처음 접해 보는 음악도 쉽게 이해하게 되는 것이다. 음악의 개념을 파악한다는 것은 음악의 본질을 안다는 것인데, Mark(1998)의 다음 말은 중요한 의미를 지닌다. "음악학습에 있어서 연주는 그 자체가 목적이 아니다. 그것은 음악의 요소와 원리를 파악하게 함으로써 음악의 본질을 더욱 깊게 이해시키려는 교육적 목표를 성취하기 위한 수단인 것이다."

즉, 음악학습은 기능 위주, 악보 위주가 아니라 요소와 원리중심이어야 한다는 말로 개념을 파악해야 음악의 본질을 제대로 이해할 수 있다는 뜻이다(안재신, 2008). 음악을 체험할 때마다 음악에 관한 개념을 형성하며, 음악을 더 많이 체험할수록 음악에 관한 개념을 더 확대 개발하기 때문에 폭넓은 다양한 음악 체험을 지속적으로 제공해야 한다(이홍수, 1992).

음악의 개념을 발달시키기 위해서는 다양한 음의 성질을 이해하고, 그 성질의 서로 같고 다름을 구별하거나 식별 및 분류할 수 있는 능력의 발달이 이루어져야 한다. 그러나 음악의 개념이 따로 분리되어 사용될 수 없으며, 서로 복합적으로 어우러져 음악이라는 예술 형태를 지님으로써 인간의 감정을 표현하는 중요한 역할을 한다는 것을 반드시 고려해야 할 것이다.

2. 음악적 개념교육을 위한 시청각 교수매체 활용

시청각 교육의 발전은 고대 그리스의 소피스트 시대에서부터 시작되어 Comenius, Rousseau, Fröbel, Dewey, Montessori 등 교육자들의 영향을 받아 교육공학으로 발전하였다. 특히, 계몽주의 철학자 Pestalozzi는 시청각 교육의 개척자이다. 그는 적절한 감각적 경험, 즉 직접적이고 실증적인 경험인 실물교수(object lesson)를 통해 유아의 잠재적 가능성을 개발시킬 수 있다고 주장하였다. 따라서 학습은 구체적인 것에서부터 시작하여 유아의 발달에 따라 추상적인 것으로 나아가야 하며, 언어나 문자보다는 실물을 관찰하고 실제 현상을 경험해 보거나 이것이 어려울 때에는 표본과 같은 대리경험이 가능한 교수매체로 대체되어야 한다고 주장하여 단순한 감각적인 지각뿐만이 아니라 각 인간이 독립적 실체로서 사물이나 현상에 대해 주체적으로 인식한다는 의미이다. 인간은 환경을 탐색하는 데 다른 어떤 감각기관보다 시각에 더 의존한다. 즉, 우리 머리속에 있는 감각정보의 80%가 눈을 통해 입력될 뿐 아니라 대부분 '영상 이미지'로 기억된다(홍순정·박선희, 2005). 그러므로 도표나 그림, 실제 사물의 모습이나 움직임, 소리 등을 이용하여 보다 실제와 유사한 구체적인 경험을 제공하는 교수매체는 학습자의 이해를 도와줄 수 있다. 또한, 주제와 관련된 다양한 경험을 구체적으로 제시해 줌으로써 학습자가 사전의 경험을 통합하는 데 도움을 준다.

Bruner(1966)는 학습자에게 제공되는 교수는 유아가 그 주변세계에 대해 반응할 때 신체의 일부 또는 신체적 동작 등을 통한 직접적인 경험에서부터 그림이나 필름 등과 같은 영상적인 표현, 언어나 기호와 같은 상징적인 표현의 순서로 제시되어야 한다고 제안했다. 그의 이론에 의하면 학습자가 사용하는 자료의 순서는 과제를 숙달하는 데 직접적인 영향을 미친다. 즉, 직접 경험하거나 영상경험을 통해 쌓아 올린 개념을 기초로 추상적인 개념을 이해하게 된다고 하였다. 교수매체는 학습자의 주의를 끄는 특성이 있어 학습자들의 청각적인 자극보다 시각적인 자극에 더 민감하며 그보다는 시청각적 자극이 같이 주어질 때 학습의 효과가 더 높아진다. 따라서 교수매체는 정보의 전달을 명료하게 해 주고, 이해를 촉진시키며, 동기를 유발함으로써 교수의 질을 높여 주게 된다(박남순, 1998). Piaget와 Bruner에 의하면 유아기는 시 감각에 의존하는 성향이 크며, 특히 어떤 개념을 조직화하는 데 있어서 그 개념을 영상적인 시각적 이미지와 결합하고, 영상을 통한 시각적 매체로 개념을 묘사한다는 것을 알 수 있다.

유아는 거의 본질적으로 시각적 사고를 한다. 따라서 음악의 개념을 지도할 때에 설명이나 감상으로 지도하는 것보다 그림을 사용하는 것이 훨씬 이해가 쉽게 된다. 특히, 음악의 개념 지도에서 그림은 학습자가 행동을 통하여 개념을 내면화한 후 개념을 시각적으로 제시하면 학습자의 이해도를 높일 수 있다(길애경·임미경, 1997). 음악의 개념발달은 유아의 소리 세계에 대한 관점과 이해에 대한 표시라고 할 수 있다. 아무리 어린 유아일지라도 음악에 대한 개념을 형성하고 있으며 그들은 음악적 행동을 통해서 자신이 이해한 음악을 표현한다.

음악의 개념은 유아가 학습할 음악과 감각기관의 계속적인 접촉에 의해 형성된다. 음악적인 측면에서의 지각은 감각의 자극이 없이는 그 기능이 작용하지 않기 때문이다. Piaget는 인간의 성장발달단계를 인지발달이론에 의해 유아기는 전조작기에 해당한다고 하였다. 그는 전조작기에 상상이 시작되며 보존능력이 없고 시각과 촉각에 지배되는 경향이 있다고 했다. 그러므로 음이 뛰고 있다는 상상력이 풍부한 말과 시각과 촉각을 이용할 수 있는 교구를 많이 이용하는 것이 바람직하다. 또한, 음악적 개념을 학습하는 데 가장 기본적인 것으로서 신체표현을 사용하는 것은 Dalcroze, Kodály, Orff, Gordon, Montessori 접근법 등에 있어 하나의 공통된 방법이다. 이러한 신체표현의 강조는 Piaget나 Bruner의 아동발달이론에 있어 초기 학습단계의 감각인지구조나 활동적 표현의 중요성을 간과하지 않은 것이다(안재신, 1996). 특히, 유아기 음악교육에서 음악의 구조나 소리의 특징을 시각적으로 표현하는 다양한 시도는 시각적 사고 과정을 통하여 창의력 개발을 기대할 수 있다.

음악적 개념 학습을 통해 음악의 아름다움을 느끼고 추구하며 표현할 능력을 길러 주어, 높은 미적 감수성과 풍부한 음악성을 가진 유아로 자라게 하는 것은 중요한 일이다.

3. 음악적 요소 및 개념

음악적 요소에 대한 개념은 학자마다 조금씩 다르지만 음악의 본질을 이해하고 즐기는 데 필요한 것으로서 리듬, 선율, 음색, 형식, 조직의 요소를 공통적으로 포함하고 있으며, 이 중 구성요소로 음의 강약, 셈여림, 장단, 고저, 음색 등의 하위요소가 결합하여 리듬, 선율, 화성을 형성하게 된다. 음에 대한 기본 개념과 음으로 만들어지는 다양한 개념을 살펴보기로 한다.

1) 셈여림(dynamic)

음악에서 사용되는 소리의 크기는 다양하다. 소리는 셈과 여림의 정도를 나타내는 것으로 크게 '강약', '음의 세기', '악센트' 세 가지로 분류해 볼 수 있다. 이는 개인의 심리적, 생리적인 면에 영향을 주고 청각의 발달을 돕고 음악개념 중 가장 먼저 발달하는 것이기도 하다. 이러한 소리의 강약을 유아로 하여금 주변에서 나는 소리나 악기 소리, 목소리 등의 청각적 접촉을 통해서 구별해 보도록 한다.

(1) 강약

음의 세고 여림의 정도로 소리를 표현하는 것으로, 소리의 파동[2)]에 의해 만들어진다. 정해진 시간 동안에 만들어지는 소리 파장의 높이가 높으면 강한 소리(*f*)가 나고, 소리 파장의 높이가 낮으면 약한 소리(*p*)가 나며, 그 이외에 아주 강한 소리(*ff*), 아주 약한 소리(*pp*)도 있다. 전반적인 소리의 크기를 말하며, 물론 여기에서 강한 소리와 약한 소리는 서로 상대적이다.

2) 소리에 의해 공기가 떨리면서 주변의 공기에 전해져 점점 퍼져 나가는 현상

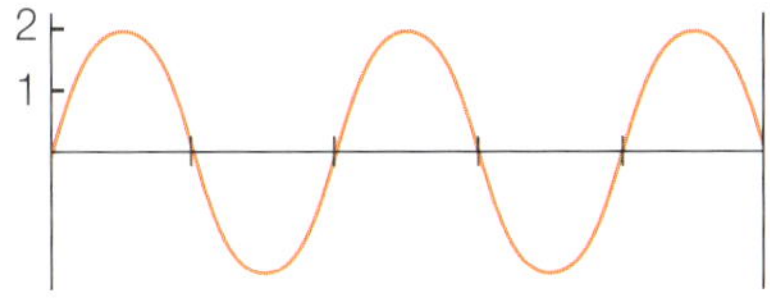

[그림 4-1] 강한 소리

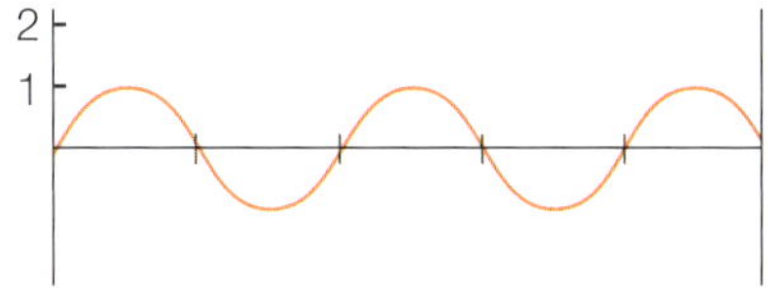

[그림 4-2] 약한 소리

〈표 4-1〉 셈여림 기호

기호	이름	뜻
pp	피아노시모(pianossimo)	매우 여리게
p	피아노(piano)	여리게
mp	메조 피아노(mezzo piano)	조금 여리게
mf	메조 포르테(mezzo forte)	조금 세게
f	포르테(forte)	세게
ff	포르티시모(fortissimo)	매우 세게

강한 소리(*f*)와 약한 소리(*p*) 비교하기

강한 소리(*f*) 약한 소리(*p*) 포르테(*f*)와 피아노(*p*)

[그림 4-3] 강한 소리와 약한 소리

(2) 음의 세기 변화

소리가 커지거나(강해지거나) 작아지는(약해지는) 변화를 의미한다. 작은 소리에서 큰 소리로 변화되는 크레센도(crescendo)와 반대로 큰 소리에서 작은 소리로 변화하는 데크레센도(decrescendo)의 과정이다. 즉, 점점 커지는 소리와 점점 작아지는 소리가 있다.

〈표 4-2〉 점진적 셈여림

기호	이름	뜻
cresc.	크레센도(crescendo)	점점 세게
decresc.	디크레센도(decrescendo)	점점 여리게
dim	디미누엔도(diminuendo)	점점 여리게

[그림 4-4] 점점 세게

[그림 4-5] 점점 여리게

(3) 악센트

특정 음에 주어진 셈여림 기호에 따른 것이다. 어떤 음은 크게 또 어떤 음은 작게 내거나 어떤 특정 음에 악센트(>)를 붙여 그 음을 세게 지시한다.

〈표 4-3〉 특정한 음에 작용

기호	이름	뜻
>, <, ^	악센트(accent)	그 음만 특히 세게
sf, *sfz*	스포르찬도(sforzando)	그 음만 특히 세게
fz	포르찬도(forzando)	그 음만 특히 세게

2) 음색(timbre)

음색에 관한 기본 개념은 '소리에는 다양한 종류가 있으며, 각 소리는 독특한 표현성을 갖는다'는 것으로 물체의 구조, 크기, 재료 등에 따라 다르게 나타나는 소리의 차이이다. 악기의 소리도 타악기, 관악기, 현악기, 건반악기 등 다양하며, 지역에 따라서도 다양하다. 즉, 서양 유럽의 악기 소리, 아프리카 악기, 아시아 악기 등 지역과 민족마다 서로 구별되는 악기를 가지고 있다. 이와 같이 다양한 목소리와 악기 소리, 물체의 소리는 제 각각 독특한 느낌을 나타내며, 표현해 내는 색깔이 다른 것으로 이를 음색이라 한다. 음색을 구분하고, 느낌을 감각하는 것은 감상과 창작 학습의 기틀이 된다. 유아 자신의 목소리나 주위 환경 및 자연에서 나는 소리를 녹음하여 들려주고 여러 가지 악기 소리의 음색이 녹음된 음악을 들려주며, 일상의 물건과 다양한 리듬악기를 가지고 소리를 자유롭게 탐색할 기회를 제공함으로써 음색 개념의 발달을 도울 수 있다(석문주 외, 2006).

사람의 목소리도 남자의 소리, 여자의 소리, 어린이의 소리, 어른의 소리 등 다양하며 어른의 소리도 음역에 따라 여러 가지로 구별된다.

[그림 4-6] 다양한 음색

3) 선율(melody)

선율은 가락이라고도 불리며, 흐름의 방향성을 가지고 위로 올라가거나, 아래로 내려가기도 하며 반복되기도 한다. 또한, 순차적으로 진행하거나(차례가기), 도약적으로 진행한다(뛰어가기). 리듬과 같이 음악을 구성하는 기본이 되는 요소로서 선율은 음의 높낮이와 음의 긴 소리, 짧은 소리가 시간적으로 구성된 것을 의미한다. 유아에게 노래를 부르면서 음높이에 따라 신체를 움직여 보는 경험과 음의 높낮이를 제시한 그림 악보를 보며 노래 부르기, 다양한 악기 소리를 통해 소리의 높낮이를 경험하게 한다.

(1) 고저(pitch)

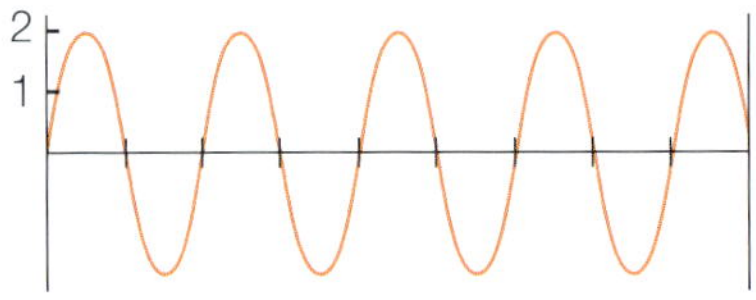

[그림 4-7] 높은 소리

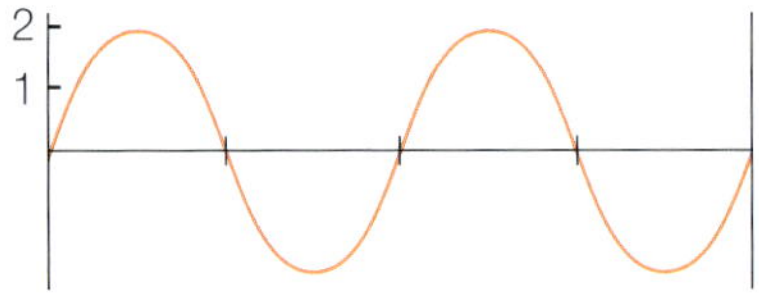

[그림 4-8] 낮은 소리

고저는 음의 높고 낮음이다. 정해진 시간 동안에 만들어지는 일정한 높이의 소리 파장 수가 많으면 높은 소리(고)되고, 적으면 낮은 소리(저)가 된다. 이것은 c/s(cycle per second)라는 단위를 사용하는 1사이클(c/s)은 1초당 1파장이 전달될 때 형성되는 소리 높이를 뜻한다. 정상적인 사람이 들을 수 있는 소리 범위는 20사이클에서 15,000사이클이고 음악에서는 30사이클 내지 4,000사이클의 음을 사용한다(Roederer, 1979). 이것은 음악 연주 시 조율의 기준으로 삼는 가온 다(C) 위의 가(A)음의 파장수가 440사이클인 점을 감안하여 같은 음이 옥타브 이동에 따라서 반으로 줄거나 배로 늘어나는 이치를 계산하면 쉽게 이해될 수 있다. 물리적 현상에서의 사이클이 소리 에너지화되었을 때 사용하는 단위가 헤르츠(hertz)이다. 독일 태생의 세계적인 물리학자 Hertz(1857~1894)가 발견했기 때문에 그의 이름을 따서 헤르츠라 명명한 후 국제적인 소리의 높이 단위로 사용하고 있는데, 헤르츠는 사이클과 동일한 개념으로 소리 에너지의 단위로 이해를 하면 된다(김영연, 2002).

- 언어적 상호작용을 통해 소리의 차이를 비교한다.
- 낮은 소리를 들려줄 때는 초가집을 가리킨다.
- 높은 소리를 들려줄 때는 빌딩을 가리킨다.

[그림 4-9] 높은 소리, 낮은 소리

현악기나 관악기의 경우 진동수가 짧으면 높은 음이 되고, 진동수가 길면 낮은 음을 내게 된다. 가는 소리는 높고, 굵은 소리는 낮게 소리가 잡힌다.

- 높은 소리(예 : 바이올린)를 들려 줄 때는 높은음자리표를 보여 준다.
- 낮은 소리(예 : 더블베이스)를 들려 줄 때는 낮은음자리표를 보여 준다.
- 플룻 vs 바순
- 피아노 건반에서 소리 비교

[그림 4-10] 음자리표와 악기 소리 연결해 보기

(2) 오선 및 줄(선)과 칸

① 오선

악보 위에 음표를 그리기 위하여 필요한 가로로 그리는 5개의 선이다.

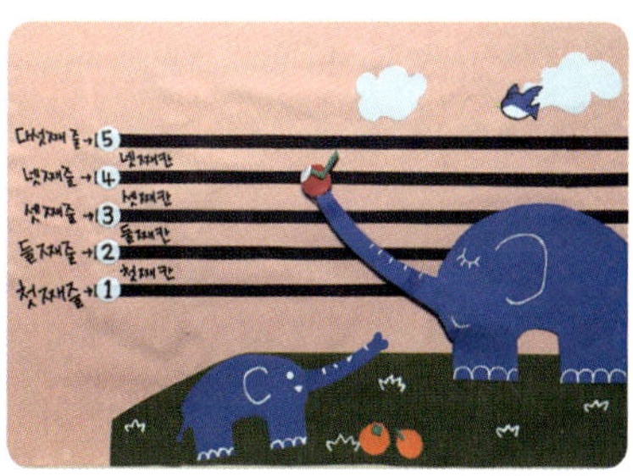

사과를 가지고 있는 코끼리의 코를 움직이며 줄과 칸의 개념을 학습한다.

[그림 4-11] 줄과 칸의 개념

줄과 칸의 개념을 익힌 후, 계이름을 불러 주고 음의 자리를 찾아본다.

[그림 4-12] 자석을 활용한 큰 보표 활용

② 줄과 칸의 개념

줄과 줄이 만나 칸이 형성된다. 오선은 맨 아래 줄을 첫째 줄로 시작하여 둘째 줄, 셋째 줄, 넷째 줄, 맨 윗줄인 다섯째 줄이 있다. 칸은 맨 아래 부분이 첫째 칸으로 시작하여 둘째 칸, 셋째 칸, 넷째 칸이 있다. 줄과 칸의 개념은 악보에서 음표와 음표 사이의 거리를 바로 알게 한다.

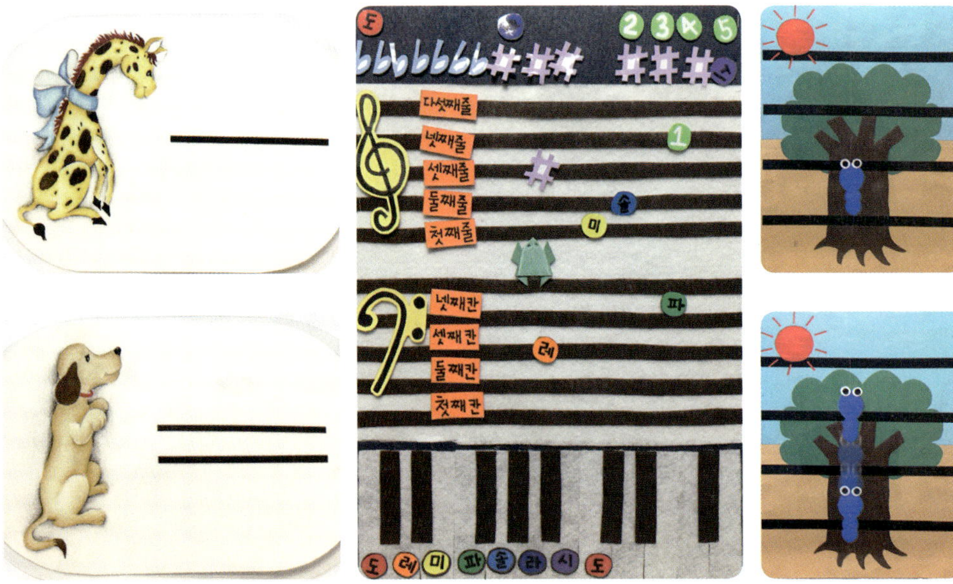

[그림 4-13] 줄과 칸

③ 차례가기의 상행과 하행

선율의 흐름은 방향성을 갖고 있으며, 순차적으로 진행하는 것을 말한다. 올라가는 선율과 내려가는 선율, 반복되는 음으로 가는 등 다양한 선율의 방향성을 파악하는 것이 중요하다.

[그림 4-14] 차례가기

④ 건너뛰기의 상행과 하행

선율의 흐름이 도약적으로 진행한다. 선율이 어떤 원리와 형태로 구성되어 있는가를 이해함으로써 음악 속에서 '선율'의 역할을 알게 된다.

[그림 4-15] 건너뛰어 올라가기

[그림 4-16] 건너뛰어 내려가기

[그림 4-17] 줄과 줄

[그림 4-18] 칸과 칸

[그림 4-19] 줄과 칸을 활용한 건너뛰기 활동자료

4) 리듬(rhythm)

리듬은 음의 장단과 강약에 의해 음악적 소리를 조직화하는 것이다. 생활 속에서 우리는 리듬을 쉽게 인식할 수 있는데, 계절이 변하고 낮과 밤이 변화는 것, 심장박동의 변화에서 리듬을 찾아볼 수 있다. 리듬은 음과 무음의 길고 짧음이 모여 있는 그룹으로 음과 무음의 길고 짧음은 음표나 쉼표로 나타낼 수 있다. 리듬의 구체적인 음악적 개념을 박동, 장단, 빠르기, 박자, 리듬패턴으로 제시한다(Haines & Gerber, 1996).

(1) 박(beat)

음이 일정한 간격을 두고 규칙적이고 지속적으로 표현되는 것으로 삶 속에서 우리는 심장 박동이나 물이 일정하게 똑똑 떨어지는 모습, 시계소리에서 박을 찾아볼 수 있다. 대부분의 음악은 규칙적이고 일관성 있게 마치 맥박처럼 계속 반복되는 박이 있으며, 이러한 박은 리듬 흐름에 있어 정확히 나타난다. 박의 빠르기는 같은 곡에서도 변할 수가 있고, 행진곡이나 대부분의 록음악은 강한 박의 느낌을 지니고, 자장가나 분위기 있는 음악은 약한 박의 느낌을 지닌다. 유아가 노래를 부르거나 음악감상을 할 때 손뼉을 치거나 발을 구르는 행위를 하는 것은 박의 흐름과 움직임을 몸으로 체득하는 데 도움이 된다.

(2) 장단(duration)

음의 길고 짧음을 말한다.

- 언어적 상호작용을 통해 소리의 길고 짧음을 비교한다.
- 노래를 들려줄 때 음이 긴 부분에서는 기차를 가리키고, 음이 짧은 부분에서는 자동차를 가리킨다.

[그림 4-20] 길고 짧음

(3) 박자(meter)

강조된 센 음과 약한 음이 진행되는 비트의 묶음으로 곡의 시작부터 끝까지 규칙적으로 진행된다. 주로 강박이 오고 뒤에 약박이 따라온다. 그래서 2, 3, 4, 6박과 같이 주기적으로 오는 박이 묶여 분류되고, 마디(measure)로 구분을 지어 준다. 유아의 활동에서는 강박과 약박의 차이점을 인식할 수 있도록 해 주는 것이 좋다. 예로 강박에서는 발을 구르고 약박에서는 손뼉을 쳐 보면서 진행해 본다.

2/4 박자	3/4 박자	4/4 박자
♩ ♩ 강 약 ⊙ ○	♩ ♩ ♩ 강 약 약 ⊙ ○ ○	♩ ♩ ♩ ♩ 강 약 중간 약 ⊙ ○ ◯ ○

(4) 리듬패턴(rhythm pattern)

길고 짧은 음이 집단으로 반복적으로 묶여 있는 것이다. 유아는 리듬패턴을 경험해 봄으로써 점차적으로 음악과 연관된 분명하고 간결한 리듬 개념에 대한 이해를 발달시켜 나간다. 음악은 길고 짧은 음으로 구성된 리듬패턴으로 이루어지며, 멜로디나 노래의 노랫말은 몇 가지의 반복적인 리듬패턴을 지닌다.

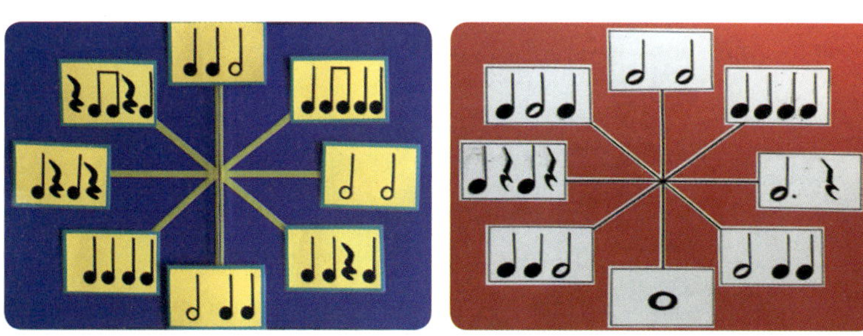

[그림 4-21] 탈부착(찍찍이 사용)이 가능한 리듬카드를 가지고 다양한 리듬패턴을 만들어 보기

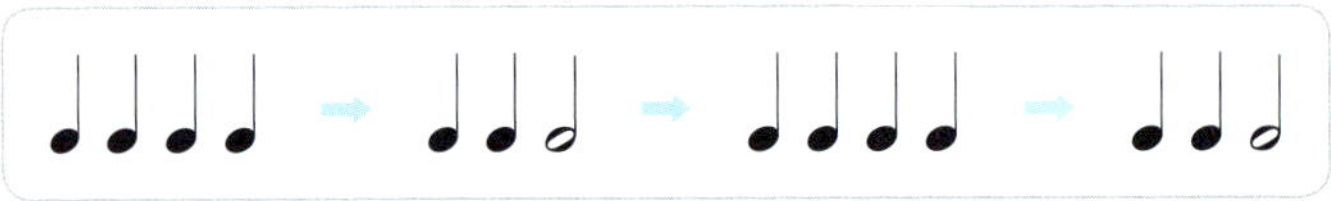

[그림 4-22] 선 따라 리듬패턴 만들기 : 사선, 직선, 시계방향 등

(5) 빠르기(tempo)

음악의 속도로 빠르고 느린 것을 말한다. 대부분 활기찬 곡은 빠르고, 조용하고 부드러운 곡은 느리다. 그래서 음악의 빠르기, 즉 템포는 속도뿐만 아니라 곡의 분위기까지 예측할 수 있는 척도가 된다. 같은 곡이라도 빠르기에 따라 느낌이 다르게 나타난다. 유아에게는 상대적 빠르기에 대한 음악적 개념을 심어 줄 수 있는 음악적 경험이 필요하다.

- 빠르기의 차이를 비교한다.
- 토끼를 보여 줄 때는 빠르게 걷는다.
- 거북이를 보여 줄 때는 느리게 걷는다.

[그림 4-23] 빠르게, 느리게

- 언어적 상호작용을 통해 미끄럼틀 이용 시 내려올수록 점점 빨라짐을 설명한다.

[그림 4-24] 점점 빠르게

- 정차하기 위해 역으로 들어오는 기차

[그림 4-25] 점점 느리게

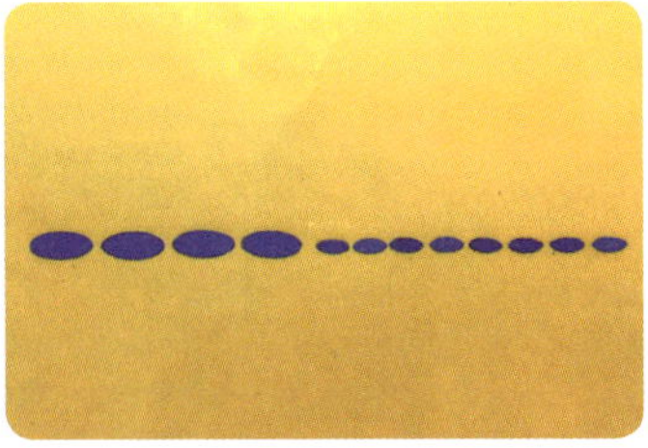

- 기본박에 맞춰 큰 보폭(4분음표)으로 걷다가 작은 보폭(8분음표)으로 걷기

[그림 4-26] 큰 걸음, 작은 걸음

5) 형식(form)

형식은 리듬, 멜로디, 화음, 음색, 강약 등의 요소가 전체적인 음악으로 배열되고 조직되어 그 결과로 음악의 형식이 형성된다. 음악의 전반적인 요소가 반복이나 대조되는 형태로 조직된다. 형식의 개념은 유아에게 늦게 발달된다. 이런 형식의 발달은 리듬, 멜로디, 화성, 강약, 음색의 개념 발달에 의존하기 때문이다. 형식은 작곡가의 음악적 아이디어에 따라 음악적 개념을 반복하여 통일성을 강조하거나, 대조와 변형을 강조하는 형태로 조직되기도 하고, 여러 가지로 변형되기도 한다(Campbell & Scott-Kassner, 1995).

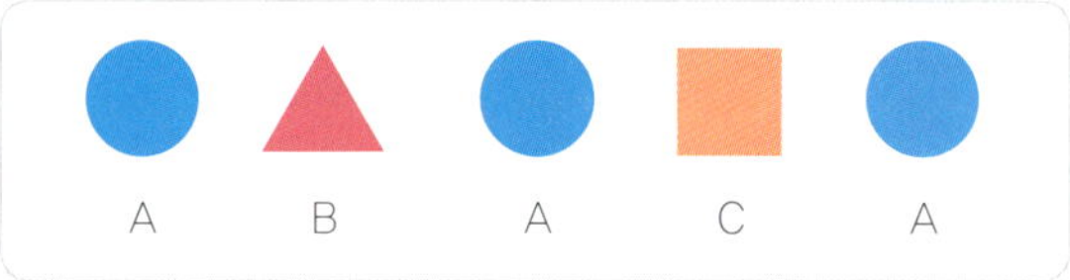

[그림 4-27] 론도 형식의 구조

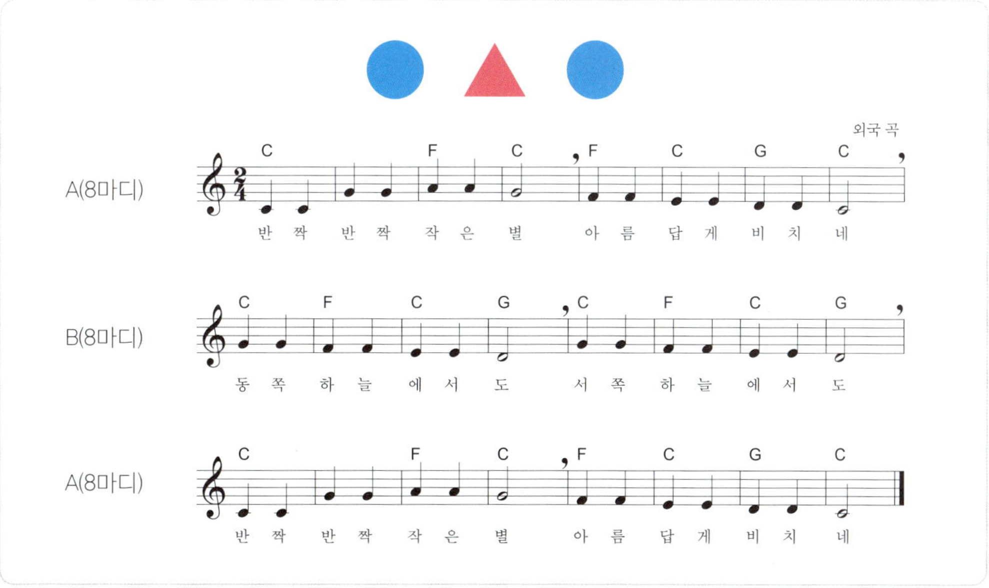

[그림 4-28] A-B-A 형식의 동요 예

CHAPTER 5

유아음악능력의 발달

1. 취학 이전 음악교육

1) 태아기(산전)

임신한 지 약 22일이 되면 태아의 심장이 뛰기 시작하는데, 이는 어머니의 심장 소리나 Mozart, Beethoven, Brahms의 교향곡에서 찾아볼 수 있는 리드미컬한 패턴과 유사하다. 임신 5주가 되면 산모의 몸 밖에서 나는 소리에 움찔하며 반응을 보이고, 임신 8주가 되면 아주 원시적인 신체언어로 감정의 쾌-불쾌를 표현하게 된다. 임신 12주에는 양수 속에서 리듬감각을 느끼며, 임신 18주가 되면 소리와 멜로디에 반응하며, 24주가 되면 태아는 항상 소리를 듣는다. 28~32주가 되면 태아에게도 인식능력이 생기게 되어 혈액 속의 화학물질의 변화를 가져와 임신 중에 자주 부른 자장가를 기억할 수 있게 된다. 태아의 귀는 임신 6개월쯤이면 어른의 귀의 성능에 가까워져 완전히 소리를 들을 수 있다. 임신 8개월이 되면 음조와 소리의 강약을 구별할 수 있으며, 200헤르츠의 뱃고동 소리와 1,000헤르츠 정도의 클라리넷의 소리를 알아차릴 수가 있다.

Lene Van de Carr(1985)는 태아는 '태아 대학교'에 있다고 보면서, 그는 부모교육에서 태아에게 음악과 시, 아동 문학을 들려주라고 하였다. 태내에서 음악과 문학을 접한 아동과 그렇지 못한 그들의 형제 사이에 극적인 발달상의 차이가 있기 때문이다(김은정, 2004).

유명한 피아니스트 Glenn Gould는 자신이 어머니의 뱃속에 있을 때 어머니가 계속해서 피아노를 연주해 주었고, 『피터와 늑대』의 작곡가 Prokoffiev 역시 태어나기 전에 음악을 접했다.

2) 영아기

(1) 출생~12개월

갓 태어난 신생아는 자신의 생존을 위한 유일한 수단으로 울음이라는 소리를 만들어 낸다. 영아는 음의 높낮이, 리듬패턴 및 음의 세기가 다른 다양한 울음소리를 만들어 표현함으로써 자신이 즐기기 위한 소리 쿠잉(cooing)[3], 옹알이(babbling) 등 놀이를 위한 즐거운 소리를 만들어 낸다.

생후 2~3일이 되면 규칙적인 박과 불규칙적인 박을 구별할 수 있게 되며, 엄마의 심장박동 소리와 같은 규칙적인 박 혹은 그렇지 못한 불규칙적인 박에 민감히 반응하면서 리듬에 대한 감수성의 발달이 시작된다. 출생 후 4주가 지나면서 영아는 가까이 있는 사람의 목소리를 듣고 소리가 나는 쪽으로 고개를 돌리며 매우 편안해 하기도 한다. 생후 8주까지는 거의 수면 상태이므로 의사 표현은 울음으로 한다. 자신의 소리에도 관심을 보이지 않는 시기이며 반사 단계, 울음, 호흡, 수유, 두 손 들기, 두 발 차기 등에서 리듬감이나 강약을 경험한다. 생후 4개월이 지나면서 소리에 대한 예민감은 급속히 발전하여, 시각과 청각을 연결시켜 소리가 나는 물체를 소리의 근원으로 알기 시작하는 시기로 시각적인 모빌이나 장난감, 청각을 자극할 수 있는 딸랑이를 바라보면서 그것들이 소리의 근원임을 알기 시작한다. 생후 5, 6개월이 되면, 음정을 모방하기 시작한다. 혼자서 옹알거리고 노래를 모방하던 영아가 이제는 뚜렷하게 음정이 있는 소리를 내기 시작한다. 즉, 가락이 될 수 있는 음정을 내기 시작하는 것이다. 이때 엄마가 쉽고 뚜렷한 음정이 있는 노래를 불러 줄 때 영아는 한두 개의 음정을 모방할 수 있다. 또한, 아는 노래와 모르는 노래를 구별한다. 생후 6, 7개월에는 소리의 음정을 구별하며, 음과 음 사이를 단3도 음정까지 구별할 수 있을 정도로 발달한다. 감각적 근육운동이 더욱 발달되면서 주위의 여러 가지 물체로 소리를 만들기 시작하고, 리드미컬하게 몸을 옆으로 흔든다. 생후 6~9개월에는 시기에 이르면 눈과 손의 협응이 빠르게 증가하면서 사물이 만드는 소리를 즐기고, 거의 모든 사물을 손으로 두드리거나 발로 차거나 하여 소리 내어 보려고 한다. 생후 10개월경에는 음악적인 선호를 표현하기 시작하고, 점차 주변에서 들리는 소리를 흉내 내며, 그 소리를 듣고 다시 자신의 목소리로 따라 하거나 몸으로 반응한다. 사물이 내는 소리

3) 6개월 미만의 영아가 만드는 '구구' 등의 모음소리를 말한다.

를 실험하며 소리를 만들어 내는 등 적극적으로 소리 만들기 및 듣기를 시도한다. 생후 12개월이 되면 주변 환경의 소리에 대한 탐색이 늘어나고, 위로 뛰듯이 흔든다.

(2) 만 1~2세

만 1세 시기의 영아는 말을 이해하고 사용하기 시작하는데, 음악적인 발달 측면에서는 간단한 리듬악기를 다룰 수 있다. 아주 단순한 멜로디 악기나 목소리를 사용하여 음높이가 있는 가락을 만들기도 한다. 영아는 태어나면서 노래 부르는 것을 배우는데, 잘 부를 수 있는 능력은 유아기에 길러진다. 만 1세 이전의 영아는 노래 부르기의 발달에 있어서 무의미한 음절을 사용해서 노래를 흥얼거리기도 하나 아직 정확하게 노래를 부르지는 못하며, 놀이할 때 노래하거나 옹얼거리며 목소리를 통제한다. 이 시기에는 누가 시키지 않아도 자발적으로 노래를 부르기 시작하는데 분명하게 음높이를 사용하기도 한다.

생후 18개월 되면 영아의 음악생활에 중요한 변화가 나타난다. 영아는 처음으로 2도, 단3도, 완전4도 등과 같이 다양하고 좁은 간격의 정확한 음정을 구사하기 시작한다. 또한 받아적기에 어려운 즉흥적인 노래를 만들어 내고 빠른 소리에 오랫동안 중얼거리며 주위에서 흔히 듣는 노래의 특징적인 부분을 흥얼거리며, 소극적으로 노래를 즐기는 것이 아니라 자신이 좋아하는 노래를 엄마가 반복하여 부르도록 자극하기도 하고 어머니가 부르는 노래에 함께 참여하기도 한다. 만 1, 2세까지 박자와 상관없이 음악에 맞춰 몸을 흔들고 리듬악기나 가락악기 등을 울려 대면서 뛰고 춤추며 노래할 수 있다. 이때 두드리며 놀 수 있는 놀이 도구를 마련해 주고, 리듬악기, 타악기 등의 서툴게 나는 소리라도 칭찬하고 격려해 주어야 한다.

(3) 만 2~3세

만 2~3세 시기는 음악에 대해 좀 더 신체적으로 반응을 보이기 시작한다. 근육의 움직임으로 박자에 따라 악기를 다루려 하는 힘이 세지며, 실로폰 같은 악기를 다룰 수 있게 된다. 또한 노래 소리를 가다듬기 시작한다. 거의 근사하게 노래의 멜로디에 접근하여 놀이하면서 흥얼거림을 즐긴다. 이 시기 영아는 점차적으로 주위에서 들었던 노래를 자신의 노래에 혼합시켜 모방하게 된다. 만 2세 영아는 주변 세계에 있는 사물이나 사건에 관해서 상징적 사고를 형성하기 시작한다. 영아가 북을 두드린 경험이 있었다면 그 영아는 베개나 상자를 이용해 북을 치는 흉내를 낼 수 있게 된다. 역할놀이나 상상놀이, 다른 놀이를 통해 그 경험을 표현할 수도 있으며, 자신의 생각과 느낌에 대한 자유로운 표현이 다양해진다. 점차 주변 사물과 환경 및 자연에서 소리, 움직임, 형태, 색, 질감 등 예술적 요소를 탐색하기 시작하고 즐겨 보거나 듣는다. 또한, 신체운동적 기능이 발달하면서 영아 자신의 몸동작이나 모방행동, 노래 등을 통해 자신의 느낌을 표현하고 단순한 미술활동을 즐긴다. 이러한 주변 사물, 환경, 자연에서의 예술적 요소를 발견하고 느끼며 즐기는 경험을 통해 심미감 및 풍부한 감상을 발달해 가는 기초를 마련한다.

3) 유아기(만 3~5세)

(1) 만 3~4세

만 3세가 되면 유아는 음악의 박자에 맞추어 움직이려는 능력이 생기며, 만 3세 이후가 되면 어느 정도 자기 목소리를 통제하기 시작하여 간단한 노래를 부를 수 있게 된다. 아직은 정확하게 노래를 부르지는 못하지만, 간단한 몇 가지의 노래를 정확히 부를 수 있게 되고 노래의 노랫말을 읊조리게 된다. 또한, 이 시기는 2, 3줄 정도의 짧은 노래를 만들 수 있는데, 자신이 자발적으로 만든 노래를 간단한 동작을 넣어 부를 수 있다. 간단한 리듬패턴에 맞추어 손뼉을 칠 수 있게 되며, 간단한 노래 게임의 규칙과 동작을 따를 수 있게 된다. 자신의 목소리나 악기를 사용해서 자신의 음악을 창조해 내는 데 아주 강한 흥미를 보이기도 한다. 또한, 몸의 움직임을 통해서 '크다, 작다, 빠르다, 느리다' 등의 음악적 요소를 개념화하기 시작한다. 이 시기는 동작을 창의적으로 자유롭게 표현하게 되고 몸의 움직임으로 음악을 표현할 수 있는 것이 특징이며, 음역이 2~3도인 것은 쉽게 부르며 점차 더 넓은 음역을 사용한다.

(2) 만 4~5세

만 4세 시기에 이르면 음역과 리듬의 능력이 향상되어 다양한 목소리로 노래를 부르는 것이 가능하나 아직 구체적인 음악적 개념을 인지하지 못하여 정확한 음정으로 부르기보다는 음악적 흐름에 의존하여 부른다. 다양한 소리의 질에 기초하여 악기를 가지고 소리 실험을 시작하며 악기를 소리의 유형, 소리의 길이, 연주기술 등으로 범주화할 수 있게 된다. 그리고 음악적 흐름에 따라 더욱 다양한 신체적 동작을 표현할 수 있게 된다. 이 시기는 구체적인 음악 개념을 인지하지는 못하지만 음악적 개념이 형성되며, 자기 자신의 신체나 언어를 이용하여 음악을 창의적으로 표현하려는 것을 볼 수 있다. 자발적인 노래 부르기에서 나타나는 음높이의 간격은 보통 거의 2옥타브에 이르지만, 정확하게 음정에 맞게 노래 부를 때에 음은 레에서 라까지의 5음 높이까지만 확장된다. 또한, 4세가 되면 단3도에 대한 인식이 두드러지게 나타난다. 이 시기 유아는 자신과 익숙한 것에 대한 노래를 좋아하며 음높이와 셈여림에 대한 개념을 이해하기 시작한다.

만 5세가 되면 자발적으로 노래를 부르는 빈도가 급격히 감소한다. 자의식이 강해지면서 실수를 피하려는 노력에 따라 정확하게 모방하려고 노력한다. 리듬과 가락을 정확히 지키면서 노래를 부르게 되고, 음정과 음역도 더 넓어지게 된다. 음색이나 노래 가사에 상관없이 음높이와 리듬에 의해 멜로디를 식별하는 능력을 갖추기 시작한다. 만 5, 6세경이 되면 성역이 확대되어 발성 기능도 갖추게 되는데, 음의 판별능력이 최상의 상태가 되어 음악활동을 통해 음악적 능력도 확실하게 특징이 나타난다. 그리고 이때가 음악 적응 연령에 해당되며 음악적 능력의 발달을 꾀하기 위해서도 중요한 시기가 되는 것이다. 특히, 리듬에 흥미를 나타낼 뿐만 아니라 셈여림과 음색, 빠르기를 구별할 수 있으며, 창의력이 왕성해지는 시기이다. 그러므로 소리나 물체의 움직임을 리듬으로 나타내려고 하고, 소리를 듣고 구별하는 놀이나 창의적인 표현활동이 가능하게 되며 또래집단과 함께 악기를 연주할 수 있으며, 음악극을 할 때 악기를 사용하기도 한다.

2. 표준보육과정과 음악교육

표준보육과정의 목적은 어린이집 영유아의 전인적인 성장과 발달을 돕고 민주 시민으로서의 자질을 길러 영유아가 심신이 건강하고 사회구성원으로 자랄 수 있도록 하는데 있다(이기숙, 2008). 표준보육과정의 영역은 기본생활, 신체운동, 사회관계, 의사소통, 자연탐구, 예술경험으로 구성되어 있으며, 이러한 6개 영역의 내용에 적합한 활동을 다양하게 선정하고 통합적으로 제공하여 일과를 운영하여야 한다(양옥승, 2010). 영아를 위한 음악교육내용에 대한 기준은 표준보육과정의 예술경험영역의 내용에서 다루고 있다. 예술경험영역은 영아가 자신의 신체와 주변의 감각 자극에 호기심을 가지고 반응하고 다양한 방법으로 표현하기를 즐기며 자연물, 사물, 환경의 아름다움에 관심을 가짐으로써 아름다움을 즐기고 풍부한 정서를 경험하기 위한 영역이다(보건복지부, 2013).

1) 표준보육과정에서의 만 0~1세 예술경험영역 내용

만 0~1세 예술경험영역은 '아름다움 찾아보기', '예술적 표현하기', '예술 감상하기'의 세 가지 내용범주로 구성된다. '아름다움 찾아보기'는 예술적 요소에 호기심을 가지는 내용으로, '예술적 표현하기'는 리듬 있는 소리, 움직임으로 반응하고 단순한 미술을 경험하며 모방행동을 즐기는 내용으로 구성되어 있다. '예술 감상하기'는 아름다움을 경험하기 위한 내용으로 구성되어 있다. 예술경험영역에서는 영아가 일상생활과 주변 환경 속에서 다양한 자극에 반응하고 표현하며 모방하는 것을 즐기도록 하는 데 중점을 둔다. 또한, 영아가 일상에서 반복되는 소리와 노래에 관심을 가지고 움직임, 사물이나 자연물을 통해 아름다움을 경험할 수 있도록 하는 데 중점을 둔다. 만 0~1세 표준보육과정에서의 예술경험영역에 대한 교사지침 가운데 음악교육활동과 관련된 내용은 다음과 같다(보건복지부, 2013).

내용범주	내용
아름다움 찾아보기	예술적 요소에 호기심 가지기
예술적 표현하기	리듬 있는 소리로 반응하기
	움직임으로 반응하기
	단순한 미술 경험하기
	모방행동 즐기기
예술 감상하기	아름다움 경험하기

(1) 아름다움 찾아보기

① 예술적 요소에 호기심 가지기

'예술적 요소에 호기심 가지기'는 영아가 오감을 통해 주변 생활이나 환경에서 나는 소리와 움직임에 호기심을 가짐으로써 예술적 요소에 주의를 기울이는 내용으로 구성된다. 누워서 생활하는 영아에게는 소리 나는 놀잇감 등을 제공해 주어 영아가 소리, 움직임, 색, 모양 등에 관심을 갖도록 하고, 혼자 앉을 수 있는 영아에게는 영아의 시선이나 손이 닿을 수 있는 위치에 소리 나는 놀잇감을 구비해 두어 호기심을 가질 수 있도록 한다. 손 조작을 할 수 있는 영아에게는 자유롭게 두드리며 소리나 리듬을 탐색하도록 기회를 제공한다. 또한, 영아가 소리를 듣거나 사물을 보려고 시도할 때 교사는 언어, 움직임, 얼굴표정 등을 활용하여 적극적으로 영아가 탐색할 수 있도록 돕고, 안정된 톤의 소리를 자주 들려준다.

1수준	2수준	3수준	4수준
주변의 소리와 움직임에 호기심을 가진다.			

(2) 예술적 표현하기

① 리듬 있는 소리로 반응하기

'리듬 있는 소리로 반응하기'는 영아가 주변에서 들려오는 소리 중에서 리듬이 있는 소리를 구분하여 보다 관심을 기울이며 점차 노래를 부분적으로 따라 부르게 되는 내용으로 구성된다. 또한, 리듬과 노래를 들었을 때 소리로 반응하며 리듬과 음높이에 맞추어 소리를 낼 수 있게 되는 내용을 다룬다. 의성어, 의태어, 반복되는 부분이 많은 노래의 일부분이나 리듬 있는 음률을 교사의 음성으로 자주 들려주고, 짧은 소절의 노래를 자주 들려주어 친근하게 하고 즐겨 부를 수 있도록 한다.

1수준	2수준	3수준	4수준
리듬 있는 소리에 관심을 가진다.		노래를 부분적으로 따라 부른다.	
리듬과 노래에 소리로 반응한다.		리듬과 음높이에 맞추어 소리를 낸다.	

② 움직임으로 반응하기

'움직임으로 반응하기'는 영아가 주변 환경에서 경험하는 시각과 청각 자극에 대하여 손과 발을 흔들고 몸을 움직여서 자신의 느낌으로 반응하고 간단한 도구를 활용하여 더욱 풍부하고 자유롭게 감정을 표현해 내는 내용을 다룬다. 짝짜꿍이나 까꿍 놀이처럼 영아와 간단한 손놀이를 하고, 리듬에 맞춰 몸을 움직여 주거나 영아가 놀이할 때 이를 격려해 주거나, 일과에서 영아의 얼굴과 신체부위의 이름을 자주 말해 주며, 영아의 팔과 다리를 움직이게 한다.

1수준	2수준	3수준	4수준
손, 발 흔들기와 몸 움직임으로 반응한다.			
		간단한 도구를 활용하여 움직인다.	

③ 모방행동 즐기기

'모방행동 즐기기'는 주변에서 일상적으로 영아와 상호작용하는 타인의 표정이나 모습, 움직임을 모방하는 것에서부터 단순한 역할을 상상놀이로 즐기는 내용을 다룬다. 영아는 자신이 익숙하게 관찰하였고 반복적으로 알게 된 경험, 느낌, 감정, 말 등을 자연스럽게 모방하고 즐김으로써 사회적 관계를 인식하고 창의적으로 표현하는 능력을 기를 수 있다. 영아 개개인의 수준에 따라 다양한 표현을 시도할 수 있다. 그러므로 교사는 언어적, 비언어적 방법을 활용하여 적극적으로 영아와 상호작용해 주며 영아의 반응을 격려하는 것이 필요하다.

1수준	2수준	3수준	4수준
소리나 얼굴 표정, 몸 움직임 등을 모방한다.		단순한 모방행동을 놀이처럼 즐긴다.	

(3) 예술 감상하기

① 아름다움 경험하기

'아름다움 경험하기'는 영아가 일상생활에서 익숙하고 반복하는 노래에 관심을 가지고 즐겨 들으며 자연이나 사물에서 발견할 수 있는 아름다움의 요소를 경험하고 즐기는 내용을 다룬다. 이를 통해 영아의 심미감 발달뿐 아니라 감성발달의 기초를 마련하게 된다. 영아와 익숙하게 상호작용하는 양육자(예 부, 모, 조부, 조모, 교사 등)의 목소리로 리듬이 반복되는 말, 노래 등을 녹음해 두었다가 들려주거나, 자연에서 나는 소리(예 새소리, 빗소리 등)와 동물의 소리에 관심이 많은 영아에게 동물의 소리가 녹음된 테이프를 들려주고, 영아가 동물의 소리를 흉내 낼 때 반응해 준다.

<table>
<tr><th>1수준</th><th>2수준</th><th>3수준</th><th>4수준</th></tr>
<tr><td colspan="2">일상생활에서 반복되는 소리와 노래에 관심을 가진다.</td><td colspan="2">일상생활에서 리듬 있는 소리와 노래를 즐겨 듣는다.</td></tr>
<tr><td colspan="4">일상생활에서 자연이나 사물의 아름다움을 경험한다.</td></tr>
</table>

2) 표준보육과정에서의 만 2세 예술경험영역 내용

만 2세 예술경험영역에서는 '아름다움 찾아보기', '예술적 표현하기', '예술 감상하기'의 세 가지 내용범주로 구성된다. '아름다움 찾아보기'는 예술적 요소를 탐색하는 내용이며, '예술적 표현하기'는 간단한 리듬이나 노래, 움직임, 자발적인 미술활동을 자유롭게 시도하고 모방이나 상상놀이로 표현하는 내용으로 구성되어 있다. '예술 감상하기'는 아름다움을 즐기기 위한 내용으로 구성되어 있다. 예술경험영역에서는 영아가 주변 환경에 나는 소리, 모양이나 색 등에 주의를 주고 눈여겨보도록 하며 호기심을 가지고 탐색하는 데 중점을 둔다. 또한, 영아가 친근한 노래를 따라 부르고 간단한 도구를 이용하여 몸으로 표현하며 일상생활 경험을 상상놀이로 즐기도록 한다. 나아가 생활 속의 소리나 움직임, 친근한 음악과 춤을 관심 있게 보고 즐기며 자신과 또래가 표현한 노래, 춤, 미술품 등에 관심을 가지고 즐기는 데 중점을 둔다. 만 2세 표준보육과정에서의 예술경험영역에 대한 교사지침 가운데 음악교육활동과 관련된 내용은 다음과 같다(보건복지부, 2013).

<table>
<tr><th>내용범주</th><th>내용</th></tr>
<tr><td>아름다움 찾아보기</td><td>예술적 요소 탐색하기</td></tr>
<tr><td rowspan="4">예술적 표현하기</td><td>리듬 있는 소리와 노래로 표현하기</td></tr>
<tr><td>움직임으로 표현하기</td></tr>
<tr><td>자발적으로 미술활동하기</td></tr>
<tr><td>모방과 상상놀이하기</td></tr>
<tr><td>예술 감상하기</td><td>아름다움 즐기기</td></tr>
</table>

(1) 아름다움 찾아보기

① 예술적 요소 탐색하기

'예술적 요소 탐색하기'는 우리가 주변 환경 중에서 당연하다고 여겨서 무심하게 지나치는 것들에 새로운 주의를 기울이며 아름다움을 느끼도록 하는 내용이다. 예술적 탐색은 익숙한 것에서 새로움에 관심을 가지고, 주의 깊게 바라보며 변화와 차이를 발견하고 즐거워하는 경험이 중요하다. 이를 통해 영아의 탐색능력이 증진되고 심미감 및 인지적 발달의 기초를 형성하게 된다. 만 2세 영아는 시각과 청각이 발달하면서 주변에서 들려오는 소리와 움직임에 대하여 차이를 발견하며 즐거움을 가질 수 있다. 이러한 선호와 관심을 자연스럽게 확장하여 영아가 일상생활에서 경험할 수 있는 주변 환경과 사물에 주의를 기울이며 자유롭게 반복하고 적극적으로 탐색하도록 하는 데 중점을 둔다.

1수준	2수준
주변 환경에서 나는 다양한 소리와 움직임을 탐색한다.	
주변 환경에서 색, 모양을 탐색한다.	

(2) 예술적 표현하기

① 리듬 있는 소리와 노래로 표현하기

'리듬 있는 소리와 노래로 표현하기'는 영아가 친근한 노래를 따라 부르고 신체, 목소리, 리듬악기 등을 이용하여 간단한 리듬과 소리를 만듦으로써 리듬감 발달과 음악적 표현능력을 증진하기 위한 내용이다. 영아기는 의사표현을 활발하게 발달하는 시기로 비언어적인 방법과 언어적 방법으로 의사소통을 하며 다양한 방법으로 예술적 표현을 하는 경험이 중요하다. 이를 통해 음악적 요소를 활용한 영아의 표현능력과 감성능력이 계발된다. 영아기는 간단한 리듬을 만들어 냄으로써 리듬감을 발달시키고 창의적 표현을 시작하는 시기이므로 영아가 자유롭게 표현할 수 있는 경험을 갖는 것이 중요하다.

1수준	2수준
친근한 노래를 따라 부른다.	
신체, 사물, 리듬악기 등을 이용하여 간단한 리듬과 소리를 만든다.	

② 움직임으로 표현하기

'움직임으로 표현하기'는 영아가 노래나 리듬에 맞춰 몸으로 표현하거나 간단한 도구를 활용하여 표현함으로써 신체 리듬감을 계발하고 도구를 조작하는 능력을 증진하기 위한 내용이다. 영아기는 신체 각 기관의 협응이 일어나는 시기로 점차 신체운동능력이 발달하면서 리듬이나 음악에 맞춰 움직임으로 표현하는 경험을 갖는 것이 중요하다. 이를 통해 신체 리듬감과 균형감을 발달시키고 심미적 표현능력을 증진할 수 있다. 일상생활에서 나타나는 여러 가지 움직임이나 놀이 중에 영아의 흥미를 끄는 움직임이 있으면 영아와 항상 즐겁게 표현하도록 하고 영아가 편안한 분위기와 안전한 환경에서 춤추기를 즐길 수 있도록 해야 한다.

1수준	2수준
노래나 리듬에 맞춰 몸으로 표현한다.	
간단한 도구를 활용하여 몸으로 표현한다.	

③ 모방과 상상놀이하기

'모방과 상상놀이하기'는 영아가 자신과 친숙한 사물의 모양과 동물 또는 사람의 행동을 모방하며 즐기고 일상생활에서 보고, 듣고 상호작용한 경험을 상상놀이로 재현하는 내용이다. 영아기는 인지적 표상이 발달하는 시기로 대체물을 이용한 다양한 상징을 표현하는 경험을 갖는 것이 중요하다. 영아는 모방행동을 반복하면서 점차 다양한 상징을 만들어 내며 상상놀이를 하고 향후 다양한 가작화 요소를 표현하며 발달해 간다. 이를 통해 영아는 사회적 상호작용을 증진시켜 나가고 자연스럽게 감정을 표출하며 정서발달에 도움을 주고, 언어 및 인지발달을 증진한다. 영아기는 모방과 상징을 통해 표상능력과 창의적인 표현을 발달해 가는 시기이다. 그러므로 일상생활 중에서 자연 현상, 동물이나 사람의 움직임, 소리, 행위 등에 관심을 가지고 특징을 기억해 두었다가 시간이 흐른 뒤 모방을 통해 재현하는 경험을 갖는 것이 중요하다.

1수준	2수준
모방행동을 놀이처럼 즐긴다.	일상생활 경험을 상상놀이로 즐긴다.

(3) 예술 감상하기

① 아름다움 즐기기

'아름다움 즐기기'는 영아가 자연이나 생활의 소리, 움직임, 친근한 음악과 춤에 관심을 주고 그 아름다움을 즐기며 자신과 또래가 표현한 노래, 춤, 미술품 등에 관심을 가지고 즐기는 내용이다. 영아기는 유명한 예술작품 보다 주변 환경에서 들리는 소리나 음악, 움직임 등 예술적 요소에 관심을 갖고, 듣고 보는 것을 즐기는 시기이다. 영아가 좀 더 선호하는 것, 좀 더 호기심을 갖는 것을 중심으로 관심을 갖고 경험해 볼 수 있도록 하는 것이 중요하다. 이러한 경험은 영아의 심미감과 감성을 계발하는 데 도움을 주고, 인지발달과 관련된 탐구적 태도를 기르는 토대를 마련해 준다. 산책이나 야외놀이 시간을 일과 중에 반복적으로 계획하여 실행하며, 영아가 자연물이나 자연현상에서 아름다움을 느낄 수 있는 여건을 마련해 준다. 주변에서 나뭇잎이 떨어지는 모습, 바람 소리, 빗방울 소리, 바람에 흔들리는 잎의 움직임 등 일상생활의 변화를 통해 색, 모양, 움직임을 찾아보며 즐기는 경험을 통해 감각 인식능력을 증진하고 영아가 보고 들을 수 있는 음악 및 움직임의 요소에 관심을 유지하며 자기 나름의 감성을 계발할 수 있도록 한다.

1수준	2수준
자연이나 생활의 소리나, 움직임, 친근한 음악과 춤을 관심 있게 듣거나 본다.	
일상생활에서 자연과 사물의 아름다움에 관심을 가지고 즐긴다.	
자신과 또래가 표현한 노래, 춤, 미술품 등에 관심을 가지고 즐긴다.	

3. 만 3~5세 누리과정과 음악교육

교육과학기술부와 보건복지부(2012)가 발행한 만 3~5세 연령별 누리과정은 만 5세 누리과정에서 유치원 교육과정과 어린이집 표준보육과정에 기초하여 만 5세 유아의 발달과 생활경험이 통합된 5개 영역으로 구성했던 방향을 그대로 유지하여, 신체운동·건강, 의사소통, 사회관계, 예술경험, 자연탐구 5개 영역에 걸쳐 유아의 주도적인 경험과 놀이가 통합적으로 이루어지도록 구성되어 있다. 만 3~5세 연령별 누리과정에서 음악교육은 예술경험영역에 해당

되는데, 본 영역은 유아가 친근한 주변 환경에서 발생하는 소리, 음악, 움직임과 춤, 모양과 색 등의 요소에서 아름다움을 느끼고 또래와 교사, 부모, 지역사회의 주민이나 작가가 표현한 예술작품을 가까이 접하면서 이를 탐색하고 창의적으로 표현하는 것을 즐기며 감상하기 위한 목적을 갖는다. 따라서 예술경험영역의 '아름다움 찾아보기', '예술적 표현하기', '예술 감상하기'의 세 가지 범주는 아름다움과 예술이라는 큰 체제 속에서 통합적인 경험이 될 수 있도록 해야 한다. '아름다움 찾아보기'는 자연 및 예술의 모든 영역을 아우르며 음악, 움직임 및 춤, 미술의 요소를 자유롭게 탐색하도록 하는 내용을 다룬다. 이를 통해 유아가 주변 환경 속에 잠재된 아름다움을 발견하고, 적극적으로 찾아보려는 태도를 형성하는 데 중점을 둔다. '예술적 표현하기'는 다양한 예술표현 방법을 통해 자신의 느낌과 생각을 표현하도록 하는 내용을 다룬다. 자신이 나타내고자 하는 바를 마음껏 펼칠 수 있을 때 잠재된 창의성과 표현력이 발휘되므로, 풍부한 재료 및 도구와 함께 편안하고 허용적인 환경을 제공하는 것이 무엇보다 중요하다. '예술 감상하기'는 자신과 다른 사람의 작품, 그리고 우리나라 전통예술을 포함하여 다양한 종류의 예술을 감상하는 경험으로 구성되어 있다. 주변에서 친근하게 접할 수 있는 자연이나 사물, 예술 작품을 비롯하여 인류 보편의 감성을 담고 있는 다양한 문화 작품에도 관심을 가져 보는 기회를 제공한다.

1) 만 3~5세 누리과정의 유아를 위한 예술경험영역 내용

내용범주	내용
아름다움 찾아보기	음악적 요소 탐색하기
	움직임과 춤 요소 탐색하기
	미술적 요소 탐색하기
예술적 표현하기	음악으로 표현하기
	움직임과 춤으로 표현하기
	미술활동으로 표현하기
	극놀이로 표현하기
	통합적으로 표현하기
예술 감상하기	다양한 예술 감상하기
	전통예술 감상하기

(1) 아름다움 찾아보기

'아름다움 찾아보기'는 자연 및 예술의 모든 영역을 아우르며 음악, 움직임 및 춤, 미술의 요소를 자유롭게 탐색하는 과정을 통해 아름다움을 발견하고 찾아보려는 태도를 기르게 한다. 아름다움 찾아보기는 '음악적 요소 탐색하기', '움직임과 춤 요소 탐색하기', '미술적 요소 탐색하기'의 세 가지 하위 내용으로 나뉜다.

① 음악적 요소 탐색하기

'음악적 요소 탐색하기'는 유아가 자연과 주변 환경에서 들리는 다양한 소리와 음악에 귀를 기울이고 반응하면서 소리와 음악의 아름다움을 구성하고 있는 음악적 요소를 느끼고, 요소의 특징을 자연스럽게 발견하며 다양한 소리와 악기 등으로 이를 탐색하는 능력을 기르기 위한 내용이다. 이러한 음악적 요소를 탐색하는 유아의 능력은 음악의 아름다움을 느끼고, 즐기게 할 뿐 아니라 동시에 이 아름다움을 소리와 악기 등으로 표현하고, 감상할 수 있는 음악적 활동의 기초가 된다. 유아가 접하는 주변 환경의 소리, 자연의 소리 등에 귀를 기울이며 흥미를 가지도록 하고 자연스럽게 흘러나오는 음악에 관심을 갖고 특징과 차이점을 생각해 볼 수 있다. 또한, 다양한 리듬악기와 우리나라 악기, 서양악기, 직접 만든 악기 등을 직접 소리 내어 연주하고 탐색하는 활동을 통해 음악에 대한 기본 감각을 형성할 수 있으며, 음악감상은 어느 하나의 장르에 국한되지 않고, 다양한 장르를 경험함으로써 개방적인 태도를 갖도록 격려한다.

만 3세	만 4세	만 5세
다양한 소리, 음악의 셈여림, 빠르기, 리듬 등에 관심을 갖는다.		다양한 소리, 악기 등으로 음악의 셈여림, 빠르기, 리듬 등을 탐색한다.

② 움직임과 춤 요소 탐색하기

'움직임과 춤 요소 탐색하기'는 유아가 자신이나 다른 사람의 몸의 움직임 혹은 자연과 주변 사물의 여러 움직임에 주의를 기울이고 반응하면서 움직임과 춤의 아름다움을 느끼고, 움직임과 춤 요소의 특징을 자연스럽게 발견하며 탐색하는 능력을 기르기 위한 내용이다. 유아의 다양한 움직임과 춤 요소 탐색능력은 유아가 움직임과 춤의 아름다움을 느끼고 즐기며, 아름다움을 움직임과 춤으로 표현하고 감상할 수 있는 능력을 기르는 데 기초가 된다. 유아가 자신이나 타인의 신체 혹은 주변사물의 여러 움직임에 흥미를 갖고 자신이 나타내고자 하는 바를 신체로 표현하며 몸의 각 부분을 유기적이고 조화롭게 움직일 수 있도록 격려한다. 충분한 시간과 공간을 마련하여 유아가 여러 가지 움직임의 기술을 탐색하고 표현할 수 있도록 한다.

만 3세	만 4세	만 5세
움직임과 춤의 모양, 힘, 빠르기 등에 관심을 갖는다.		움직임과 춤의 모양, 힘, 빠르기, 흐름 등을 탐색한다.

(2) 예술적 표현하기

'예술적 표현하기'는 다양한 예술표현 방식으로 자신의 생각과 느낌을 전하며 자신이 나타내고자 하는 바를 마음껏 펼칠 수 있는 편안하고 허용적인 환경 제공이 중요하다. 예술적 표현하기는 '음악으로 표현하기', '움직임과 춤으로 표현하기', '미술활동으로 표현하기', '극놀이로 표현하기', '통합적으로 표현하기'의 다섯 가지 하위내용으로 나뉜다.

① 음악으로 표현하기

'음악으로 표현하기'는 유아가 노래와 전래동요를 부르고, 리듬악기를 연주하며, 리듬과 노래를 즉흥적으로 만들어 보는 등의 다양한 음악활동을 통해서 자신의 생각과 느낌을 표현하도록 하는 내용이다. 유아는 일상생활에서 흥얼거리고 노래하며 소리를 만들어 내는 것을 즐긴다. 다양한 음악활동은 유아로 하여금 표현하는 즐거움을 촉진하여 자발적이고 창의적으로 표현해 보는 경험을 갖게 하며 유아의 음악성 발달의 기초가 된다는 점에서 중요한 의미를 지닌다. 유아가 노래나 리듬악기 연주 등의 다양한 음악활동을 통해 자신의 생각과 느낌을 표현하고 이러한 과정에서 즐거움을 느끼며 음악의 즉흥적인 리듬을 만들고 창작하는 과정을 통해 음악을 창의적으로 표현해 보는 경험을 갖게 한다.

만 3세	만 4세	만 5세
간단한 노래를 듣고 따라 부른다.	노래로 자신의 생각과 느낌을 표현한다.	
전래동요를 즐겨 부른다.		
리듬악기로 간단한 리듬을 표현해 본다.	리듬악기를 연주해 본다.	
간단한 리듬과 노래를 즉흥적으로 만들어 본다.		리듬과 노래 등을 즉흥적으로 만들어 본다.

② 움직임과 춤으로 표현하기

'움직임과 춤으로 표현하기'는 유아가 움직임에 영향을 주는 모양, 힘, 빠르기, 흐름 등과 같은 요소에 대해 인식하고 이를 적절히 조합하고 응용함으로써 자신의 생각과 느낌을 보다 아름답고 창의적인 움직임이나 춤으로 표현해 보는 내용이다. 이러한 움직임과 춤 활동은 유아에게 풍부한 상상의 기회를 제공하여 새로운 동작의 가능성을 발견하도록 하며, 자유로운 표현을 통해 자기표현 욕구를 충족시킬 수 있도록 하는 점에서 가치가 있다. 신체를 이용한 다양한 방법의 움직임을 표현하며 자신의 느낌을 자유롭게 표현함으로써 의사소통의 욕구를 충족시키고 자신과 주변 세계에 대한 이해를 도울 수 있다.

만 3세	만 4세	만 5세
신체를 이용하여 주변의 움직임을 자유롭게 표현한다.		신체를 이용하여 주변의 움직임을 다양하게 표현하며 즐긴다.
움직임과 춤으로 자신의 생각과 느낌을 표현한다.		
도구를 활용하여 다양한 움직임으로 표현한다.		다양한 도구를 활용하여 창의적으로 움직인다.

③ 극놀이로 표현하기

'극놀이로 표현하기'는 유아가 언어, 신체 움직임, 다양한 매체를 이용하여 역할극, 인형극, 동극, 노래극 등을 통해 총체적으로 자신을 표현하도록 하는 내용이다. 유아는 자신의 경험이나, 생각, 느낌, 이야기를 극화로 상징화하고자 하는 욕구가 강하다. 이러한 극놀이는 유아로 하여금 자연스럽게 감정을 발산하도록 하여 자아와 자신감 그리고 다른 사람을 조망하는 능력과 창의적 표현력을 발달시킨다. 언어, 움직임, 다양한 매체를 이용한 역할극, 인형극, 동극, 노래극 등을 통해 자신을 총체적으로 표현하며 유아의 자연스러운 감정발산을 돕고 자신감을 발달시킬 수 있다.

<table>
<tr><th>만 3세</th><th>만 4세</th><th>만 5세</th></tr>
<tr><td rowspan="2">일상생활의 경험을
극놀이로 표현한다.</td><td>일상생활의 경험이나 간단한
이야기를 극놀이로 표현한다.</td><td>경험이나 이야기를
극놀이로 표현한다.</td></tr>
<tr><td colspan="2">소품, 배경, 의상 등을 사용하여 협동적으로 극놀이를 한다.</td></tr>
</table>

④ 통합적으로 표현하기

'통합적으로 표현하기'는 유아가 참여하는 다양한 표현활동이 서로 통합적으로 이루어지도록 하는 내용이다. 유아는 음악, 움직임과 춤, 미술, 극놀이를 통합적으로 경험하게 될 때 자신의 경험을 조직적이고 종합적으로 표현할 수 있게 되며 더욱 풍부한 표현력을 가질 수 있게 된다. 또한, 이러한 경험이 일상적으로 반복되면서 유아는 예술활동 전반에 대해 지속적으로 흥미를 가지고 창의적 표현 과정을 즐기게 된다. 유아가 자신의 예술경험을 조직적이고 종합적으로 표현하도록 돕는 내용을 다루면서, 이는 각각의 표현활동을 통합된 전체로 경험해 보도록 하는 내용을 포함하고 있다. 각각의 활동이 관련된 맥락 안에서 의미 있게 통합되고 연계되어 표현을 이끌어 내도록 하는 것을 강조하고 있다.

<table>
<tr><th>만 3세</th><th>만 4세</th><th>만 5세</th></tr>
<tr><td></td><td colspan="2">음악, 움직임과 춤, 미술, 극놀이 등을 통합하여 표현한다.</td></tr>
<tr><td colspan="2">예술활동에 참여하여 표현과정을 즐긴다.</td><td>예술활동에 참여하여 창의적으로
표현하는 과정을 즐긴다.</td></tr>
</table>

(3) 예술 감상하기

'예술 감상하기'는 우리나라 전통예술뿐 아니라 다양한 종류의 예술을 감상하고 다양한 문화의 작품에 관심을 가지며 감상하는 기회를 갖도록 한다.

① 다양한 예술 감상하기

'다양한 예술 감상하기'는 유아가 음악, 춤, 미술작품, 극놀이 등을 듣거나 보고 즐기는 활동을 통하여 아름다움을 느끼고 각자의 표현을 존중하며 예술 감상에 지속적인 관심과 흥미를 갖도록 하는 내용이다. 아름다움에 대한 기준과 취향이 사람들마다 다른 것과 마찬가지로, 사람들의 성장과정에서 접하는 경험에 따라 개인이 일생 동안 경험하고 즐길 수 있는 예술의 영역과 깊이는 달라질 수 있다. 따라서 유아기의 예술경험은 향후 개인의 인생 전반에 걸쳐 예술적 취향에 영향을 준다는 차원에서 중요한 의미를 지닌다. 이 시기는 자신과 또래의 작품뿐 아니라 일상생활에서 다양한 음악, 춤, 미술작품, 극놀이를 자연스럽게 접할 수 있는 예술적 환경을 제공하는 것이 중요하다.

<table>
<tr><th>만 3세</th><th>만 4세</th><th>만 5세</th></tr>
<tr><td>다양한 음악, 춤, 미술작품,
극놀이 등을 듣거나 본다.</td><td colspan="2">다양한 음악, 춤, 미술작품, 극놀이 등을 듣거나 보고 즐긴다.</td></tr>
<tr><td colspan="3">나와 다른 사람의 예술 표현을 소중히 여긴다.</td></tr>
</table>

② 전통예술 감상하기

'전통예술 감상하기'는 과거로부터 현재까지 전해져 내려오는 우리나라 고유의 전통예술에 관심을 갖고, 이와 친숙해질 수 있도록 하는 내용이다. 유아기는 우리 전통예술에 관심을 갖고 받아들이며 익숙해지는 데 중요한 시기이므로 유아가 전통음악이나 춤, 미술작품 등 우리 고유의 전통문화를 자연스럽게 경험할 수 있도록 기회를 제공해야 한다. 음률영역에 전통악기를 배치하거나 전통음악이나 전통 춤 공연을 감상하면서 장단이나 움직임을 따라해 보도록 함으로써 주기적·반복적으로 경험하도록 제공해야 한다.

<table>
<tr><th>만 3세</th><th>만 4세</th><th>만 5세</th></tr>
<tr><td colspan="2">우리나라의 전통예술에 관심을 갖는다.</td><td>우리나라의 전통예술에
관심을 갖고 친숙해진다.</td></tr>
</table>

CHAPTER 6

유아음악교육의 내용

1960년대 후반부터 심미적(aesthetic) 교육으로써 유아음악교육에 대한 관심이 고조되기 시작하였다. 이전까지의 전통적 입장에서 음악교육은 우선적으로 피아노 등 악기 연주 능력의 배양을 위한 것이었으며, 창작은 일부 천부적인 재능을 지닌 유아에게만 가능한 것으로 보아 일반적인 내용으로 간주되지 않았다. 20세기 이전까지 음악은 주로 유럽을 중심으로 발전하였으나 20세기 이후부터는 미국을 중심으로 실용화되어 갔다. 특히, 감각경험을 강조한 Pestalozzi의 교육이념의 영향을 받은 미국은 공립학교 체제에서 모든 어린이가 음악교육을 받도록 하여 비학문적 형태의 과목으로는 음악이 처음으로 과목으로 생겨났다. 미국 음악교육협회(NAFMAE)는 음악교육을 위한 국가적 기준을 다음과 같이 선정하여 제시하였다.

- 혼자 혹은 다른 사람과 다양한 레퍼토리의 노래 부르기
- 혼자 혹은 다른 사람과 다양한 레퍼토리의 음악을 악기로 연주하기
- 멜로디, 변주곡, 반주 등을 즉흥연주하기
- 구체적인 지도안에서 음악을 배열하고 작곡하기
- 음악을 읽고, 기보하기
- 음악을 듣고, 분석하고, 묘사하기
- 음악과 음악 작품을 평가하기
- 음악과 다른 예술 그리고 예술 이외의 학문과의 관계를 이해하기
- 역사와 문화가 관련된 음악 이해하기

유아음악 교육과정에 대한 요구가 높아지게 됨에 따라 유아를 위한 음악교육 내용을 무엇을 선정할지에 대해 우리나라에서는 표준보육과정과 누리과정의 예술경험영역의 내용에서 다루고 있다. 본 장에서는 표준보육과정과 누리과정에서 제시하고 있는 음악교육 내용을 중심으로 살펴본다.

1. 소리 탐색하기

소리 탐색하기는 유아에게 최초이면서 가장 중요한 듣기 경험으로 다른 음악 내용영역의 기초를 이루는 중요한 내용영역이다(Haines & Gerber, 1999). 유아는 어머니의 뱃속에서부터 심장 소리를 10개월간 듣고 태어나 성장하면서 계속 주변의 소리와 음악을 듣게 되고, 여기에서 소리에 대해 본능적으로 몸을 움직이고, 흥얼거리며, 노래하고, 여러 가지 소리를 만드는 등의 반응을 보이게 된다. 생후 1주일이 되면 이미 소리에 대한 반응을 나타내며, 2개월이 되면 유아는 어머니가 부르는 노래의 선율, 강약, 윤곽 등을 알 수 있다. 생후 4~6개월에는 항상 들어 왔던 선율의 윤곽이 바뀌는 것을 알아차리며, 소리에 강한 관심을 나타내기 시작한다. 유아는 여러 악기나 물체에서 나는 소리의 특징에 대해 대단한 관심을 보이며, 기차 소리, 천둥소리 등 큰 소리에는 무서움을 표현한다.

유아가 다양한 물체와 도구를 사용하여 소리의 근원을 알아내고, 소리를 만들어 내는 것은 자연스러운 현상이다. 소리를 탐색하고 주의 깊게 듣는 능력이 발달해야 소리에 대한 흥미가 생기고 결과적으로 음악적 능력이 발달하게 된다. 유아의 주변에는 소리를 만들 수 있는 재료가 다양하기 때문에, 유아에게 나무, 고무, 종이, 유리, 플라스틱으로 된 재료를 흔들고, 치고, 두드리고, 문질러서 소리를 만들어 보도록 격려해 줄 필요가 있다. 여기에서 교사의 역할은 소리가 나는 많은 재료를 제공하고, 유아가 소리를 만들 수 있도록 도와주며, 소리가 같은 것과 다른 것을 구별할 수 있는 능력을 개발시켜 주는 것이다. 이를 위해 교사는 소리를 내는 다양한 실제 교수자료를 이용하여 소리 탐색과 만들기 기회를 충분하게 제공해야 한다.

〈표 6-1〉 유아가 탐색하고 들을 수 있는 소리

구분	소리영역	소리 내용
일상소리 탐색	몸이 내는 소리	손뼉치기, 손가락 부딪히기, 발 구르기 등, 코나 입으로 내는 소리 등
	자연 속에서 들을 수 있는 소리	새 소리, 동물 소리 곤충 소리, 물 소리, 파도 소리, 천둥 소리, 빗 소리, 낙엽, 눈 등의 소리
	교통기관의 소리	자동차, 자전거, 오토바이, 비행기, 전철, 기차 소리 등
	특정 사물이 내는 소리	도마 소리, 인형이 내는 소리, 사물이 내는 소리 등
	기계가 내는 소리	청소기, 인터폰, 전화벨, 세탁기, 텔레비전, 컴퓨터, 망치 소리 등
말소리 탐색	일상적인 언어	쿠잉, 옹알이, 이름, 색깔, 단어 등
	친근한 노랫말 소리	사물 소리 흉내 내기, 아는 노래 재구성하기, 자발적 노래 부르기, 의성어 따라 부르기 등
악기 소리 탐색	악기 소리	리듬악기, 전자악기 관악기, 타악기, 현악기, 금관악기 소리 등

1) 몸에서 나는 소리탐색 카드

- 신체에서 나는 다양한 소리를 충분히 탐색해 본다.
- 그림 카드를 활용하여 놀이한다.
- 그림 카드를 교차하여 제시한다(손-발, 무릎-코 등).

2) 동물소리 탐색카드

- 궁금 주머니에서 유아가 선택한 동물 그림 카드를 소리 모방으로 연결한다.
- 동물가면을 활용한 소리 탐색놀이도 가능하다.

3) 소리 모방하기

- 소리의 차이 식별하기
- 소리를 분류하고 순서 지어 보기
- 소리를 내는 물건이나 악기로 즉흥연주해 보기
- 자신의 생각이나 느낌을 전달하기 위해 소리 조작하기

4) 그림 카드를 이용한 소리 만들기

- 다양한 그림이 그려진 모양 카드를 보며 소리 만들기를 안내한다.
- 이 그림은 무엇을 나타낸 것 같니? 이 그림을 보면 어떤 생각이 나니?

5) 소리동화 만들기

- 동화 『곰 사냥을 떠나자(마이클 로젠 글/헬린 옥슨버리 그림)』을 들려준다.
- 동화 속이나 주변에서 소리를 흉내 내는 말에는 어떤 것이 있는지 이야기 나눈다.
  - 사각사각 / 서걱서걱, 덤벙덤벙 / 텀벙텀벙, 바스락 바스락 / 부시럭 부시럭, 휭휭 / 휘잉 휘잉 등
- 만들 소리와 종류를 소그룹별로 정한다.
- 소그룹별로 나누어서 여러 가지 악기를 이용하여 소리를 만든다.
- 각 소그룹으로 만든 소리를 모두 함께 모여서 들어 본다.
- 교사는 동화의 내용을 읽어 주고, 유아는 순서대로 만든 소리를 내어 본다.

2. 노래 부르기

유아에게 노래는 말하는 것과 같이 자연스러운 일이다. 유아는 매일 일어나는 경험에 대한 자신의 노래를 즐기며, 노래를 듣는 것을 즐긴다. 노래를 부르면서 음의 높낮이를 배우게 되고, 타인의 목소리나 악기 소리의 높낮이에 음정을 맞추어 봄으로써 소리를 창출하게 된다. 노래 부르기는 음성적 활동을 포함하여 신체적인 활동이 함께 이루어지기 때문에, 유아의 노래 발달수준을 파악한 적절한 제공은 효율적인 노래 부르기 지도로 이루어질 수 있다. 유아는 목소리를 내는 순간부터 점차적으로 5가지 발달단계를 거친다(김혜경, 1996).

1) 1단계 : 초기 발성기(생후~ 3개월)

유아의 노래 부르기는 언어발달과 밀접한 발달단계를 거친다. 갓 태어난 유아의 소리 레퍼토리는 제한되어 있으나 스스로 쿠잉을 시작함으로써 소리놀이를 즐기고, 성장하면서 매우 빨리 새로운 소리와 접촉하게 된다. 이 시기에 어떤 소리는 배가 고플 때, 어떤 소리는 아플 때, 어떤 소리는 만족감을 표현하기 위해 내는 소리로 사용한다. 이 시기에서는 소리가 나는 모빌이나 딸랑이 등이 음악자료로 활용될 수 있다.

2) 2단계 : 목소리 실험과 모방하기(3개월~1년 6개월)

이 시기 유아는 주위의 다른 사람들이 내는 소리와 자기 자신이 내는 소리를 주의 깊게 듣는다. 그러면서 소리를 모방하기도 하고 변화시키기도 하고, 새로운 소리 내는 방법을 개발하기도 한다. 유아는 말을 할 수 있기 훨씬 전부터 소리의 형태와 억양을 흉내 내기도 하고, 음악적으로 옹알이를 한다. 8개월 된 유아는 리듬악기의 여러 가지 소리를 듣고 구분할 수 있게 되며, TV나 녹음기에서 흘러나오는 여러 종류의 음악 등을 통하여 음에 대한 개념을 확장해 나간다. 이 시기 유아는 유아가 직접 다양한 소리를 내어 보고 들려주는 활동이나 라임(rhyme)이나 찬트(chant), 간단한 전래동요 활동이 가능하다.

3) 3단계 : 대략적으로 노래 부르기(1년 6개월~3세)

이 시기는 리듬과 높낮이 등의 특성이 가미된 옹알이를 하며, 들리는 노래에서 간단한 음의 고저를 비슷하게 따라하기도 한다. 2도, 단3도, 장3도, 완전4도 등과 같이 다양하고 좁은 간격의 정확한 음정을 구사하기도 한다. 노래를 부르는 것을 즐기고, 혼자 웅얼거리기도 하고, 단순한 멜로디 악기나 목소리를 사용하여 가락을 만들기도 한다. 하지만 두 사람 이상 음악을 만들거나 합창과 같은 노래는 함께 만들지 못한다. 이 시기 유아는 특히 자신의 탐색을 바탕으로 하여 자기중심적인 즉흥 노래를 많이 부른다(McDonald, 1993). 그리고 음악에 맞추어 동작을 창의적으로 자유롭게 표현할 수 있으며, 누군가를 위해 자발적으로 노래할 수 있다. 이 시기의 경험이 충분하게 이루어지지 못하면 성인기에 이르러서도 어려움을 겪는 경우가 많기 때문에, 다양한 형태의 노래를 들려주고 불러 볼 수 있는 기회를 제공해야 한다.

4) 4단계 : 한정된 범위에서 정확하게 노래 부르기(3~4세)

이 시기 유아는 음의 높낮이, 속도, 셈여림, 음색 등의 기초적인 음의 개념을 형성한다. 따라서 노래 부르기 등의 표현활동의 빈도가 이전에 비하여 훨씬 증가하며, 표현하는 내용이 이전보다 보다 원활해진다. 그러나 구체적인 음 개념까지는 인식하기 어렵기 때문에 표현의 정확도는 낮아 음정보다는 음의 흐름을 의존하여 대강 노래 부르기를 즐긴다. 따라서 이 시기부터는 동서양의 다양한 노래를 소개할 필요가 있으며, 가능한 한 많은 노래를 들려주고 불러 볼 수 있는 기회를 최대한 부여해야 한다.

5) 5단계 : 좀 더 넓은 범위에서 정확하게 노래 부르기(4세 이상)

이 시기 유아는 음역이 넓어지고 리듬을 이해하는 능력이 향상된다. 또한, 다양한 목소리로 노래 부르는 것이 가능하며 쉬운 멜로디를 모방할 수 있게 된다. 하지만 음역에는 제한을 받아 저음이나 고음의 표현은 어렵다. 5세가 되면서 자신의 목소리를 사용하여 노래 부르는 것에 능숙해지고, 표현의 정확성이 향상되어 여러 활동의 동시 작업도 가능하다. 이 시기에는 다양한 노래를 경험하는 것이 매우 중요한데, 특히 만 5세 이상이 되면 음역이 다소 넓은 노래에 대한 지도도 가능하다. 유아는 친숙한 음악에 대해 음만 듣고도 알 수 있고, 음높이와 리듬에 의해 멜로디를 식별하는 능력을 갖추기 시작한다. 또한, 가창 음역도 확대되고 음정도 정확해지며 동시에 활발한 신체표현도 병행할 수 있고, 기억력을 통해 노래의 전체를 부를 수 있게 된다. 또한, 만 5세 유아는 대부분의 리듬악기를 연주할 수 있게 되며, 리듬패턴 흉내 내기를 시작할 수도 있다. 여기에서 유아는 다양한 고저, 음의 장단, 음색의 차이에 관한 개념을 확장해 나간다. 유아의 노래 부르기는 단지 음성활동뿐만 아니라 정신 및 신체활동을 모두 포함하는 전체적인 것이므로 노래 부르기는 다양한 지도방법이 요구된다.

반면, 교사가 기억해야 할 것은 유아의 노래능력은 각기 다르다는 것이다. 어떤 유아는 활발하게 노래하지만 정확하지 않은 경우가 있고, 어떤 유아는 정확한 음정으로 노래하지만 리듬이나 노랫말의 발음을 어려워하기도 한다. 또한, 어떤 유아는 혼자서는 노래를 잘하면서도 함께 부르기를 못하는 경우도 있다. 이처럼 노래 부르기는 유아마다 개인차가 있기 때문에 노래 부르기는 유아의 발달단계에 맞추어 지도해야 한다.

〈표 6-2〉 유아에게 적합한 노래

구분	유아에게 적합한 노래
내용	생활에서 유아의 내부로부터 느껴지는 말로 되어진 노래
조성	조표가 없는 다장조
형식	한 도막 형식(8마디), 작은 세 도막 형식(12마디)
박자	4분음표 1박자를 기준하여 2분음표, 4분음표, 8분음표, 점2분음표, 점4분음표, 2/4박자, 4/4박자, 빠른 6/8박자로 순차적으로 지도함
음역	레(D)에서 라(A)까지 음역. 높은 음에서 낮은 음으로 내려오는 노래

노래 부르기 지도 시 고려사항

- 노래 부르기 활동 시 교사는 항상 유아를 보면서 노래한다. 교사가 즐거운 마음으로 노래하고 유아의 눈을 보면서 노래할 때 노래의 느낌과 분위기를 효과적으로 전할 수 있다.
- 다양한 방법과 교수기술을 이용하여 유아가 재미와 흥미를 유지하면서 노래를 부를 수 있게 해야 한다.
- 교수자료나 소품을 활용한다. 노랫말을 전달하기 위한 교수자료는 글보다는 그림을 주로 사용하고, 평면적인 교수자료와 입체적인 교수자료를 함께 사용한다.
- 유아가 노래 가사나 느낌을 이해하면서 노래를 부를 수 있도록 지도한다. 일반적으로 유아에게 노래를 잘 불러 보자고 하면 목청껏 크게 부르는 것으로 인식하는 경우가 많다. 노래를 잘 부른다는 것은 무조건 크게 부르는 것이 아니라 노래의 가사나 느낌을 이해하고 부르는 것임을 알게 지도해야 한다.
- 유아에게 노래 부르기를 강요하지 않는다. 다른 유아와 그룹으로 편안하게 노래 부를 수 있기까지 시간이 걸리는 유아도 있기 때문이다.

출처 : 방자현, 2006, 참고 및 인용.

노래 부르기의 여러 가지 방법 예시

- 음높이를 그림으로 제시한 노래 부르기 : 나비야

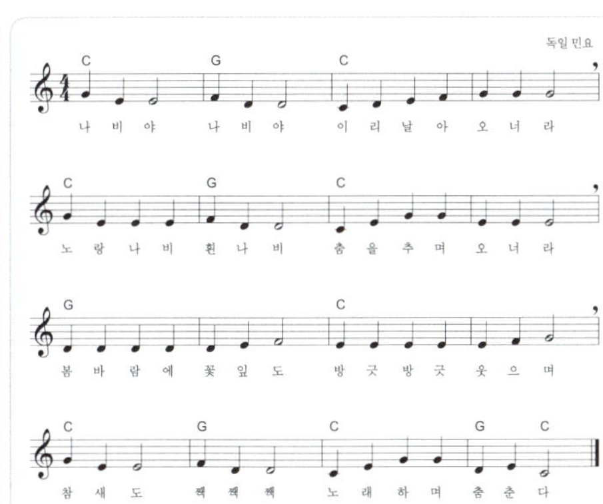

- Montessori 리듬막대를 활용한 노래 부르기: 딩가딩가, 동물친구들의 하루

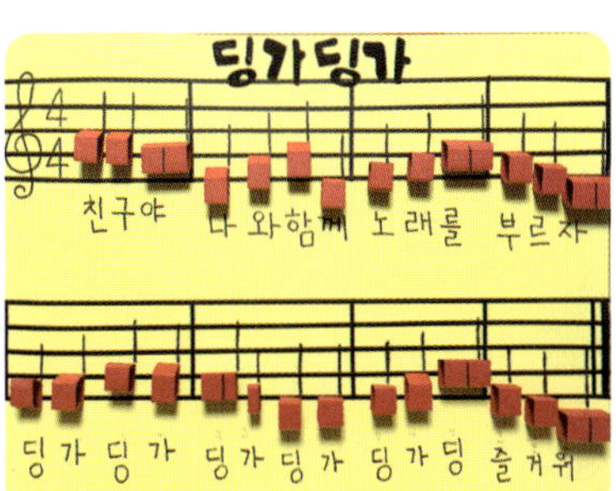

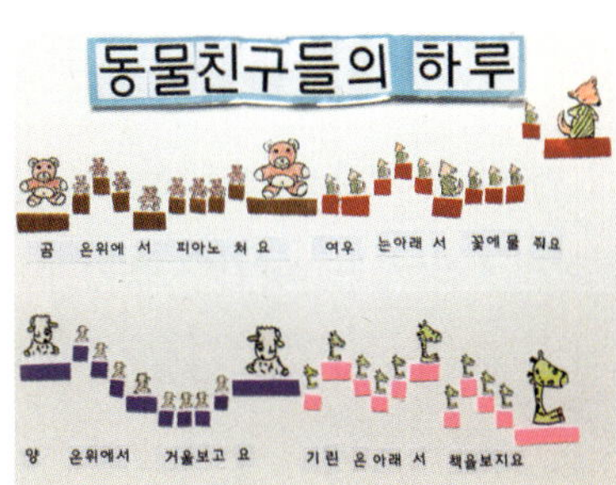

• 기본박(4분음표)을 짚어가며 노래 부르기 : 불이 나요(스코틀랜드의 불 : Scotland's Burning)

• 가사의 내용을 그림 자료로 활용한 노래 부르기 : 숲속의 합창(김성균 작사/작곡)

〈가사 적용해 보기 예시〉

벌들이 말하기를 봄이 왔대요
별들이 말하기를 봄이 왔대요
꽃들이 말하기를 봄이 왔대요
윙윙윙
반짝 반짝 반짝
빨강 파랑 노랑

3. 악기 다루기

악기는 유아가 생활 속에서 쉽게 접하고 경험할 수 있는 음악의 소재이다. 유아는 악기나 도구에 흥미 있어 하고, 스스로 소리를 탐색하고 여러 가지 종류의 악기의 음색을 경험하는 것을 즐긴다. 실제로 악기는 시각적, 촉각적 경험을 제공하여 유아의 음악적 능력발달에 매우 중요한 역할을 하므로 악기를 사용하여 유아의 상상력, 표현력, 창작력을 길러 줄 수 있다(이영·유애열, 1985). 악기 다루기 발달은 근육의 협응에 따라 적절한 악기의 종류가 다르게 이루어질 수 있다. 2년 6개월~3년 정도가 되면서부터 유아는 놀이하는 과정 가운데 노래를 부르며 박자에 따라 악기를 다루려고 한다. 악기 다루기는 모든 연령의 유아가 즐기는 활동이며 음색을 발견하는 데 결정적인 도움을 주며, 리듬과 음의 높낮이 등 음악적 개념을 직접적으로 체험하여 이해하는 데 도움을 준다(안재신, 2008). 따라서 악기 다루기의 목표는 유아가 악기를 소중히 다루는 마음, 박자감과 리듬감, 소리와 어우러짐에 대한 심미감을 경험할 수 있도록 해야 한다. 유아기에는 신체발달을 고려하여 너무 큰 악기나 무거운 악기는 피하는 것이 좋으며, 가락악기보다는 다루기 쉽고 소리 내기 쉬운 리듬악기가 먼저 도입되어야 한다. 유아기에 적합한 악기는 다음과 같다.

1) 유아기에 적합한 악기

- 타악기류 : 탬버린, 캐스터네츠, 우드블록, 톤블록, 샌드블록, 리듬막대, 귀로, 마라카스, 손가락 심벌즈, 오션드럼, 레인스틱, 방울, 큰 북, 작은 북, 롤리팝드럼, 봉고드럼, 레인메이커, 카바사, 쉐이커 등

레인메이커

스틱 탬버린

세븐벨

더블톤블럭

플라스틱 귀로

롤리팝드럼

클래터

미니 카바사

비브라톤

버드 탬버린

레인스틱

캐스터네츠

심벌즈

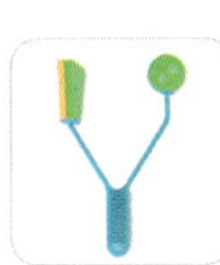
비브라슬랩

티톤블록

봉고드럼

롤링스톤

애니멀 쉐이커

오션드럼

옐로우 쉐이커

허리 딸랑이

손목 딸랑이

징글스틱

- 가락악기류 : 피아노, 전자 오르간, 실로폰, 핸드벨, 스텝벨, 케이지벨, 카주 등

핸드벨

실로폰

케이지벨

카주

- 현악기류 : 기타, 오토 하프, 만돌린, 우쿨렐레, 바이올린, 첼로 등
- 목관악기류 : 피콜로, 플루트, 클라리넷, 바순 등
- 금관악기류 : 트럼본, 호른, 트럼펫, 색소폰, 튜바 등
- 전통악기류 : 소고, 장구, 북, 징, 꽹과리, 인도의 시타르, 러시아의 발라라이카, 스위스의 알펜호른, 페루의 팬파이프 등

개구리 귀로

징

팅샤

장구

2) 재활용품 악기의 다양한 실제

재활용품은 유아의 일상생활에서 접할 수 있는 손쉽고 비용이 저렴한 교재교구의 재료로서 다양한 방면에서의 활용이 가능하다. 특히 재활용품을 활용하는 데 있어서는 쉽게 보관되는 제품이어야 하며, 생활주변에서 손쉽게 수집하거나 경제적으로 구할 수 있어야 한다. 또한, 위생성과 안전성을 갖추어야 하며 유아의 흥미를 고려하여 창의적인 음악활동에 도움이 되는 재료로 선택하여 활용하여야 한다. 음악교구를 위해 활용하는 재활용품의 경우 마분지 상자, 우유, 주스 상자, 뚜껑 있는 용기, 마가린 용기, 빈 깡통, 플라스틱 병, 작은 상자, 스티로폼 용기, 종이 등이 있다.

마이크

마라카스

심벌즈

피아노

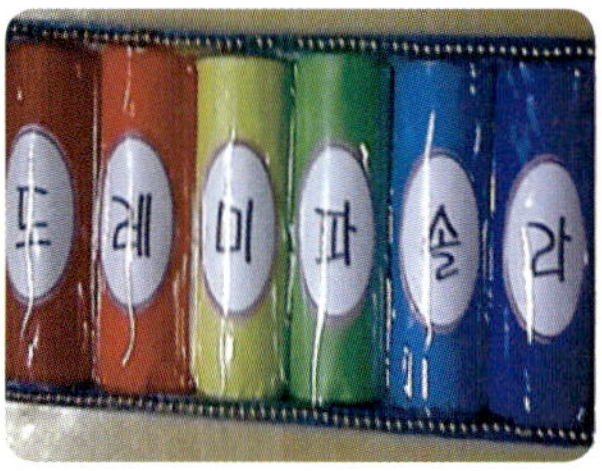

깡통 실로폰

음표 박스

3) 악기주법

악기 다루기의 목적은 음악의 기초 능력을 길러 주고, 즐겁게 노는 것이지만 악기연주법의 기본 방향은 지키도록 해야 한다. 유아가 좋아하는 악기를 중심으로 주법에 관해 알아보면 다음과 같다.

(1) 우드블록

- 채의 2/3쯤 되는 부분을 부드럽게 잡는다.
- 작은 북의 북채처럼 딱딱한 나무채로 치면 강한 소리가 나고, 철금의 채처럼 머리가 부드러운 채로 치면 부드러운 소리가 난다.
- 주로 기본박이나 규칙적인 리듬을 친다. 그리고 악센트를 나타낼 때 자주 쓰인다.

(2) 탬버린

- 조금 세게(*mf*)의 효과로 오른손 바닥으로 가죽면을 친다.
- 오른손 주먹을 가볍게 쥐고 가죽면을 치는 방법으로 세게(*f*)의 효과가 있다.
- 오른손 주먹을 가볍게 쥐고 테를 치는 방법으로 이때는 가죽의 음이 없어지고 둘레의 쇠붙이에서 나는 소리이다. 부드럽고, 소박·단순한 표현에 알맞다.
- 탬버린을 가슴 앞이나 머리 위에서 흔들어 긴 트릴(trill)의 효과를 낸다.

(3) 트라이앵글

- 밑변치기 : 옆면치기보다 대단히 배음이 많고 울림이 풍부하여 다소 낮은 듯한 음을 얻을 수 있다. 따라서 *mf*, *f* 등의 표현이나 변화한 느낌을 나타내는 데 적당하다. 여린 음을 낼

때는 모서리를 친다.

- 옆변치기 : 좌우 두 변이 있는데 뚫린 곳에 대응하는 곳이 가장 아름다운 울림을 가지며, *p*, *mp*의 표현이나 트라이앵글 본래의 신비적 표현 등도 이 부분이 가장 적당하다. 양변의 치는 폭이 클수록 큰 소리가 나고 작을수록 작은 소리가 난다.
- 트레몰로(tremolo) 연주 : 삼각형 모서리를 좌우로 왕복하여 치며 차차 아래로 내려감에 따라 음량도 많아진다. 점점 세게, 점점 여리게의 효과는 치는 막대의 느낌으로 조절할 수 있다.

(4) 실로폰

- 실로폰을 처음 다루는 유아에게 출발부터 가락을 치도록 하지 않고, 리듬악기와 같은 기분으로 리듬을 치거나 자유롭게 많이 익혀진 가락을 한 손으로 쳐보도록 함으로써 먼저 친해지도록 돕는다.
- 실로폰은 앉아서 연주하는 것보다 서서 연주해야 신체의 유연성이 생겨 자연스럽고 부드러운 몸가짐을 가질 수 있다. 몸은 악기와 15~20cm 거리를 두는 것이 적당하며, 음판의 높이는 허리까지 올려놓으면 좋다.

4. 음악 감상하기

음악 감상하기는 모든 음악활동 중 가장 먼저 일어나는 활동인 동시에 가장 기초적인 활동이다. 음악 감상하기는 유아가 다양한 경험과 느낌을 표현하는 능동적인 활동이기 때문에, 음악작품을 이해하고 미적인 내용을 즐기며 음미하는 체험으로 이루어져야 한다. 다양한 음악활동에서 가장 중요한 것은 감상이며, 음악을 듣는 것에서부터 모든 활동이 시작되기 때문에 지속적으로 감상이 이루어지도록 해야 한다.

유아에게 접근하는 음악은 충분히 재미있고 즐거운 소재로 선정하여, 간단한 동요부터 성악곡, 기악곡, 민속음악, 동화음악까지 다양한 음악으로 하여야 한다. 또한, 같은 음악이라 할지라도 특색 있는 악기로 변화된 연주곡을 비교해서 들려주어야 한다. 즉, 감상은 여러 가지 주법을 듣고 구별하기, 간단한 변주곡을 듣고 주제곡 알기, 묘사음을 듣고 연상해 보기, 셈여림의 변화를 느껴 보기, 곡을 듣고 율동해 보기, 서로 다른 느낌의 가락을 듣고 느껴 보기(밝은 느낌 ↔ 어두운 느낌, 씩씩한 느낌 ↔ 조용한 느낌, 거친 느낌 ↔ 부드러운 느낌, 급한 느낌 ↔ 여유 있는 느낌, 무거운 느낌 ↔ 가벼운 느낌, 화려한 느낌 ↔ 단순한 느낌 등), 간단한 가락(한 마디 정도)을 듣고 각 악절의 가락을 비교하여 형식(a-a′ 혹은 a-b) 말하기 등으로 이루어질 수 있다(주창길, 1996). 유아에게 다양한 형태와 양식의 음악을 들려주는 것은 음악적 능력의 발달과 음악에 대한 흥미 및 즐거움을 주므로 매우 유익하다.

1) 다양한 기법을 활용한 음악감상곡

구분	음악감상곡
여러 가지 주법 듣고 구별하기	• 타레가의 「알함브라 궁전의 추억」(기타-트레몰로 주법) • 림스키 코르사코프의 「황제 술탄의 이야기」 중 '호박벌의 비행'(바이올린 피치카토)
간단한 변주곡 듣고 주제곡 알기	• 모차르트의 「작은 별에 의한 변주곡」 : 프랑스의 민요 '아, 어머니께 말씀드리죠'를 12개의 변주로 풀어 낸 모차르트 변주곡
묘사음 듣고 연상해 보기	• 생상스의 「동물의 사육제」 중 '숲속의 뻐꾸기' • 무소르그스키의 「전람회의 그림」 중 '계란껍질이 붙인 병아리의 춤' • 앤더슨의 「타이프라이터」
셈여림 변화 느껴 보기	• 그리그의 「페르귄트」 작품 46 중 '마왕의 동굴에서' • 바그너의 「탄호이저 서곡」 중 '순례의 합창'
곡을 듣고 율동해 보기	• 차이코프스키의 「호두까기 인형」 중 '갈대피리의 춤'
서로 다른 느낌의 가락 듣고 느껴 보기	• 밝은 느낌 : 비발디의 「사계」 중 '봄' • 어두운 느낌 : 무소르그스키의 '민둥산의 하룻밤'
	• 씩씩한 느낌 : 요한 슈트라우스 1세의 「라테츠키 행진곡」 작품 228, 베르디의 「일 트로바토레」 중 '대장간의 합창', 차이코프스키의 「호두까기 인형」 중 '행진곡' • 조용한 느낌 : 엘가의 '사랑의 인사', 드뷔시의 '달빛'
	• 거친 느낌 : 요한 슈트라우스 2세의 「천둥과 번개 빠른 폴카」 작품 324, 무소르그스키의 「전람회의 그림」 중 '닭발 위의 오두막' • 부드러운 느낌 : 드뷔시의 '목신의 오후에의 전주곡', 쇼팽의 '빗방울 전주곡'

구분	음악감상곡
서로 다른 느낌의 가락을 듣고 느껴 보기	• 급한 느낌 : 그리그 「페르귄트」 작품 46 중 '마왕의 동굴에서', 림스키 코르사코프의 「황제 술탄의 이야기」 중 '호박벌의 비행' • 여유 있는 느낌 : 요한 슈트라우스 2세의 '아름답고 푸른 도나우강', 모차르트 피아노 협주곡 No. 21, 2악장
	• 무거운 느낌 : 무소르그스키의 '소마차' • 가벼운 느낌 : 쇼팽의 「에튀드」 중 '나비', 베토벤의 'G장조의 미뉴엣', 생상스의 '캥거루'
	• 화려한 느낌 : 차이코프스키의 「호두까기 인형」 op. 71a 중 '꽃의 왈츠', 리스트의 '라 캄파넬라' • 단순한 느낌 : 바흐의 '미뉴에트', 하이든 교향곡 101 '시계' 중 2악장

음악감상곡은 한 번 들려주고 끝나는 것이 아니라 여러 번 들려주는 것이 중요하다. 특히, 막연하게 들려주는 것만이 아니라, 들려줄 때마다 어떤 면에 특별히 주의를 기울여 들어야 하는지 지도해야 한다(Bresler, 2004; Piccioni, 2003). 김성균(1990)은 음악교육에 있어서 음악의 흥미나 본질적 동기가 감상으로 시작된다고 하면서, 음악 감상하기는 음악교육 전체의 추진력으로 보았다. 유아를 위한 음악 감상하기는 배경음악으로써 무의미하게 듣는 형태가 아니라 귀 기울여 듣고, 즐기고, 이해할 수 있는 경험으로 이루어져야 한다. 음악 감상하기는 유아가 음악감상 활동에 적극적으로 참여하도록 하여 음악의 아름다움을 느끼며, 음악은 신나고 즐거운 것이라는 경험을 할 수 있도록 기회를 제공해 주어야 한다.

2) 음악 감상하기의 중요성(김인실, 2001)

① 음악감상 활동은 유아에게 상상력과 관찰력, 호기심을 유발시켜 독창적인 표현을 할 수 있도록 도와주므로 창의성을 향상시킨다.

② 음악감상을 통한 음악적 경험은 자신의 감정을 표현하고, 타인의 감정도 인식하게 해 주므로 정서적 안정을 도와준다.

③ 유아의 음악적 경험은 음악을 감상하거나 노래 부르기를 통해 말과 소리의 형태를 인식하고 새로운 단어를 습득하게 되므로 언어발달을 돕는다.

④ 음악감상을 통한 음악적 경험은 문제를 해결하고 소리에 대한 이해를 발달시키며, 논리적이고 수학적인 개념을 형성해 주므로 지능을 발달시킨다.

⑤ 음악감상을 통한 음악적 표현활동은 음악을 듣고 따라 부르고 동작활동을 하므로 신체 협응과 조절능력을 발달시켜 신체발달을 돕는다.

⑥ 음악듣기, 감상하기, 악기 다루기, 신체표현하기 활동을 하며 타인과 타협하고 양보하는 경험을 통해 협동심을 기른다.

음악 감상하기는 모든 경험의 기본적인 활동이며 유아를 음악적으로 교육시키는 모든 노력의 핵심이 되기에 음악적인 측면뿐만 아니라 삶 전체에 있어서도 가치 있는 경험이다. 특히, 사회가 복잡해지고 첨단화될수록 올바른 인격과 건강한 정서함양이 강조되고 있는 요즘, 음악은 그 자체로 유아에게 만족감과 즐거움을 주고 자신을 마음껏 표현할 수 있도록 도와준다. 이러한 유아의 감상하기 능력은 연령에 따라 다르게 나타난다. 0~1세의 경우 소리에 대한 반응만을 나타낸다고 보기 때문에(Davis, 2010), 감상하기 능력은 2세 미만부터 2세, 3세, 4세, 5~6세로 총 5단계로 분류한다.

〈표 6-3〉 음악감상과 연관된 음악적 능력의 연령별 발달

연령	음악적 능력
2세 미만	• 주양육자의 소리에 안정되며 큰 소리나 높은 음정의 소리에 불안해한다. • 자주 들리던 음악에 안정감을 느낀다. • 소리 나는 곳을 향해 적극적으로 고개를 돌리고 몸을 기울인다. • 시계 소리나 음악 놀잇감과 같은 리듬적 소리를 즐긴다. • 사람의 목소리에 대한 선호가 뚜렷하다. • 적극적인 소리 탐색이 증가하나 주의집중 시간은 매우 짧다. • 새롭고 신기한 소리 듣기를 즐기며 소리를 구분하고 변별하기 시작한다.
2세	• 리듬이 분명한 음악을 좋아한다. • 조용히 앉아서 주의집중하여 음악을 들을 수 있다. • 가사가 있는 노래를 듣는 것을 좋아한다. • 박자감이 정확하지는 않지만 음악을 듣고 신체로 반응한다.

연령	음악적 능력
3세	• 생활주변에서 자연스럽게 접하게 되는 소리-동물의 울음소리, 일상생활에서 들리는 소리, 각종 기계음, 음성과 같이 비교적 짧은 듣기 경험을 즐긴다. • 똑똑, 딸랑딸랑, 쿵쿵 등 다양한 음악적 요소가 나타나는 소리에 관심을 보인다. • 반복되는 단어를 사용한 노래듣기를 즐기며, 특히 반복된 구절을 따라 하며 좋아한다.
4세	• 유아 자신이 좋아하는 음악과 좋아하는 멜로디를 반복해서 듣고 싶어 한다. • 다양한 종류의 음악에 대한 호기심이 왕성하고 흥미 지속 시간이 증가한다. • 소리를 눈으로 보고 귀로 듣는 능력이 생기기 시작한다. • 음악을 들을 때 비교적 오랫동안 집중할 수 있다.
5~6세	• 두 가지 이상의 소리가 동시에 들릴 때 구분해 낼 수 있다. • 청음능력이 현저히 발달한다. • 매우 간단한 멜로디를 듣고 음정의 흐름을 인식할 수 있다 • 다양한 종류의 음악을 듣고 그 느낌을 표현하기 시작한다.

출처 : Davis, 2010.

3) 음악 감상하기의 일반적인 지도방법

- 교사는 유아에게 들려줄 곡의 작곡자, 음악에 관련된 이야기, 음악의 분위기, 연주되는 악기 등을 충분히 이해하고 있어야 한다.
- 감상할 곡은 3~4분 정도가 적합하다.
- 감상할 곡은 친숙한 것부터 생소한 것으로, 단순한 것부터 복잡한 것으로 선택하고 다양한 장르의 질 좋은 음악을 제공한다.
- 음색이나 빠르기, 분위기 등 음악적 요소와 관련지어 서로 비교할 수 있는 음악을 그림 자료, 동영상 등 교수자료와 함께 제공하여 작품에 대한 이해를 돕도록 한다.
- 음악감상 후 많이 표현하도록 지도한다. 표현방법으로는 신체적 표현, 그림으로 표현, 언어적 표현, 극적 표현, 기억의 표현, 동작으로 표현 등이 있다.

음악감상의 선곡은 다양한 음악적 소재의 곡을 선정한다. 『아기돼지 삼형제』처럼 이야기가 있는 곡을 들려줄 수도 있고, 교육과정 주제와 관련된 성악곡을 들려주거나, 유아가 쉽게 감상할 수 있는 표제음악(programmed music)이나 절대음악(absolute music) 등 고전 음악과 우리나라의 민요나 사물놀이 음악을 들려주는 것도 좋다. 또한, 동요나 만화영화 음악과 같이 흥미 있어 하는 음악이나 유아 자신이나 친구, 가족이 연주한 음악도 감상 제재곡이 될 수 있다. 유아가 상상할 수 없는 막연한 곡이 아닌, 자연스럽게 상상할 수 있도록 유아의 연령에 충분히 흥미를 느낄 수 있는 곡이어야 한다.

〈표 6-4〉 유아에게 적합한 음악감상곡

활동 감상곡		작곡가	감상시간
1	작은 별 변주곡	모차르트	1분 48초
2	강아지 왈츠	쇼팽	1분 48초
3	휘파람 부는 사람과 개	아서 프라이어	2분 31초
4	「놀람」 교향곡	하이든	4분 10초
5	사랑의 인사	엘가	3분 14초
6	빗방울 전주곡	쇼팽	5분 36초
7	크시코스의 우편마차	네케	2분 20초
8	싱코페이티드 클락	리로이 앤더슨	2분 46초
9	「백조의 호수」 '정경'	차이코프스키	3분 4초
10	유모레스크	드보르작	3분 30초
11	가보트	고섹	2분 14초
12	월광 소나타	베토벤	4분
13	호두까기 인형[1]	차이코프스키	2분 29초
14	스케이팅 왈츠	발트 토이펠	3분 16초
15	「사계」 중 '겨울' 2악장	비발디	2분 32초
16	「동물 사육제」[2] 중 '사자왕의 행진'	생상스	1분 49초

*1) 차이코프스키의 「호두까기 인형」은 행진곡, 사탕요정의 춤, 러시아의 춤, 아라비아의 춤, 중국 피리의 춤, 풀피리의 춤, 꽃의 왈츠로 구성되어 있다.

*2) 생상스의 「동물 사육제」는 서주와 사자왕의 행진곡, 수탉과 암탉, 야생 당나귀, 거북, 코끼리, 수족관, 귀가 긴 등장인물, 숲 속의 뻐꾹새, 커다란 새장, 피아니스트, 화석, 백조, 종곡으로 구성되어 있다.

4) 음악감상 시 활동자료 예시

(1) 프로코피예프의 『피터와 늑대』 음악동화

- 음악동화는 동화의 내용을 말로 듣거나 그림을 보고 아는 것이 아니라 음악을 듣고 알 수 있는 동화이다. 즉, 등장인물이 하는 말이나 동작을 악기로 사용하여 표현한다.

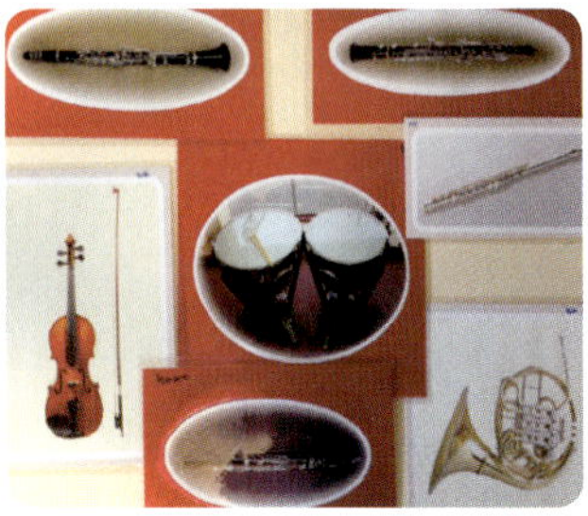

(2) 무소르그스키의 「전람회의 그림」 중 '계란껍질을 붙인 병아리의 춤'

- 음악의 흐름에 따라 좌우로 달걀을 흔들다가 높은 음이 등장할 때, 달걀껍질을 위로 올려 병아리의 모습을 드러낸다(일정 박을 느끼며 감상하기, 리듬에 반응하기).

(3) 생상스의 「동물 사육제」 중 '거북이'

- 유아에게 거북이를 하나씩 나누어 주고 느리게 흐르는 음악에 따라 표현해 보기
- 유아가 거북이 등껍질을 등에 메고 음악의 흐름에 따라 방향을 바꾸며 천천히 움직여 보기

(4) 차이코프스키의「백조의 호수」중 '정경'

- 유아에게 백조의 호수에 대한 음악 스토리를 들려준 후, 유아가 먼저 음악감상할 수 있도록 음악의 흐름에 따라 제시한 그림 자료를 가지고 교사가 먼저 활동하여 음악을 감상하게 한다.

Bresler(2004)와 Piccioni(2003)는 유아의 음악감상에 대한 학습의 형태를 3단계로 구분하였다.

첫째, 음악감상 경험이 적은 유아는 먼저 음악을 듣는 것이 즐거워야 한다. 음악에 대한 흥미를 인식하기 전의 유아는 음악을 통해 상상의 세계를 떠올릴 수 있도록 해야 한다. 또한, 일상생활 가운데 구체적인 흥미나 놀이, 음악에 대한 흥미를 음악감상 경험과 통합되도록 해야 한다. 따라서 유아에게 흥미로운 음악감상 환경을 제공하기 위해서는 이야기 속의 인물이나 내용을 상상할 수 있는 음악을 들려주고, 경쾌한 리듬과 아름다운 소리를 사용한 음악을 들려주어야 한다.

둘째, 음악 구성에 대한 기본적인 이해를 하는 단계이다. 이 단계는 음악감상에서 가장 강조되는 단계로 음악의 기본 요소인 리듬, 선율, 화성, 음색과 음악형식 및 양식을 포함한 전반적인 이해를 하는 단계로 음악의 기본 요소가 포함된 악곡을 선정하는 것이 필요하다.

셋째, 음악적 이해능력을 체득한 단계로서 악곡에 대한 종합적 분석이 가능하며 악곡의 양식, 음악적 특성과의 통합적 이해와 감상이 형성된다. 음악적 능력을 습득하는 이 단계에서 교사는 음악적 감성을 풍부하게 해 줄 수 있는 지식 제공과 곡을 선택하는 이유, 감상을 위한 충분한 기회를 설정해 주는 역할이 필요하다.

5. 신체표현하기

유아는 능동적으로 음악활동과 함께 빠르기, 셈여림, 고저 등의 음악적 개념을 신체로 표현하면서 음악적 개념을 체득한다(Stabley, 2001). 신체표현과 음악의 관계에 대해 학자들은 공통적으로 음악과 신체표현은 함께 이루어져야 한다고 강조하고 있다. Orff는 음악의 요소가 음악만으로 되어 있지 않고 동작, 춤, 말하기와 함께 이루어지는 단일체의 형태라고 보았고, Kodály와 Dalcroze도 몸의 움직임을 음악에 대한 학습과 창작의 통합적 부분이라고 말하면서 중요성을 더했다. 따라서 유아에게 신체표현은 음악적 접촉과 의사소통을 확립시킬 수 있는 방법이며 또 하나의 즐거움이자, 음악의 구성을 탐색할 수 있도록 한다는 것을 의미한다.

의식적·무의식적 신체표현은 유아가 말로 표현할 수 없는 것을 몸짓과 동작을 통해서 보여 주는 무언의 표현인 동시에 학습의 도구로 사용할 수 있다. 예를 들어, 빨리 달리고 싶고, 무언가를 들어올리고 싶고, 높은 곳에 올라가고 싶고, 아래로 미끄러져 내려가고 싶은 유아의 욕구에 음악의 요소인 빠르게, 느리게, 점점 크게, 점점 작게, 가볍게, 무겁게 등을 추가함으로써 유아의 경험세계는 더욱 확대되고, 여러 가지 음악 개념을 획득하는 데 도움이 될 수 있다. 신체를 활용하여 음악을 경험한 유아는 가만히 앉아서 음악을 경험한 유아보다 음악적이고(Neely, 2001), 그들의 신체를 더욱 잘 통제할 수 있다. 2세에 가까워지면서 구르기, 흔들기, 손뼉치기 등으로 음악에 반응하며, 서 있는 자세에서 음악을 들으면서 신체의 각 부분을 따로따로 움직일 수 있고, 리듬에 맞추어 몸동작을 시도하기도 한다. 하지만 박자와 일치하지는 않는다. 2년~2년 6개월 정도가 되면 운동기능이 좀 더 발달해서 무릎 굽히기, 팔 흔들기 등의 동작으로 음악에 대해 신체적 반응을 더욱 보이게 한다. 리듬과 반복을 좋아하며 소리와 형체를 자주 반복하게 되고 간단한 손유희를 배울 수 있다(이상미, 2007). 연령에 따른 신체활동을 진행할 수 있는 유형은 다음과 같다.

〈표 6-5〉 기본 신체활동 유형

비이동 운동	이동 운동	조작 운동
구부리기, 뻗기, 꼬기, 앉기, 서기, 회전하기, 흔들거리기, 균형잡기, 거꾸로 서기, 구르기, 착지하기, 멈추기, 피하기	걷기, 달리기, 뛰어넘기, 앙감질, 스키핑(skipping), 미끄러지기, 건너뛰기, 오르기, 말뛰기	던지기, 받기, 차기, 공 튀기기, 공 구르기, 공 되차기

출처 : Gallahue, 1993.

유아를 대상으로 하는 신체표현은 음악적 요소를 통한 여러 가지 활동과 운동요소를 통해서 유아의 성장에 중요한 역할을 한다. 음악적 요소가 가미된 신체표현활동의 중요성은 다음과 같다(김인실, 1999).

첫째, 창의력을 길러 준다. 음악적 경험은 유아로 하여금 새로운 동작을 유발시키고 탐구심과 실험정신, 상상력 등을 창의적으로 표현하도록 도와준다.

둘째, 정서적 반응을 촉진한다. 음악적 경험은 유아로 하여금 자신의 느낌을 표현하게 함으로써 다른 사람의 느낌을 인식하게 해 준다.

셋째, 언어발달을 돕는다. 유아의 음악적인 개념을 통해 새로운 언어를 인식하게 하고 노래를 부르며 듣게 함으로써 단어와 소리의 형태를 배울 수 있다.

넷째, 지능발달을 돕는다. 음악적 경험은 유아로 하여금 사고할 수 있고, 문제를 해결할 수 있는 능력과 소리에 대한 이해를 발달시키며, 논리적이고 수학적인 개념을 체계화할 수 있게 해 준다.

다섯째, 신체발달을 돕는다. 노래를 따라 하며 동작을 하거나 악기를 다루면서 신체 각 부위의 협응력과 신체조절 능력 등을 발달시킨다.

여섯째, 협동심을 기른다. 노래 부르기, 신체표현, 악기 다루기 등을 통하여 타인과 협조하고 함께하는 경험을 갖게 함으로써 타인에 대한 배려와 협동심을 기르게 할 수 있다.

1) 신체표현하기 교육활동

- 노래가사나 소리를 표현 : 행동으로 표현할 수 있는 노래 가사나 소리를 교사가 제공하여 유아가 따라서 한다.
- 음악적 용어를 표현 : 레가토, 스타카토, 포르테, 마르카토, 스포르찬도 등 음악적 용어를 그림으로 보여 주고 따라 해 본다.
- 노래 내용에 따른 표현 : 생상스의 「동물 사육제」 등을 들려준 후 그 내용에 있는 사자 등을 묘사하며 흉내 내어 본다.
- 율동－음악의 창조 : 유아에게 그림이나 사진을 보여 준 후 내용을 표현하도록 한다. 또는 유아에게 악기를 주어 연주와 동작을 함께 표현해 보도록 한다.

- 각 개인의 율동을 종합한 활동 : 유아를 4~8명 그룹으로 나누어 각 그룹이 한 가지씩 동작을 개발하도록 한다. 각 그룹의 동작을 모두 합하여 하나의 종합된 표현으로 만들어 본다.

(1) 음의 빠르기를 나타내는 신체표현하기

- 커다란 원을 만들어서 말이 뛰는 것처럼 뛴다. 말이 '높이－낮게' 뛰는 모습을 흉내 낸다. 음악에 맞추어서 '빠르게－천천히'를 따라 한다.
- 두 유아가 줄의 양끝을 잡고 선다. 한 유아는 줄의 가운데에 선다. 두 유아가 줄을 돌리는 속도에 맞춰 가운데 선 유아는 뛴다.
- 스케이트를 타는 움직임은 느린 속도를 표현하는 데 적합하다. 교사는 6/8박자의 리듬을 반주한다. 한 집단은 스케이트를 타고 다른 집단은 스케이트를 타는 집단을 위해 연주를 한다. 한 유아가 지휘를 한다.
- 유아가 무릎을 마주 대고 원으로 앉는다. 그들은 번호를 부른다. 유아는 자신의 번호만큼 손뼉을 친다. 교사나 혹은 한 유아가 원의 중앙에 앉아서 드럼을 친다. 다양한 빠르기로 드럼을 친다.
- 유아는 키보드 또는 여러 가지 악기로 연주되는 빠르기에 따라 무릎을 높이 들면서 제자리에서 뛴다. '뛰어'라는 지시에 따라 유아는 재빨리 뛰다가 '그만'이라는 지시가 들리면 제자리에 멈춘다.
- 유아가 손을 잡고 원을 만들어 피아노의 변화되는 연주속도에 따라 움직인다. 속도가 점점 빨라지면 점점 조그맣게 원을 만든다. 속도가 점점 느려지면 점점 원을 크게 만든다.
- 교사가 드럼으로 4박자를 친다(♩ ♩ ♩ ♩). 유아는 손뼉을 치거나 걷는 것으로 4박자를 따라 한다. 정확한 리듬으로 표현이 완성되면, 교사는 속도를 변화시킨다.

(2) 음의 강약을 나타내는 신체표현하기

- 유아는 눈을 감고 피아노 가까이에 앉는다. 교사가 올라가는 음을 연주함에 따라 유아는 천천히 팔을 들어 올린다. 교사가 갑자기 한 박을 세게 하면 유아는 재빨리 그들의 손을 바닥으로 내린다.

- 유아는 계속적인 동작으로 강하게 즉흥적으로 움직인다. 이 움직임은 '느리게—점점 세게'를 표현한다.
- A, B 두 유아가 교실의 반대편에 각각 서 있다. A가 커다란 심벌즈를 울리면, B는 두 개의 손가락 심벌즈를 친다. A가 박자에 맞춰 치면 B는 그 박자를 정확히 따라 한다.
- 유아는 '꽃'으로 가정하여 꽃이 피고 지는 모습을 표현한다. 바닥에 앉거나 무릎을 구부려서 앉거나 서서 동작하고, 교사의 반주에 따라 표현한다.
- 유아를 두 집단으로 나누어서 난쟁이와 거인을 표현한다. 난쟁이는 작은 보폭으로 뛰고 거인은 큰 걸음으로 무릎을 높이 올리며 뛴다. 난쟁이 동작을 위한 반주는 8분음표로 여리게 하고, 거인 동작을 위한 반주는 2분음표로 세게 한다.
- 유아는 회오리바람이 되어 교실 안을 활기차게 돈다.
- 유아는 발을 모으고, 팔을 아래로 쭉 뻗은 채 앞을 보고 선다. '하나', '둘', '셋'까지 무릎을 똑바로 펴고 있다가 '넷'의 구령에 맞추어 다리를 옆으로 쭉 벌리고 팔은 그들의 발을 치면서 공중으로 높이 뛰어오른다. 점점 세게 또는 여리게, 갑자기 세게 또는 여리게 동작을 하게 한다. 세게 표현할 때는 동작을 크고 힘차게 하며, 여리게 표현할 때는 동작을 작고 귀엽게 한다.

(3) 음표의 길이를 나타내는 신체표현하기

- 유아는 거인 걸음으로 걷는다. 2분음표 리듬에 맞추어 무릎을 높이 올리고 발걸음을 앞으로 쭉 뻗어 크게 한다. 4분음표 길이에 맞추어 앞으로 4걸음 걸어가거나 8분음표에 맞추어 8걸음 뛰어간다.
- 유아는 다리를 모으고 앉는다. 교사가 4분음을 연주하면 유아는 무릎을 두드리고, 8분음을 연주하면 머리를 두드린다. 2분음을 연주하면 자신의 등을 두드리거고, 온음을 연주하면 바닥을 두드린다.

6. 음악극

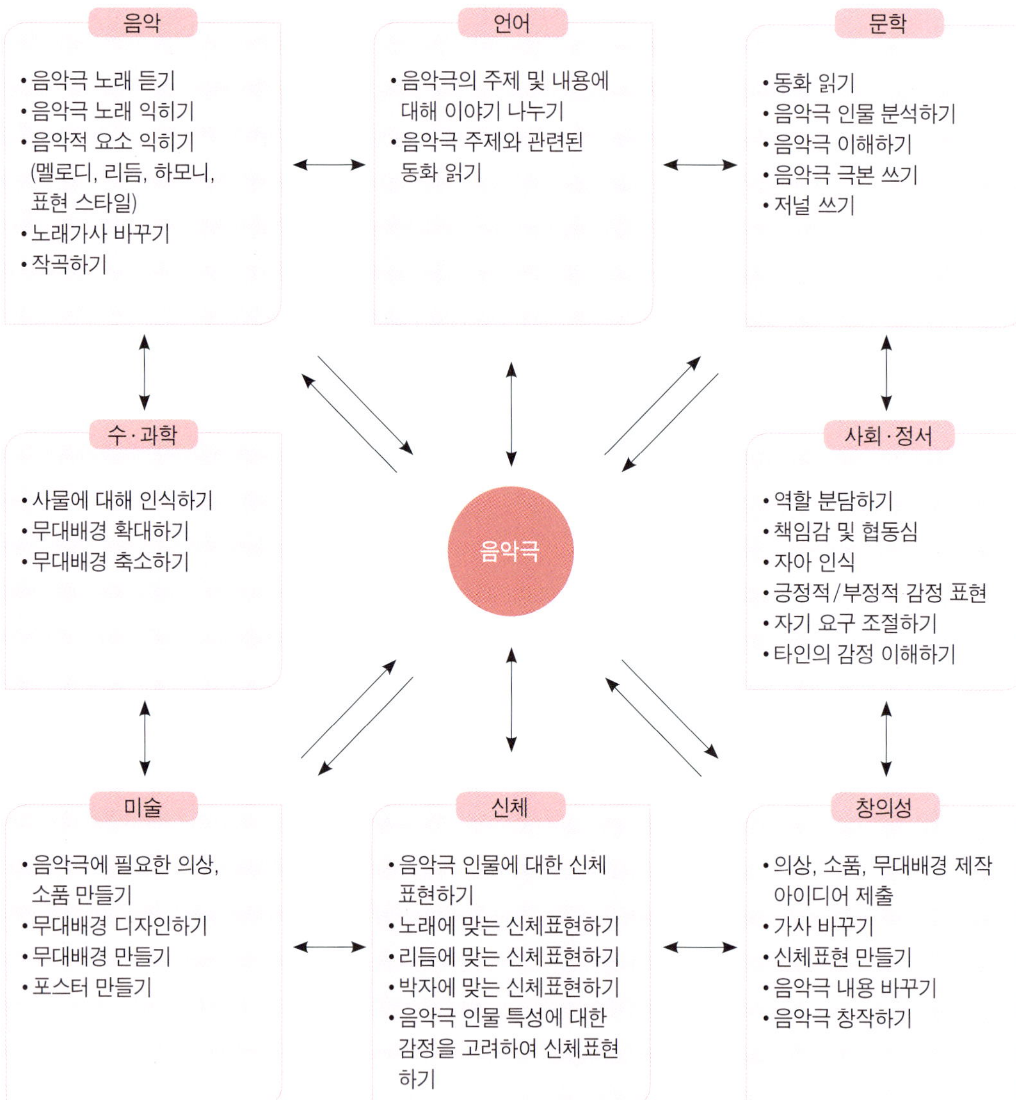

출처 : 한송이, 2016.

[그림 6-1] 음악극과 통합연계 활동안의 예

음악극은 유아에게 다양한 삶의 경험을 통해서 자신의 세계를 인식하고 또 다른 사람을 이해하면서 사물과 세계에 대해 인식을 넓힐 수 있는 총체적이고 통합적인 교육활동이며, 동시에 질 높은 인간교육으로서의 의미를 갖는다. 유아는 음악극을 통해서 자신들의 삶에 대한 이야기를 읽고, 쓰고, 노래하고, 춤추고, 웃으면서 그들의 삶과 결부된 경험을 자연스럽게 체험하게 된다(Freire & Macedo, 1987).

음악극은 이야기, 음악, 동작의 요소가 결합되어 구성되어 있어 통합성을 갖는다. 따라서 음악극은 유아 개인의 경험과 밀접하게 구성되었을 때 활동 자체의 흥미와 열정이 내면화될 뿐만 아니라 학습의 질을 높일 수 있다(Upitis, 1990). 또한, 음악극은 유아에게 자신이 경험한 세계와 연관이 있는 방법으로 표현되었을 때 더욱 확장된다(Wingall, 1988). 따라서 음악극의 내용을 선정할 때는 유아가 흥미, 발달수준을 고려하여 이전의 경험과 관계가 있는 내용으로 선정해야 한다(Hower, 1999). 이를 고려하여 음악극을 선정하면 유아는 활동 그 자체에 대한 흥미와 열성을 갖게 되어 학습의 질을 높일 수 있다. 또한, 음악극에서 음악적 능력과 신체표현은 서로 관련되어 발달하기 때문에, 음악극에서 신체표현은 내용을 전달하는 데 필수적인 요소이다. 따라서 음악극은 유아에게 문식성을 통한 의사소통의 방법과 신체발달을 자연스럽게 도모할 수 있다.

음악극 활동 계획하기

활 동 명 집 나가자 꿀꿀꿀

활동목표 1. 동화를 통해 노랫말을 만들어 부를 수 있다.
2. 악기 소리를 변별할 수 있다.
3. 자신의 생각과 느낌을 자유롭게 신체표현한다.

※ 아래의 각 단계별 활동은 약 3~40분씩 소요된다.

동화 듣기 및 노랫말 만들기

- 유아에게 익숙한 동화로 선정한다.
- 『집 나가자 꿀꿀꿀(야규 마치코 글·그림)』 동화를 들려준다.

- 동화를 들려주고, 이야기를 회상해 보면서 노랫말을 만든다.
  - 돼지들은 왜 집을 나가려 했을까?
  - 어떤 이야기가 재미있었니?(유아의 다양한 반응을 대사 중심으로 기록한다.)
  - 집 나가자를 노랫말로 만들어 볼까?
- 이야기 내용을 노랫말로 만들고, 듣고 따라 불러 본다.
  - 노랫말을 만들어서 다른 노래에 맞춰 불러 볼 수 있을까?
  - 랄랄라 랄랄라 집 나가자 ~ 랄랄라 랄랄라 편한 집으로 ~ ♪♩
- 극에 어울리는 악기 소리를 빠르기, 높낮이, 셈여림을 다르게 하면서 탐색해 본다.
  - '집 나가자'를 빠르게(느리게) 불러 보면 어떨까?
  - '꿀꿀꿀'을 크게(작게) 불러 보면 어떨까?
  - 노랫말 대신에 악기로만 표현하면 어떨까?
  - 어떤 부분을 악기로만 표현해 볼까?
- 악기로 연주할 부분을 선율악기로 표현해 본다.
- 동화에 나오는 말 중 재미있는 말 중심으로 신체표현해 본다.
  - 집 나가자는 어떻게 표현하면 좋을까?
  - 아기가 되고 싶다고 물어 보는 장면은 어떻게 표현하면 좋을까?

역할 정하기 및 소품 만들기

- 소집단별로 배역을 정해 음악극을 위한 준비를 한다.
- 자신에게 맞는 역할을 분담한다.
- 등장인물의 특징을 잘 나타낼 수 있는 여러 가지 재료를 이용하여 소품을 만들어 본다.
  - 돼지 1과 돼지 2는 어떻게 만들어야 구분이 될까?
  - 악어는 어떻게 입으면 좋을까? 어떻게 생겼을까?
  - 악어네 집은 어떻게 만들면 좋을까?
- 준비과정에 즐겁게 참여한다.
- 자신의 역할을 알고 극에 알맞게 표현하며 참여한다.

공연하기 및 평가

- 소집단별로 음악극을 발표한다.
- 음악극을 해 본 느낌을 이야기하며 평가한다.

음악극 활동 대본의 예시 : 집 나가자 꿀꿀꿀

돼지네 집 안
(배경 음악)
돼지들 : (모두 큰 수건의 모서리를 잡아당기며) 내 수건이야. 내 거라고. 내놔!
엄　마 : 애들아, 다 같이 쓰면 되잖니.
돼지들 : (잡아당기며) 내 수건이라고요. 내 거야.
엄　마 : 너희들, 이렇게 말을 안 들으면 우리 집 아이가 아니야. 당장 나가!
돼지 1 : 엄마가 우리 집 아이 아니래.
돼지 2 : (가방에 짐을 챙기며) 칫! 좋아. 다른 집을 찾아보자!
돼지 3 : 그래 그래.
(돼지들 모두 퇴장)

토끼네 집 앞
돼지들 : (입장하며) ♬ 랄랄라 랄랄라 집 나가자~ 랄랄라 랄랄라 편한 집으로~ ♪♩
돼지 1 : (손가락으로 토끼 집을 가리키며) 엇! 저기 토끼네 집이다. 저기로 가 보자!
돼지들 : (인사를 하며) 안녕하세요? 우리가 이 집 아이가 돼도 될까요?
토　끼 : 좋지. (당근을 내밀며) 그런데 우린 매일 당근을 먹는데 괜찮겠니?
돼지 1 : (고개를 돼지 2쪽으로 돌리며) 당근?
돼지 2 : (고개를 돼지 3쪽으로 돌리며) 당근?
돼지 3 : 당근? 그건 안 되겠다. 그냥 가자!
(돼지들 모두 퇴장)

악어네 집 앞
돼지들 : (입장하며) ♬ 랄랄라 랄랄라 집 나가자~ 랄랄라 랄랄라 편한 집으로~ ♪♩
돼지 2 : 저기는 악어네 집이네~ 저기로 가보자!
돼지들 : (인사를 하며) 안녕하세요? 우리가 이 집 아이가 돼도 될까요?
악　어 : 좋지. 그런데 난 어린 아기가 좋아.
(우유병을 내밀며) 우유병으로 유우를 먹고 낮잠도 자야 해.
돼지 2 : 네? 우리는 아기가 아닌데!
돼지 3 : 그건 안 되겠다.
돼지 1 : 다른 집으로 가자!
(돼지들 모두 퇴장)

까마귀네 집 앞
돼지들 : (입장하며) ♬ 랄랄라 랄랄라 집 나가자~ 랄랄라 랄랄라 편한 집으로~ ♪♩
돼지 3 : 이번에는 까마귀네 집으로 가 보자!
돼지들 : (인사를 하며) 안녕하세요? 우리가 이 집 아이가 돼도 될까요?

까마귀 : (비질을 하며) 좋지. 그런데 우리 아기 기저귀도 갈고 청소도 하고 빨래도 해 줄 수 있어야 해.
돼지 3 : 네? 그건 너무 힘들겠다.
돼지 1 : 안 되겠다.
돼지 2 : 여기도 아닌가 봐.
(돼지들 모두 퇴장)

들판
돼지들 : (입장하며) ♬ 랄랄라 랄랄라 집 나가자~ 랄랄라 랄랄라 편한 집으로~ ♪♩
돼지 1 : 애들아! 우리 여기에 편한 집을 만들자! (수건으로 집을 만든다.)
돼지 2 : 그래! 집을 만들자!
돼지 3 : 좋아, 좋아.
돼지들 : (손을 잡고 빙글빙글 돌며) 와! 신난다. 재미있다.
돼지 1 : 그런데, 배고프다.
돼지 2 : 엄마 보고 싶어. 엄마, 엄마.
돼지 3 : 집에 가고 싶다.
엄 마 : 얘들아, 밥 먹자!
돼지 1 : 어, 엄마 목소리가 들린다.
돼지 2 : 엄마가 우리를 부르고 있나 봐!
돼지 3 : 어서 가 보자!
엄 마 : 애들아, 어서 들어오렴. 저녁 먹자!
돼지들 : 역시 우리 집이 최고야!

다같이 : 랄랄라 랄랄라 집 나가자~ 랄랄라 랄랄라 토끼 집은 어떨까? / 안 돼요~
랄랄라 랄랄라 집 나가자~ 랄랄라 랄랄라 악어 집은 어떨까? / 안 돼요~
랄랄라 랄랄라 집 나가자~ 랄랄라 랄랄라 까마귀 집은 어떨까? / 안 돼요~
랄랄라 랄랄라 집 나가자~ 랄랄라 랄랄라 편한 집은 어디일까? / 바로 우리 집

CHAPTER 7

통합적 유아음악교육 방법

통합적 유아음악교육 방법이란 유아가 습득해야 할 여러 음악적 개념과 활동을 하나로 통합하여 전체적인 발달과 전인적 인간을 기르기 위한 궁극적 목적을 달성하는 것으로 2000년대 이후로는 음악교육에서의 통합 개념이 급증하였다(전혜미, 2012). 이때 통합의 의미를 세 가지로 나누어 보면 첫째, 생활주제와 유아의 경험과 음악활동의 통합으로 볼 수 있다. 둘째, 음악교육활동 유형 간의 통합적 활동이다. 셋째, 음악과 다른 영역 간의 통합이다(장민희, 2015). 이와 함께 시대적 요구에 따라 유아의 다문화 시대의 역량을 증진시키기 위하여 다문화적 접근에 기초한 음악교육이 새롭게 이루어지고 있다.

이 장에서는 음악영역 내에서의 통합, 음악과 예술영역과의 통합, 다중 지능 영역의 통합, 다문화 접근에 기초한 교수방법을 구체적으로 알아보고자 한다.

1. 음악영역 내에서의 통합

유아의 전인발달을 위한 발달에 적합한 통합적 접근방법이 포괄적으로 연구되어 왔으며 음악영역 내에서의 통합은 음악적 개념과 원리의 이해를 위해 중요한 의미를 지닌다고 할 수 있다. 유아를 대상으로 음악적 언어인 소리를 기초로 음악적 개념을 중심으로 하여 노래 부르기와 노랫말 바꾸기, 악기 연주하기 등을 통해 이루어질 수 있다. 이러한 활동은 음악영역 내에서의 통합을 이룰 수 있는 가장 중심 유아음악교육 프로그램으로 가창과 음악 만들기, 가창과 기악, 가창과 손동작 및 율동의 통합으로 구성할 수 있다(김선희, 2016). 음악적 구조의 기본 개념을 갖게 하고 음악활동에 필요한 기술을 익히기 위해서 유아는 음악을 듣고, 음악에 맞추어 몸을 움직여 보며, 악기를 다루면서 음악을 창조할 수 있어야 한다. 즉, 음악을 듣고 움직이는 것이 합쳐져서 노래 부르기와 악기 다루기로 연결되며, 이상의 네 가지가 합쳐져서 음악적 창의력이 생겨난다. 이 다섯 가지는 독자적으로 행해질 수 없으며 모두 상호 관계가 있다. 유아를 위한 음색, 리듬, 선율, 셈여림, 빠르기, 음높이, 화음, 프레이즈, 악센트, 형식 등의 음악적 개념 또한 유아음악활동 유형에 따라 나누어 통합적 음악활동을 진행함으로써 음악적 요소 간의 통합도 이룰 수 있다.

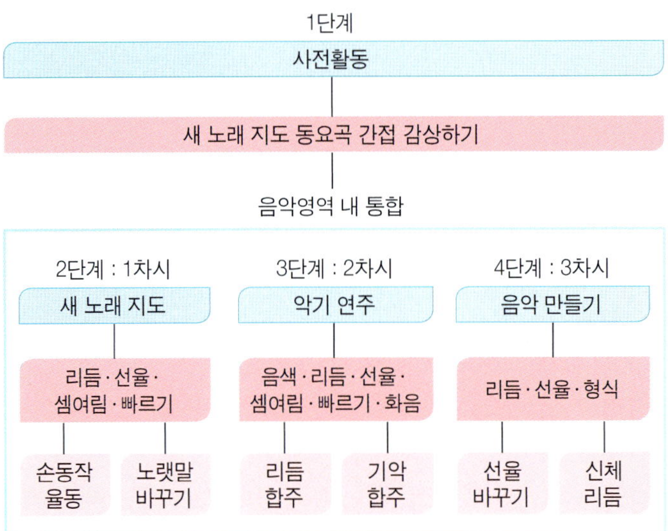

출처 : 김성신, 2016.

[그림 7-1] 음악영역 내에서의 통합 활동 예시

음악영역 내에서의 통합 활동의 계획안 예시 : '아름다운 지구인' 악기 연주

생활주제 세계 여러 나라

활동목표 1. '아름다운 지구인'의 노래를 즐겁게 부른다.
2. '아름다운 지구인'의 노래에 맞춰 다양한 악기를 연주한다.
3. 다양한 악기의 음색에 대해 안다.

활동자료 새 노래 지도 악보, 노랫말 판, 탬버린, 소고, 트라이앵글, 캐스터네츠 등

활동방법

〈도입〉

- '아름다운 지구인' 노래를 부른다.
  - '아름다운 지구인' 노래를 부르며 모인다.

〈전개〉

- 다양한 악기를 소개한다.
  - 이렇게 생긴 악기를 본 적 있니?
  - 어떤 소리가 날 것 같니?
- 악기를 탐색한다.
  - 누가 나와서 만져 보고 소리를 내어 볼까?
  - 높은 소리가 날까? 낮은 소리가 날까?
- 악기를 가지고 '아름다운 지구인' 노래에 맞추어 연주해 본다.
  - 어느 부분에서 탬버린을 치면 좋겠니?
  - 길게 치는 것이 좋겠니? 짧게 흔드는 것이 좋겠니?
  - 한 악기씩 해 보고 다 같이 연주해 보자.
  - 이번에는 다 같이 연주해 보자.

〈마무리〉

- 활동에 대한 생각과 느낌을 이야기 나눈다.
  - 악기마다 소리가 어떻게 다르니? 어떤 느낌이 드니?
  - 어떤 점이 재미있었니?
  - 오늘 활동을 통해 알게 된 점이 있니?

음악적 요소 내에서의 통합 활동자료

① 음고 : 선율, 가락, 음높이

- 신체 부위에 따라 도, 레, 미, 파, 솔로 연결한다.
- 음의 높낮이를 경험한다.

② 선율 : 멜로디, 리듬, 화성

- 피아노 건반에서 손가락 연습하기
- 오선 및 줄(선)과 칸의 개념을 경험한다.

③ 셈여림 : 세게, 여리게, 크게, 작게

- 신체 부위에 따라 소리의 크기를 점점 변화시킨다.

2. 음악과 예술영역과의 통합

음악과 예술영역과의 통합은 음악적 개념과 원리의 이해를 위해 중요한 의미를 지닌다. 누리과정에서도 음악은 예술경험 내에 포함되어 있으며 예술경험 내에는 음악, 미술, 신체표현으로 나뉠 수 있다. 예술경험영역 안에서의 통합은 노래 부르기와 악기 연주하기, 음악 감상하기와 신체표현하기, 음악 감상하기와 미술활동하기, 음악 만들기와 노래 및 악기 연주 등의 통합적 활동과 그림 악보, 동극 등 다양한 수단을 함께 활용하여 예술적 표현과 함께 전인적 발달을 목표로 한다(박송자, 2012). 이러한 음악과 예술영역과의 통합은 유아의 신체, 인지, 사회, 정서발달을 통합시키며 음악능력의 발달에 도움이 된다(신주현, 2003). 음악중심의 예술교육은 음악에서의 리듬감을 시각적으로 표현할 수 있고, 시각적으로 표현한 리듬이나 색채의 감성을 음악으로 표현할 수 있다.

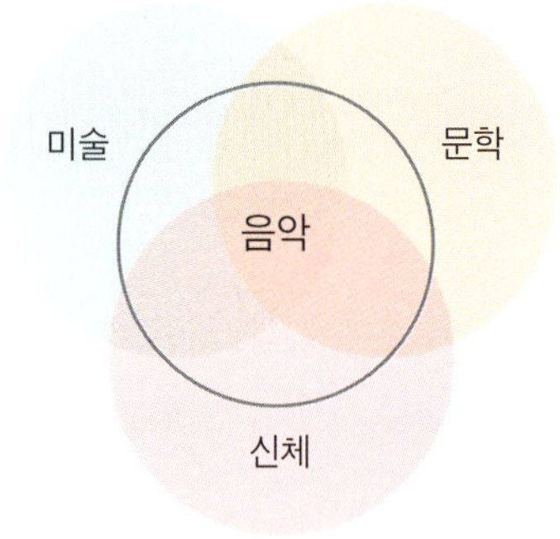

[그림 7-2] 음악과 예술영역과의 통합

음악을 중심으로 하나의 주제에 대해 언어적, 신체적, 시각적인 연계와 미적 체험을 경험하는 음악과 예술영역과의 통합은 표현방법만 다를 뿐 예술의 완성 과정에서 경험하는 심미성은 같다. 청각과 시각 예술인 음악은 개인의 심상과 생각을 소리로 표현할 수 있고, 시간과 공간 예술인 신체활동 역시 개인의 느낌과 생각을 움직임으로 표현 가능하다.

음악과 예술영역과의 통합은 자연과 주변 환경에 대해 발견한 아름다움과 예술적 요소에 관심을 갖고 자신의 생각과 느낌을 음악이나 미술, 신체활동 등으로 자유롭게 표현하는 것이다. 이를 통해 자연과 다양한 예술작품을 감상하여 풍부한 감성과 심미적 태도를 기르는 것이 목표라 할 수 있다. 이에 대한 음악, 신체, 미술의 활동 계획안 예시는 다음과 같다.

음악과 예술영역과의 통합 활동 계획안 예시 : 앤더슨의 '나팔수의 휴일'

생활주제 즐거운 운동과 휴식

활동목표 1. 앤더슨의 '나팔수의 휴일'을 음악감상하면서 창의적으로 느낌을 표현할 수 있다.
2. 휴식에 대해 관심을 갖고 탐구하는 태도를 기를 수 있다.
3. 주제활동과 연계한 다양한 예술경험으로 사고력, 감성을 증진할 수 있다.

활동방법

〈음악활동〉

- '나팔수의 휴일' 음악을 감상한다.
- 신체의 부분을 움직여 리듬과 박자를 느껴 본다(머리, 손, 팔, 다리, 발 등을 활용하여 박자를 느끼며 자연스럽게 움직여 본다).
- 다양한 매체와 방법으로 감상한다.

〈신체활동〉

- 음악에 대한 배경 및 설명 없이 느껴지는 대로 움직임으로 표현해 본다.
- 음악에 대한 배경 설명 후 음악을 감상하고 '나팔수의 휴일'의 음악에 맞추어 다양한 도구(리듬막대, 파라슈트 등)를 활용하여 감상해 본다.

〈미술활동〉

- 음악에 대한 배경 및 설명 없이 느껴지는 대로 표현해 본다(그리기, 점토 등).
- 음악에 대한 배경 설명 후 음악을 감상하고, 2차 표상을 통한 표현활동을 해 본다.

3. 다중 지능 영역의 통합

유아기는 전 생애에 걸쳐 성장발달의 기초가 형성되는 시기이므로 신체, 언어, 인지, 정서, 사회성이 포괄적으로 고르게 발달되는 것이 바람직하다. 다중 지능은 이러한 영역을 지능으로 제시한 것이다. 지능의 영역은 다음과 같다. 음악 지능, 언어 지능, 논리-수학 지능, 공간 지능, 신체-운동 지능, 대인관계 지능, 개인이해 지능, 자연탐구 지능을 제시하고 있다.

누구나 음악 지능을 가지고 태어나기는 하지만, 성장하면서 어떠한 음악적 경험과 교육이 실시되었는가에 따라 그 정도가 다르게 발달한다. 또한, 음악 지능이 가장 먼저 발달하므로 유아기에 적절한 음악 경험을 제공하여 음악적 잠재력을 길러 주어야 한다. 먼저 다중 지능에 대한 개념을 살펴보고, 다음으로 음악 지능과 다양한 지능 간의 통합적 발달 증진을 위한 활동을 제시하고자 한다.

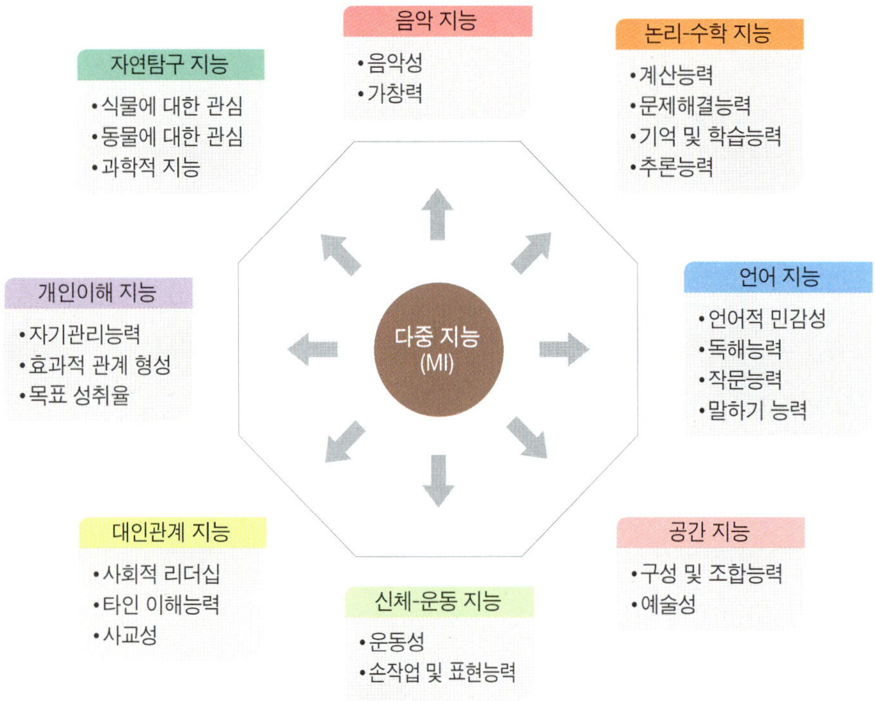

[그림 7-3] 다중 지능

1) 다중 지능의 개념

(1) 음악 지능(musical intelligence)

음악 지능은 가락, 리듬, 소리 등의 음악적 상징체계에 민감하고, 음악적 상징을 창조하거나 음악적 문제를 해결하는 능력이다. 음악 지능은 사람들로 하여금 소리로부터 만들어진 의미를 이해하고, 창조하고, 의사소통하게 한다는 점에서 언어 지능과 유사하다. 음악 지능의 핵심정보처리 요소는 음의 고저, 리듬, 음색 등이 있으며, 음악 지능이 높은 대표적인 집단으로 음향학자, 음향기술자, 작곡가, 지휘자, 연주가 등이 있다.

(2) 언어 지능(linguistic intelligence)

언어 지능은 음운, 어문, 의미 등의 상징체계를 빠르게 배우며 그에 관련된 문제를 해결할 수 있고 그러한 상징체계를 창조할 수 있는 능력이다. 이 지능은 모든 정상적인 사람에게 보편적으로 나타나며 빠르게 발달하는 능력이다. 그리고 인간이 가진 능력 중에서 가장 많이 연구된 능력이기도 하다. 언어 지능이 높은 대표적인 집단으로는 언론인, 광고 카피라이터, 변호사 등이 있다.

(3) 논리-수학 지능(logical-mathematical intelligence)

논리-수학 지능은 숫자나 규칙, 명제 등의 상징체계를 숙달하고 창조하며 추상적인 관계를 인식할 수 있는 능력을 의미한다. 사물을 조작하고 작동시키는 행동을 인식하며, 상호 관련성에 대한 가정을 형성하여 대상이나 행동이 없이도 관계를 인식하는 수준으로, 이 지능의 핵심 정보처리 요소는 셈하는 것이다. 높은 논리-수학 지능을 보이는 집단으로는 수학자, 컴퓨터 프로그래머, 재정분석가, 회계사, 과학자, 기술자 등이 있다.

(4) 공간 지능(spatial intelligence)

공간 지능은 시각적이거나 공간적인 정보를 인식할 수 있는 능력으로 기본적인 물리적 자극이 없이도 시각적 상을 재창조할 수 있는 능력을 의미한다. 이 지능은 반드시 시각적인 감각체계를 통해서만 인식되거나 표현될 수 있는 것은 아니며, 핵심 능력은 3차원으로 상을 구조화할 수 있는 능력과 이를 이동하고 회전하는 것을 포함한다. 지리학자, 외과의사, 항해사, 바둑기사 등이 있다.

(5) 신체-운동 지능(bodily-kinesthetic intelligence)

신체-운동 지능은 자신의 몸 전체 또는 일부를 사용하는 능력으로 운동이나 신체활동을 하기 위해 자신의 신체를 세련되게 통제할 수 있는 능력과 사물을 조작하는 능력이다. 이 지능은 생물학적으로 신경, 근육, 지각 체계 사이의 조화와 관련된다. 신체-운동 지능은 초기 반사에서 발달하여 점진적으로 의도적인 행동이나 모방하고 창조하는 행동으로 발달하게 된다. 신체-운동 지능이 높은 대표적인 집단으로는 운동선수, 무용수와 더불어 산악 등반가나 마술사 등이 있다.

(6) 대인관계 지능(interpersonal intelligence)

대인관계 지능은 다른 사람이 가진 감정, 신념, 의도를 인식하고 구별하는 것뿐만 아니라 대인관계에서 생기는 문제를 해결하고 사람들을 동기화시킬 수 있는 능력을 의미한다. 유아가 또래의 기분을 이해하거나 부모나 교사의 감정을 읽고 대처하는 것도 대인관계 지능에 속한다. 이 지능의 가장 발달된 모습은 치료사, 상담가, 부모, 교사에게서 많이 볼 수 있는 능력이다.

(7) 개인이해 지능(intrapersonal intelligence)

개인이해 지능은 자신의 감정 구별이나 자신의 능력을 인정하고 자신과 관련된 문제를 풀어 가는 능력을 의미한다. 개인으로 하여금 자신의 능력을 알 수 있게 해 주고, 그것을 어떻게 잘 사용할 수 있는지를 인식할 수 있게 하는 지능이다. 작가, 종교인, 예술가, 심리학자 등과 관련된 능력이다.

(8) 자연탐구 지능(naturalist intelligence)

자연탐구 지능은 다양한 꽃이나 풀, 돌과 같이 식물, 광물, 동물을 분류하고 인식할 수 있는 능력을 의미한다. 이러한 특성을 가진 사람은 그렇지 않은 사람과 비교했을 때 생명의 소중함과 자연을 보존해야 하는 이유 등에 대하여 많은 공감을 한다. 생물학, 생태학, 화학, 임학, 식물학 전공 선택에 관심을 갖는다.

2) 음악과 각 지능 간의 통합

다중 지능 이론을 적용한 교육과정은 통합 주제 단원의 교육이 많이 이루어진다. 통합은 유아의 발달 특성에 적합한 흥미 있고 통합적인 학습이 이루어져야 한다는 측면에서, 다중 지능의 다양한 영역이 함께 고려될 필요가 있다. 다중 지능 이론에 기초한 음악교육은 유아의 음악 지능을 변별하고 유아의 음악 지능을 최대한 향상시킬 수 있도록 고안된 활동과 교수학습방법을 통해 유아의 음악적 발달을 도울 수 있으며, 궁극적으로는 유아의 음악 지능을 최대한 계발시켜서 더 넓은 학습영역으로 유아를 이끌어 감으로써 다른 영역과의 다리 놓기를 통해 유아의 전인발달을 돕는 것에 있다(최영애, 2006). 다중 지능의 각 영역 간의 통합은 서로 보완하며 함께 공유할 수 있는 부분이 있으므로 음악을 통한 통합적 교육을 통해 다른 영역의 지능까지 증진될 수 있다.

Chen(2001)은 유아의 음악 지능을 보여 주는 음악의 주요 능력을 음악 지각, 음악 제작, 음악 작곡으로 제시하고 있다. 음악 지각은 음악활동에 대해 민감한 능력, 템포와 리듬패턴에 민감한 능력과 음높이를 구별할 줄 아는 능력, 음악가로서의 스타일을 아는 능력의 요소로 구성되어 있다. 음악 제작은 정확한 음높이를 유지할 수 있는 능력, 정확한 템포와 리듬패턴을 유지할 수 있는 능력, 노래할 때 또는 악기 연주할 때 감정 표현을 나타내는 능력, 다시 부를 수 있고 노래의 음악적 특성을 재생산해 낼 수 있고 제작을 할 수 있는 능력이다. 음악 작곡은 시작과 중간, 끝의 몇 가지 장을 간단하게 작곡할 수 있는 능력과 간단한 악보체계를 만들 수 있는 능력을 의미한다. 이와 같은 음악 지능의 구성요소는 유아음악교육 프로그램의 내용영역을 선정할 때 고려될 수 있다. 음악 지능은 원시 초기에 원시인의 감정을 전달했던 드럼으로 상징화할 수 있다. 음악은 인간의 감정을 표현하고, 나누고, 인식하고, 전달하게 하는 기본적인 도구가 된다. Gardner는 음악 지능이 언어 또는 공간 지능보다 더 다양하게 인간의 두뇌에 존재한다고 본다. 특히, 음악 지능은 다양한 활동과 다양한 방법을 통하여 발달시킬 수 있다. 음악 지능을 촉진시킬 수 있는 활동은 다음과 같다(장정애, 2004).

첫째, 학습 내용(중심 주제, 개념)을 노래, 랩, 창 등과 같은 리듬 형태로 바꾼다.

둘째, 학습할 단원의 핵심 내용 혹은 주제를 잘 반영해 주는 음악이나 노래를 들은 후 그 내용을 그림으로 표현하거나 글로 기술한다.

셋째, 주제의 단원에 적당한 분위기를 조성할 수 있는 음악을 듣는다.

음악 지능을 촉진시키는 활동은 유아의 호기심과 성취감을 충족시켜 줄 뿐만 아니라 유아가 자기 통찰을 할 수 있게 하고 자신감을 가지고 활동하게 함으로써 긍정적인 자아개념을 형성하는 것을 도와준다. 이와 같은 성격의 음악교육 프로그램의 대표적인 예로 Gardner는 Talent Education Program을 제시하고 있다. 이 프로그램의 창시자이자 바이올리니스트, 교육자, 철학자, 인간주의자인 Suzuki는 지난 반세기 동안 자국뿐만 아니라 세계적으로 음악교육에 영향을 끼쳐 왔다. 특히, 그는 "음악적 재능은 타고난 것이 아니라 개발될 수 있다."는 믿음을 가졌고, 누구든지 적절하게 교육을 받으면 음악적 능력을 향상시킬 수 있다고 주장하였고, 이를 실천함으로써 증명하였다. 특기·적성 교육의 성과를 보여 준 가장 시범적인 예라고 할 수 있다. 안재신(2008)은 Gardner의 다중 지능 이론과 Chen의 음악적 주요 능력에 기초한 유아음악교육 프로그램의 내용을 다음과 같이 제시하였다.

〈표 7-1〉 다중 지능 이론에 기초한 유아음악교육 프로그램의 내용

내용 요소	내용 범위	
음악 지각	• 소리 듣기 및 변별하기 • 음높이 변별하기	• 노래의 음악적 특성 알아내기 • 음악에 대한 감수성 기르기
음악 제작	• 소리 듣기 및 변별하기 • 음높이 변별하기	• 노래의 음악적 특성 알아내기 • 음악에 대한 감수성 기르기
음악 작곡	• 간단한 악보 만들기 • 음표체계 만들기 • 음높이 만들기	• 리듬 변별하고 간단한 리듬 만들기 • 음악에 숫자체계 사용하기 • 간단한 곡 만들기
가정과의 연계	• 가정에서 음악 감상하기 • 가족이 좋아하는 노래 수집하고 비교하기	

출처 : 안재신, 2008.

다중 지능 이론에 기초한 유아음악교육 프로그램 예시

주제 : 숲

① 음악 지각

숲에서 들을 수 있는 자연의 소리 찾기 : 시냇물(졸졸졸), 산새들(짹짹짹), 낙엽(바스락)
〈소리 듣기〉

② 음악 제작

숲에 대한 동시를 짓고, 그에 따른 리듬 만들기(♩, ♪)
〈악기 탐색 및 다루기〉

③ 음악 작곡

②번에서 지은 동시에 선율을 붙이기 : 라, 솔, 미의 줄에 4분음표를 나타내는 '큰 나무'와 8분음표를 나타내는 '작은 나무'를 이용해 붙이기
〈노래 부르기〉

④ 가정과의 연계

숲에 대한 노래 중 가족이 좋아하는 노래를 수집해서 비교하기
〈노래 부르기, 음악감상, 악기 연주〉

① 음악 지각

숲에서 들을 수 있는 소리를 찾아본다. 이 과정에서는 소리듣기와 연결될 수 있다.

② 음악 제작

숲에 대한 동시를 선생님과 함께 지어 본다. 시냇물의 졸졸졸이나, 산새들의 짹짹짹, 낙엽이 바스락거리는 소리 등 이런 의성어나 의태어가 어떤 악기와 제일 잘 어울리는지 악기들을 탐색해 보고 다루어 본다. 또, ♩를 쓸 것인지 ♪를 쓸 것인지 리듬을 만든다.

[동시의 예] 숲 속 나라에는 무엇이 있을까
시냇물이 졸졸졸 낙엽이 바스락
숲 속 나라에는 무엇이 있을까
짹짹짹 짹짹짹짹 산새들이 있지요

[악기의 예] 졸졸졸(실로폰)
바스락(신문지 구기기)
짹짹짹(호루라기)

[리듬의 예] • 한 줄을 4개로 나눈다(마디 나누기).
예 숲 속 | 나라에는 | 무엇이 | 있을까
• 2/4박자라는 가정 하에 한 마디에 ♩ = 2개나 ♪= 4개, 또는 ♩ = 1개, ♪= 2개로 하여 리듬을 붙여 본다. 이때 ♩ = 큰 나무로, ♪= 작은 나무로 표시하여 딱딱하지 않게 즐거움을 더한다.

③ 음악 작곡

앞에서 지은 동시에 선율을 붙이는 것은 유아가 하기에 어렵게 느낄 수 있으므로 라, 솔, 미로 만든 칸에 ♩ = 큰 나무, ♪= 작은 나무로 정하여 스티커를 붙이는 방식으로 선율을 만든다. 피아노로 연주해 봄으로써 어떤 음이 더 좋을지 상의하여 수정하며, 라, 솔, 미에서 점차 음을 추가한다.

[완성된 곡의 예]

[완성된 곡의 예]

④ 가정과의 연계

집에서 가족들은 숲과 관련된 노래 중 어떤 노래를 좋아하는지 같이 불러 보고, 들어 보고, 악기로도 연주해 본다. (노래 부르기, 음악감상, 악기 탐색 및 다루기와 연결)

다중 지능 중에서도 Gardner(1983)는 특히 음악 지능이 가장 먼저 발달한다고 하였다. 성장기 아동에게 음악을 교육시키는 부모의 입장에서는 재능의 개발에 더 큰 목적이 있을 수도 있겠지만, 유아음악교육의 궁극적인 목적은 음악이라는 비언어적인 의사소통을 통한 바람직한 인격 형성에 두고 있다. 다중 지능 이론에 기초한 유아음악교육의 구체적인 목표는 다음과 같다(최영애, 2006).

첫째, 유아의 인지적 능력을 향상시키는 것을 목표로 한다. 음의 특성에 대한 이해 및 음의 개념 형성을 통한 음악적 경험의 확산 과정은 유아로 하여금 음의 같고 다름을 구별할 수 있는 변별력, 정확한 음을 찾아 내는 인식력, 음의 개념에 따라 음을 분류할 수 있는 분류능력, 음을 차례로 나열할 수 있는 능력, 음을 기억하고 재생할 수 있는 기억과 재생 능력과 같은 인지적 능력을 향상시킬 수 있다.

둘째, 유아의 언어능력을 증진하는 것을 목표로 한다. 노래 부르기와 음악 듣기를 통해 유아의 어휘력을 향상시키고, 소리와 형태, 문장구성 등에 익숙해지도록 하면서 유아의 언어발달을 도와준다.

셋째, 유아의 신체발달을 도모하는 것을 목표로 한다. 노래 부르기와 음악 듣기, 악기 소리 내어 보기, 몸을 움직여 표현하기 등의 음악활동은 유아의 눈과 손의 협응력뿐만 아니라 소근육과 대근육의 움직임, 다섯 가지 감각기관의 활용과 발달을 도와주어 유아의 신체능력을 발달시켜 준다.

넷째, 유아의 정서발달을 도와주는 것을 목표로 한다. 다양한 종류의 악곡과 음악활동의 심미적 체험을 통해 유아는 정서적 안정감과 감정을 조절하는 방법을 배워 사회생활에 적용하는 법을 배운다. 또한, 시대적으로 다른 여러 가지 악곡을 감상하고, 다양한 정서를 경험하게 하는 음악활동은 유아의 정서발달을 도와준다.

다섯째, 유아의 창의력을 신장하는 것을 목표로 한다. 다양한 음악활동은 유아의 생각과 느낌을 자유롭게 직접 표현하게 함으로써 유아의 상상력과 표현력을 증진시키고 창조적 희열을 느끼게 하여 창의적 사고력과 표현력의 신장을 도와준다. 또한, 가락의 높낮이와 빠르기의 변화 등 음악적 개념을 통한 신체표현과 다양한 종류의 악기 연주 등은 유아의 창의력 신장을 도와준다.

여섯째, 유아가 긍정적인 자아개념을 형성하도록 도와주는 것을 목표로 한다. 교육을 통하여 유아의 호기심과 성취감을 충족시켜 줄 뿐만 아니라 유아가 자기 통찰을 할 수 있게 하고 자신감을 가지고 활동하게 함으로써 긍정적인 자아개념을 형성하는 것을 도와준다.

4. 다문화 접근에 기초한 음악교육

음악교육에 있어 다문화주의의 시작은 1900년대 초기로 잡는다. 당시 미국에 이민을 온 많은 민족이 각기 음악과 무용 등을 가지고 왔으며, 이 음악들이 조금씩 학교교육에 영향을 주었다. 그러나 본격적으로 다문화 음악교육이 제기된 것은 1967년 탱글우드 심포지엄에서였다. 심포지엄의 주제는 '미국 사회 속에서의 음악'이었으며, 음악가뿐만 아니라 학자, 노동운동가, 교육자, 철학자, 신학자, 음악교육자가 참석하여 미국 사회 안에서와 교육 안에서의 음악의 역할을 평가하여 음악교육의 중요성을 강조하였다. 탱글우드 심포지엄에서는 미국 사회 속에서 음악의 역할, 학교 또는 그 외의 음악교육기관에서의 음악의 기능에 대한 평가와 미국 후기 산업사회의 문화에 대한 음악의 기여도, 음악가들이 효과적으로 사회에 참여할 수 있는 방안은 무엇인가 등이 논의되었다. 이러한 논의를 통해 음악교육과정에는 모든 시대 양식, 형식, 문화에 속한 음악들을 포함하고, 대도시 또는 문화적으로 소외된 지역에서 나타나는 문제를 해결하고자 하였다(김영연, 2010). 이러한 음악에 관한 생각이 세계화의 물결에 동참하면서 세계 여러 나라의 서로 다른 문화의 특성과 개성을 평등하게 인식하고 이해되도록 하는 다문화 교육을 요청하였고, 세계 여러 나라의 교육정책은 이미 외형적으로 다문화 음악교육을 향하였다.

다문화 음악교육을 강력하게 주장한 학자는 Elliott(1989)이다. 그는 "이 세계에는 다양한 음악이 존재하며, 그 각각의 음악은 각각의 전통과 문화적 맥락위에서 발전해 오고 있다."고 언급하면서 다문화 음악교육의 필요성을 제기하였다. 여기서 '전통과 문화적 맥락 위에' 가 내포하고 있는 의미는 전통과 문화가 다르다고 하여 어떤 음악이 다른 음악보다 더 가치 있거나 중요한 것이 아니라는 것이다. 예를 들면, 우리보다 경제적으로 낙후된 문화권의 음악이라도 동등하게 이해하고 존중해야 한다. 다문화 음악교육은 음악교육 맥락 그 자체가 음악적 개념, 요소, 문화, 역사, 사회, 종교 등과 관련하여 사회적 맥락에서 이루어지는 것이기 때문에, 사회통합과 이해에 중요한 토대를 마련하는 것으로 보아야 한다(이마리아, 2010).

음악의 본질 자체는 인간의 사고나 느낌을 나타낸 결과로 특정한 음악 문화, 특정한 음악 양식이 음악교육의 수단이 되어서는 안 된다. 여기에서 다문화 음악교육의 접근은 다양한 문화적 집단의 음악뿐만 아니라 다른 나라의 음악에 대해 배울 수 있도록 해야 한다. 이를 위한 다문화 음악교육의 교수방법은 첫째, 세계 음악전통을 광범위하게 포괄할 수 있는 대표성을 띤 음악적 기회를 제공해야 하고, 둘째, 선정된 음악문화에 대해서는 보다 심층적인 문화적 체험을 할 수 있는 기회를 제공해야 하고, 셋째, 음악적 기능과 이해를 위해 다양한 학습양식을 통한 교수방법을 활용해야 한다(권덕원, 1999).

다문화 음악교육이란 다양한 문화의 음악을 경험하고 다양한 사회 속에 속해 있는 지구상의 모든 민족의 문제까지 포괄적으로 다루는 넓은 개념의 음악교육을 의미한다. 유아음악교육과정에서 다문화 음악교육의 필요성을 주장하는 Nettl(1982)은 "미국의 어린이들은 학교에 들어오기 전에 이미 서양 음악을 익힌다. 음악교육은 여기서 출발할 수 있다. 그러나 서양 예술 음악을 다 배운 후에 다른 민족의 음악학습으로 넘어가는 것은 바람직하지 않다. 서양 음악 학습이 우선적인 활동이고, 다른 민족음악에 대한 학습은 이차적인 활동이라고 보는 것은 잘못이다. 각 민족음악의 학습은 음악교육의 초기부터 시작되어야 한다."라고 역설함으로 다문화 음악교육은 어린 나이부터 시작되어야 한다고 주장하였다. 음악을 통한 다문화 교육은 특별히 중요성을 지닌다. 음악은 인류 역사와 함께 시작되었으며, 각 민족의 생활, 역사, 가치관, 전통을 지니고 있는 예술영역이기 때문이다. 이러한 음악을 통해 다양한 문화를 체험하고 이해하며 표현해 보는 과정은 유아로 하여금 다양한 문화를 경험하고, 그 경험으로 말미암아 다른 문화에 대해 이해할 수 있게 하므로 타인에 대한 존중을 통해 소통하고 더불어 살아가는 데 도움을 줄 수 있다. 따라서 다문화 접근에 기초한 음악교육은 유아발달에 적합한 세계화를 향한 교육이라 할 수 있다(김민채, 2012). 2007년 개정 유치원 교육과정에 따라 교육과학기술부에서 발행한 『유치원 지도서』(2009)의 〈총론〉, 〈우리나라〉, 〈세계 여러 나라〉에 나타난 음악활동 교육과정 중 다문화 관련 음악교육 내용을 『누리과정 지도서』(2012) 만 3세 〈제8권 : 우리나라〉, 만 4세 〈제8권 : 우리나라〉, 〈제9권 : 세계 여러 나라〉, 만 5세 〈제8권 : 우리나라〉에 실린 내용을 살펴보면 다음과 같다(교육과학부, 2013).

〈표 7-2〉 만 3~5세 누리과정 다문화 관련 음악교육 내용

<table>
<tr><th>연령</th><th colspan="2">주제</th><th>활동제목</th><th>교육과정영역</th><th>음악교육내용</th></tr>
<tr><td rowspan="5">만 3세</td><td colspan="2" rowspan="2">우리나라의 노래와 춤 경험하기</td><td>나무노래</td><td>의사소통, 사회관계, 예술경험</td><td>노래 부르기</td></tr>
<tr><td>둥둥둥! 북 만들기</td><td>사회관계, 예술경험, 자연탐구</td><td>악기탐색하기</td></tr>
<tr><td colspan="2" rowspan="2">우리나라의 놀이와 예술</td><td>여우야 여우야 뭐하니</td><td>신체·건강, 사회관계, 예술경험</td><td>노래 부르기, 신체표현하기</td></tr>
<tr><td>남생아 놀아라</td><td>신체·건강, 사회관계, 예술경험</td><td>노래 부르기, 신체표현하기</td></tr>
<tr><td colspan="2">우리나라의 집 관심 갖기</td><td>전래동요 아궁이</td><td>사회관계, 예술경험</td><td>노래 부르기</td></tr>
<tr><td rowspan="5">만 4세</td><td rowspan="5">우리나라</td><td>우리나라 음식 즐기기</td><td>인절미와 총각김치</td><td>사회관계, 예술경험</td><td>노래 부르기</td></tr>
<tr><td>우리나라의 노래와 춤 경험하기</td><td>수궁가</td><td>의사소통, 사회관계, 예술경험</td><td>노래 부르기</td></tr>
<tr><td rowspan="2">우리나라의 상징 알아보기</td><td>애국가 감상하기</td><td>사회관계, 예술경험</td><td>음악 감상하기, 노래 부르기</td></tr>
<tr><td>무궁화 노래</td><td>사회관계, 예술경험</td><td>노래 부르기</td></tr>
<tr><td>우리나라의 자랑스러운 모습 알아보기</td><td>난타공연감상</td><td>사회관계, 예술경험</td><td>소리탐색하기, 음악 감상하기</td></tr>
</table>

연령	주제		활동제목	교육과정영역	음악교육내용
만 4세	세계 여러 나라	세계 여러 나라 사람들의 모습에 관심 가지기	지구촌 한가족	사회관계, 예술경험	노래 부르기, 신체표현하기
		세계 여러 나라의 예술경험하기	어떻게 만들었을까?	사회관계, 예술경험	노래 부르기
		세계의 자연보기	그곳은 어딜까?	예술경험, 자연탐구	노래 부르기, 악기 다루기
만 5세	우리나라 사람들의 생활	우리나라 음식 즐기기	김치 김서방 전래동요	사회관계, 예술경험	노래 부르기, 신체표현하기
	우리나라의 노래와 예술	우리나라의 전통놀이 즐기기	어린이 아리랑	예술경험, 의사소통	노래 부르기, 신체표현하기
			전통음악 감상하기	사회관계, 예술경험	음악 감상하기, 노래 부르기
	세계 여러 나라와 문화유산	세계의 음악과 춤 경험하기	작은 집 창가에서	사회관계, 자연탐구	노래 부르기, 악기 다루기
			함께 연주하는 음악을 들어 보아요	사회관계, 예술경험	음악 감상하기, 악기 다루기
	세계 여러 나라의 교류	세계 여행 관심갖기	다른 나라의 동요를 들어 보아요	사회관계, 예술경험	노래 부르기, 신체표현하기
			어디에서 왔나	사회관계, 예술경험	노래 부르기, 신체표현하기

살펴본 바와 같이 다문화 음악교육이란 우리나라 음악의 이해와 세계 다른 나라의 음악을 통한 문화의 다양성을 인식하며 우리의 음악 문화유산과 다른 나라의 음악 문화유산을 비교하여 각 음악의 특성과 그 역사적, 문화적 가치를 이해함으로써 다문화적 시각을 익힐 수 있도록 하는 것이라 볼 수 있다.

다문화 접근에 기초한 음악교육 교육계획안 1

생활주제 세계 여러 나라

활 동 명 자장가 비교 감상하기

활동목표 1. 각 나라마다 고유의 자장가가 있다는 것에 대해 알고, 즐겨 부를 수 있다.
2. 일본과 한국의 자장가를 비교하여 들어 보고 관심을 가진다.

음악내용 노래 부르기, 음악 감상하기, 신체표현하기

활동자료 일본과 한국 지도, 일본과 한국 자장가 악보, CD 플레이어, 일본과 한국의 '자장가' 동영상 자료, 일본의 '자장가', 한국의 '자장가' 전래동요 CD

활동악보

• 일본의 '자장가' 악보

자장가

일본 민요

• 우리나라의 '자장가' 악보

활동방법

〈도입〉

- 일본과 한국의 특징을 같은 점과 다른 점을 중심으로 살펴보며 이야기 나눈다.
- 지도를 보면서 한국과 일본의 거리를 가늠해 본다.

〈전개〉

- 자장가를 들어 본 경험에 대해 이야기 나눈다.
- 자장가의 특징에 대해 알아본다.
- 일본의 '자장가', 한국의 '자장가' 전래동요를 들어 본다.
- 일본의 '자장가', 한국의 '자장가'의 같은 점, 다른 점을 찾아본다.
- 일본의 '자장가', 한국의 '자장가'를 배워 본다.
- 어느 것이 더 마음에 드는지 물어 보고, 이유를 들어 본다.
- 유아가 고른 나라의 '자장가'에 율동을 만들어서 불러 본다.

〈마무리〉

- 세계는 하나라는 것에 관심을 가질 수 있도록 한다.
- 각각의 나라들은 자기 나라를 특징하는 자장가가 있음을 알게 한다.

다문화 접근에 기초한 음악교육 교육계획안 2

생활주제 우리나라

활동영역 노래 부르기, 신체표현하기

활동목표 1. '여우야 여우야 뭐하니'를 감상하고 신체표현활동을 해 본다.
2. 전래동요 특유의 리듬의 흥과 신명을 느낀다.

활동자료 '여우야 여우야 뭐하니' 악보, '여우야 여우야 뭐하니' 음원 CD, CD 플레이어, 여우가면

활동악보 '여우야 여우야 뭐하니' 악보

여우야 여우야 뭐하니

전래동요

활동방법

〈도입〉

- 전통놀이에 대해 소개한다.
- 전통노래 '여우야 여우야 뭐하니'를 들어 본다.

〈전개〉

- '여우야 여우야 뭐하니'를 들어보면서 각자의 느낌을 말해 본다.
- '여우야 여우야 뭐하니'를 어떻게 놀이하면 좋을지 이야기 나눈다.
- 머리에 여우 가면을 쓰고 신체활동을 한다.
- 가사를 바꿔 가면서 신체활동을 한다.

> 여우야, 여우야, 뭐하니 밥 먹는다(책 본다)
> 무슨 반찬 (무슨 책)
> 개구리 반찬 (강아지똥)
> 죽었니 (재미없니)
> 살았니 (재밌니)
> 살았다 (재밌다)

〈마무리〉

- '여우야 여우야 뭐하니'라는 신체표현을 하고 난 후, 활동에 대한 생각과 느낌을 이야기 나눈다.
  - 어떤 점이 재미있었니?
  - 다음에는 어떻게 해 보면 좋을까?

CHAPTER 8

음악활동을 위한 환경

음악적 능력은 개인의 전반적인 능력이 환경이 영향에 의해 음악과 결부됨으로써 나타나며, 유전보다는 환경에 의해 발달한다(이홍수, 1997). 유아기는 바람직한 음악 환경과 양질의 적절한 음악경험에 의해서 음악 적성의 수준이 변화하고 고정화된 수준 내에서 일생의 음악 성취가 이루어진다(Gorden, 1995). 유아기의 음악 환경과 음악경험은 정규적인 음악 지도와 비정규적인 음악 지도의 형식으로 제공되는데 특히 정규 지도가 시작되기 전 단계에서는 비정규 지도만 행해지며, Gorden은 특히 비정규 지도에 의해서 정규 지도가 더 잘 이루어질 수 있다고 보았다. 따라서 비정규 지도의 중요한 부분인 양질의 음악 환경의 조성은 매우 중요하다.

유아를 둘러싼 환경을 크게 '물리적 환경'과 '사회적 환경'인 두 범주로 나눌 수 있다. '물리적 환경'이란 유아교육기관의 시설과 설비, 교재, 교구, 악기 등의 제반 여건과 주변 환경에 더하여 가정의 음악적 환경, 즉 CD, 오디오, 텔레비전, 악기 등의 구비를 포함한다. '사회적 환경'이란 부모, 교사를 포함하는 인적 환경과 지역사회와 국가의 문화 환경, 매체 환경까지를 포함한다.

음악적 재능을 촉진하는 물리적 · 사회적 환경 특성

- 음악에 대한 부모나 교사의 긍정적 태도와 음악이 유아에게 매우 중요하다고 믿는 신념
- 음악을 듣는 기회와 음악에 활동적으로 참여하도록 하는 기회 제공
- 음악 경험의 질과 양
- 유아의 음악적 시도나 실험에 대한 격려와 개방성
- 테이프나 악기 등과 같은 음악적인 물리적 환경의 양과 질
- 가정에서 음악에 노출된 양
- 유아의 인지적 능력과 창의성 발달 정도 등

출처: Doxey & Wright, 1990.

유아기는 급격히 발달하는 시기이자 스스로 탐색하고 경험하는 가운데 발견하고 배워가는 기쁨을 알게 되는 시기이다. 따라서 유아가 충분히 탐색하고 양질의 음악을 경험할 수 있도록 부모와 교사는 주의 깊게 계획하고 준비하여 적절한 음악 환경을 조성해 주어야 한다.

1. 유아교육기관의 환경구성

유아교육기관의 흥미영역은 실내영역을 활동적인 곳과 조용한 곳, 건조한 곳과 물이 있는 곳이라는 두 축을 중심으로 4개의 지역으로 나누어야 한다(Frost, 1969).

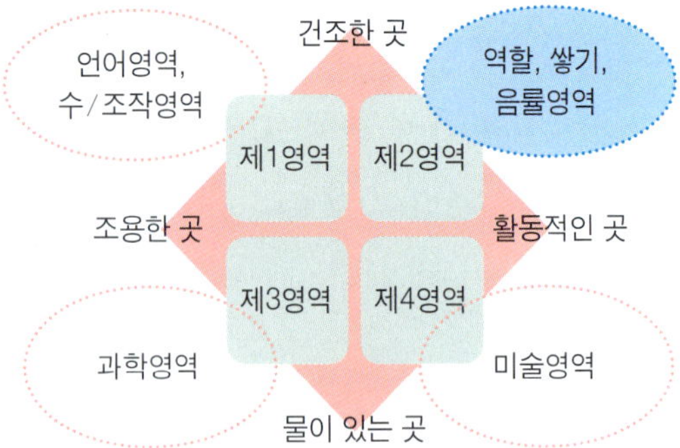

[그림 8-1] 흥미영역의 구성

제1지역은 건조하고 조용한 곳, 제2지역은 건조하고 활동적인 곳, 제3지역은 조용하고 물이 있는 곳, 제4지역은 활동적이고 물이 있는 곳으로 구분된다. 이 중 음률영역은 활동성이 높기 때문에 제2지역에 해당된다.

음률영역 배치도

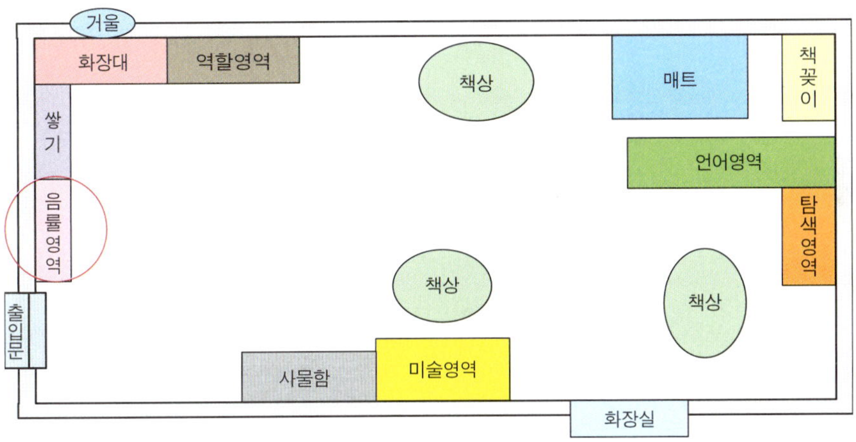

[그림 8-2] 영아반 음률영역 배치도

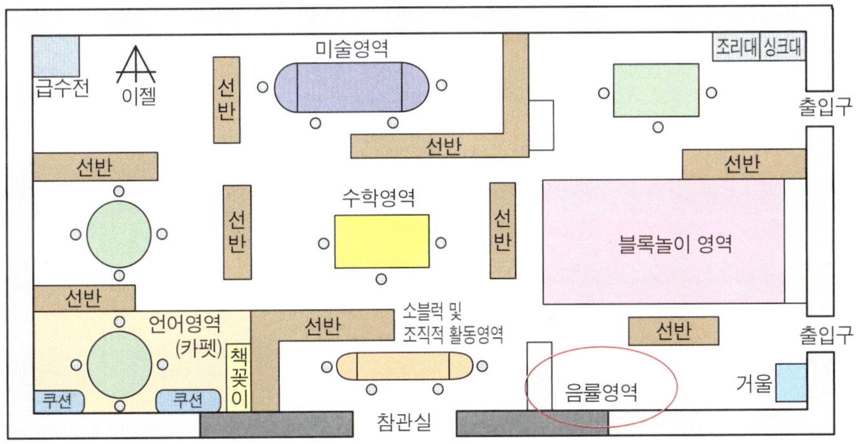

[그림 8-3] 유아반 음률영역 배치도

음률영역은 조용하면서도 유아의 접근이 용이한 곳에 자리 잡아야 하고, 다양한 소리기구와 악기를 동시에 갖추어야 하는데 이왕이면 연계학습을 위하여 언어영역이나 비슷한 성격의 놀이영역과 인접하는 것이 바람직하다. 그러나 음률영역에서 발생하는 소리나 움직임이 다른 영역에 방해되지 않도록 조용한 놀이영역과는 분리시켜 배치해야 한다. 가능하면 유아가 신체표현도 병행할 수 있도록 넓은 공간을 확보하고 바닥에는 카펫보다는 마루를 깔아 주어 바닥활동에도 도움을 주어야 한다.

그리고 별도의 악기장을 설치하여 악기장에 비치된 다양한 소리기구와 악기를 자유롭게 만져 보고 두드려 봄으로써 유아 스스로 소리를 탐색하고 연주해 볼 수 있도록 음악 기기의 사용에 대한 사전 소개가 바람직하다.

[그림 8-4] 영아반 음률영역

[그림 8-5] 유아반 음률영역

피아노 바퀴는 안전을 위해 고정시키고, 음악이 녹음된 CD, 노랫말 카드, 유아가 다루기 쉬운 적당한 크기의 간단한 리듬악기를 비롯한 여러 가지 시청각 자료를 항상 이동이 가능하도록 제공하여야 한다. 피아노와 디지털 피아노와 같은 악기는 물론 CD 플레이어 같은 소리시스템은 성공적인 음악교수의 기초 자료로서, 슬라이드 프로젝트와 동영상을 재생할 수 있는 프로그램이 설치된 노트북(혹은 데스크톱)과 함께 갖추어져야 한다. 특별히 CD 플레이어와 헤드폰은 유아가 직접 조작하고 들어 볼 수 있도록 손이 닿을 수 있는 장소에 놓아 주어야 한다.

다른 어느 곳보다도 음률영역은 밝아야 한다. 또한, 신선한 공기가 있어야 하므로 창문이 많은 공간에 자리 잡아야 하고, 적당한 실내온도를 유지하기에 무리가 없는 장소이어야 한다. 또한, 벽면이 유아를 매혹시킬 수 있는 밝은 색으로 꾸며져야 하며, 벽면이나 융판과 게시판을 이용하여 악보와 음악 관련 포스터 등이 다양하게 전시되어야 한다.

[그림 8-6] 음률영역 벽면 구성

무엇보다도 중요한 점은 음률영역은 교사가 엄격하게 규제하기보다는 서로 격려하고 협조하는 분위기에서 유아 스스로 악기나 소리기구의 사용법을 익히게 하는 것이 좋다. 이러한 작업을 통하여 궁극적으로는 소리의 성질(세기, 고저, 장단, 음색)을 이해하고 실제 음악활동에 응용할 수 있도록 여러 종류의 소리기구나 악기(예 북, 장구, 꽹과리, 피아노, 신디사이저, 오토하프, 바이올린, 마라카스, 피리, 소리상자, 차임, 멜로디언 등)을 비치하여야 하는데, 이때에는 전시를 주목적으로 삼지 말고 실제로 유아가 직접 만져서 소리를 내어 볼 수 있도록 악기 설치방법이나 위치, 사용방법 등을 유아의 입장에서 세밀히 검토하고 배려해야 한다.

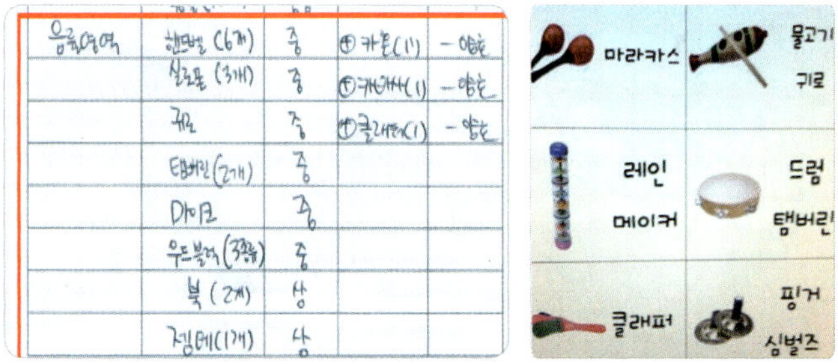

[그림 8-7] 음률영역 교구정리 목록

교사는 음악을 창작하려는 유아의 자발적인 시도에 관심을 기울여야 하며, 능동적으로 참여하는 수업이 이루어질 수 있도록 해야 한다. 또한, 교사는 항상 계획되고 통합적인 음악교육활동을 제시하며 창의적인 사고와 표현활동을 위해 적절한 공간을 제공하여야 한다. 교사 자신은 음악가로서의 정신에 자신감을 가져야 하며, 음악적 기술의 완벽한 수행을 요구하거나 비판하지 말아야 한다. 교사는 유아에게 종합적이고 구체적인 음악 환경을 조성해 주어 유아가 적극적으로 참여하고 자유롭게 감정을 표현할 수 있도록 하여야 하는데, 이는 이 시기에 어떤 물리적인 환경보다도 중요하다.

2. 가정에서의 환경구성

유아는 가정 내에서 다양한 활동을 통해 인간관계의 기초를 배우고 사물에 대한 태도, 습관, 가치관을 기르며 자신의 인격을 형성하게 된다. 유아에게 노출된 가정 내 음악 환경은 유아음악교육의 기초가 될 뿐만 아니라, 성대음역의 확장, 음악의 선택능력과 감상력을 기르는 데 도움을 주는 곳으로 매우 중요한 역할을 한다(Todd & Hefferman, 1970).

가정 내 음악 환경은 음악과 관련된 환경적 요소를 의미하는 것으로 '물리적 환경(physical environment)'과 '심리적 환경(psychological environment)'으로 나눌 수 있다. 물리적 환경이란 주로 오디오, 음반, TV, 피아노를 포함한 여러 가지 악기 등 음악을 들을 수 있고 연주 기술을 기를 수 있는 시설을 포함한다. '심리적 환경'이란 유아가 음악을 듣고, 부르고, 연주해 보고 싶은 충동을 주는 환경으로서 부모가 자녀에게 갖는 관심과 기대, 정서적인 배경 등을 의미한다(하귀정, 2002).

Suzuki(1984)에 따르면 가정 내 음악 환경은 어머니가 레코드를 통해서 요람에서부터 아기에게 좋은 연주를 들려줄 수 있어야 하며, 언어 환경처럼 음악 환경 또한 자연스럽게 조성되어야 하기 때문에 부모 중 한 사람, 대개 어머니가 유아의 음악레슨을 참관하고 매일 유아의 연습을 도와주며 참여해야 한다고 하였다. 따라서 부모는 유아에게 알맞은 음악을 들려주거나 같이 노래할 기회를 많이 갖도록 하고, 바람소리, 새소리, 물소리 등 자연에서 나는 소리를 구별해서 듣도록 격려해야 한다. 또한, 드럼, 탬버린, 종과 같은 악기를 연주해 보고 자연스럽게 소리를 경험해 보도록 음악적 환경을 제공해 주어야 한다. 무엇보다도 음악을 사랑하는 가족의 분위기가 중요하며 좋은 연주를 감상할 수 있는 기회를 자주 가지고 자연스럽게 다양한 문화와 장르의 음악을 접할 수 있도록 하는 것이 좋다.

유아의 음악성장을 자극하기 위한 가정에서 할 수 있는 활동

- 유아와 함께 자주 노래하거나, 노래를 불러 준다.
- 아주 나이가 어린 유아의 경우에는 안거나 무릎에 앉혀 음악에 맞춰 율동적으로 움직이는 것이 좋다.
- 많은 동요, 동시, 동화책을 읽어 준다. 그리고 규칙적으로 반복되어 유아가 배우기 쉬운 말은 유아가 놀면서 흥얼거릴 수 있는 찬트(chant)나 곡조가 있는 노래 문답놀이를 하도록 하여 말에 곡조를 붙게 한다.
- 유아의 주의를 집중시켜 주변에서 나는 소리를 비교해 보는 놀이를 한다.
- 유아를 도와 간단한 타악기를 만들어 보게 한다. 이러한 악기 속에서 각기 다른 소리를 낼 수 있는 상황을 만들어 유아에게 음악을 창작하는 데 필요한 흥미를 유발하면서 용기를 북돋아 준다.
- 유아가 만든 여러 소리를 녹음해서 반복해서 들려준다.
- 부모가 간단한 악기의 연주법을 배워 유아에게 들려준다.
- 가족음악회를 열어 직접 참여해 볼 수 있는 기회를 준다.
- 음악과 관련된 물건을 파는 장소를 방문한다.
- 음악회 포스터나 악기 사진 등으로 집안을 꾸며 음악적인 분위기를 마련한다.
- 온 가족이 함께 실제적으로 음악을 경험하도록 음악공연을 보러 가거나 음악 체험학습에 참여해 본다.

출처 : 전인옥 · 이숙희, 1997.

〈표 8-1〉 가정의 음악적 환경 조사 질문지 : 가정의 음악적 분위기 정도에 대한 질문

	내 용	전혀 그렇지 않다	그렇지 않다	보통이다	그렇다	매우 그렇다
1	가족들이 집에서 노래 부르기를 즐긴다.					
2	가족들이 집에서 악기 연주를 한다.					
3	가정에서 라디오나 TV의 음악 프로그램(대중가요 제외)을 즐겨 듣는다.					
4	노래나 악기를 연주하면 가족들이 함께 감상한다.					
5	가족들이 음악회에 간다.					
6	가족 중 자신의 연주회(발표회)를 갖거나 직접 출연한 적이 있다.					
7	집에서 일을 할 때 음악을 틀어 놓는다.					
8	임신 기간 중 태교 음악을 선별하여 들었다.					
9	아버지나 어머니가 좋아하는 레코드나 CD를 수집한다.					
10	자녀에게 동요를 불러 주는 일이 있다.					
11	자녀를 재울 때 자장가를 불러 준다.					
12	자녀를 위해서 평소에 음악(대중가요는 제외)을 틀어 놓는다.					
13	부모가 새로운 노래를 자녀에게 가르쳐 주는 일이 있다.					
14	자녀에게 악기를 연주하도록 악기를 제공하여 준다.					
15	자녀가 음악을 전공하기를 원한다.					
16	자녀가 노래하거나 악기 연주 혹은 음악감상을 하면 격려해 준다.					

출처 : 정혜선, 2007.

3. 지역사회에서의 환경구성

OECD(2012)에서는 지역사회 참여를 유아교육·보육서비스 관련 지역사회 구성원 간의 공식적, 비공식적 관계로 정의하며, 지역사회의 범위에 이웃, 비정부기구, 종교단체, 사립재단, 사회적 서비스와 의료적 서비스와 같이 유아의 발달을 강조하는 서비스가 포함된다고 정의하였다. 현대에 와서 유아교육기관과 지역사회와의 통합적인 연계활동에 대한 필요성이 높아지고 있다. 특히, 우리나라에서 발견되는 도시와 농촌 사이의 음악적 환경에 차이를 보이는 것처럼 각 지역별 음악 환경은 모든 유아가 다양한 음악적 체험을 할 수 있도록 제공되어야 한다. 구립도서관이나 시립도서관에서 음악교육용 동영상이나 음악 CD를 대여해 주고 있다. 어떤 곳에서는 구(區) 단위로 혹은 시(市) 단위로 가곡의 밤이나 음악회, 연구제 등이 그 지역에 위치한 시민공원이나 시민회관에서 열리고 있는데, 이런 문화행사는 유아를 둔 관심 있는 부모들에게 좋은 음악교육 실습의 장이 될 수 있는 좋은 기회로 작용한다. 유아음악교육을 위해 지역사회의 자원을 활용하기 위한 몇 가지 활동을 소개하면 다음과 같다.

(1) 일상생활에서 들을 수 있는 다양한 소리를 들어 보고 비교해 보도록 유아가 다양한 소리를 들을 수 있는 여러 장소를 견학한다. 지역사회의 주요 거리를 유아와 함께 자주 걸어 본다. 여러 가지 소리(예 자동차 소리, 마트의 다양한 소리, 경찰관 아저씨의 목소리, 건물의 공사장이나 자동차 수리점의 기계나 도구 소리, 비행기와 헬리콥터 소리 등)를 들어 보거나 동물원을 방문해서 동물의 소리를 들어 보고, 공원을 산책하면서 새소리와 바람 소리, 나뭇잎이 작은 가지에 부딪쳐 나는 소리, 시냇물 소리, 작은 동물의 소리를 주의 깊게 들어 본다.

(2) 여러 음악소리를 들어 보고, 악기를 직접 보고 소리를 들어 보도록 음악과 관련된 물건을 파는 곳이나 만드는 곳을 견학한다.

(3) 유아를 위한 음악회, 뮤지컬과 같은 지역사회의 음악공연을 관람하고 초등학교의 음악수업이나 특별활동에 참여 등 연계활동에 참여한다. 음악회에서는 가능하면 유아를 앞 좌석에 앉혀서 잘 보고 들을 수 있게 하고, 들을 때는 주의를 집중하여 듣도록 한다. 때로는 음악회의 리허설, 총연습에 참석해 보기도 한다. 총연습은 청중도 적고 유아가 주위를 돌아

다니거나 주의력이 산만해지면 중간에 자유롭게 나올 수 있어야 유아에게 바람직하다. 또 다른 방법으로는 고등학교의 음악그룹의 연습이나 초등학교 합창을 지켜 보거나 유아교육기관의 음악시간을 관찰할 수 있도록 허가를 받아 같이 가 보는 것이다. 유아에게 음악에 대한 동기를 유발하는 가장 좋은 방법은 자기보다 조금 나이가 많은 어린이가 노래하거나 연주하거나 만들어 내는 음악을 지켜 보게 하는 것이다.

(4) 지역사회 음악단체의 리허설이나 총연습을 견학하여 악기들을 소개받고, 연주방법과 유아가 궁금한 점을 질문하고 토론할 수 있는 기회를 주는 것도 좋다.

(5) 음악과 관련된 교육기관이나 공연장을 견학함으로써 공연 때 볼 수 없었던 무대, 음향, 조명 등의 관계를 알 수 있다.

(6) 악기나 레코드, CD를 파는 상점에 가서 다양한 음악 소리와 다양한 종류의 악기를 직접 보면서 각 악기의 종류에 따라 다른 음색을 들어 볼 수도 있다.

유아교육기관과 가정, 지역사회의 상호적 음악 환경을 위해 고려해야 할 점

- 부모의 지나친 관심과 도를 넘는 요구는 유아의 타고난 음악적 재능과 관심마저 저해시킬 수 있기 때문에 이해를 돕기 위해 부모교육을 실시한다.
- 가정통신문을 활용하여 유아교육기관에서 이루어지는 음악활동이 가정에서 자연스럽게 연계될 수 있도록 한다.
- 유아가 부모와 함께 음악적인 경험을 할 수 있는 기회를 가질 수 있도록 부모와 유아가 함께 볼 수 있는 음악공연의 정보를 제공한다.
- 대중매체와 친숙하여 정보를 알고 있는 것은 매우 중요하다. 교사는 정기적으로 생활주제에 맞거나 교육적인 동영상의 목록을 부모에게 제공할 필요가 있다.
- 음악을 전공한 학부모에게 유아에게 적합한 음악을 선정하고 유아교육기관에서 작은 음악회를 개최하는 등 전문적인 인적 자원을 활용한다.
- 음악과 관련된 기관이나 장소를 견학한다. 각 지역사회에 있는 공연장, 음악회가 열리는 장소, 음악학교, 악기 상가, 악기 공장 등의 방문은 유아의 음악적인 관심을 높일 수 있다.

출처 : 김금옥, 2000.

CHAPTER 9

유아음악교육의 평가

유아음악교육의 평가(evaluation)는 상호작용적으로 교수-학습하는 동안에 유아의 이해를 검토하는 것을 의미한다. 유아음악교육에 대한 평가는 활동이 이루어지면서 수시로 비형식적으로 이루어져야 하며, 교수자료와 학습과정에 대한 이해를 바탕으로 한 교수지식을 충분히 활용해야 하며 반성의 기초로 사용한다.

1. 음악교육을 위한 교사의 역할

유아기는 음악능력 형성에 가장 기초가 되는 음악적 감수성을 개발하기 위한 최적기이자 음높이나 리듬의 변별능력이 급속히 발달하는 시기이므로, 이를 위하여 다양한 음악활동과 적절한 음악교육의 기회를 제공해야 한다. 유아기의 음악적 경험을 통한 음악성의 발달은 일생동안의 음악활동의 질을 결정하는 바탕이 되고, 이 시기를 놓치면 이후에 적절한 환경을 제공한다고 하더라도 그 성장이 매우 둔하거나 기대할 만하지 못할 수도 있다. 이처럼 음악교육에 대한 결정적 시기인 유아기의 음악적 경험에 가장 중요한 역할을 하는 것은 유아를 직접 지도하는 교사이다. MENC(1992)가 제안하는 교사의 역할은 다음과 같다.

첫째, 유아를 위한 음악교육 과정은 음악적 개념의 언어화와 시각화를 위한 초보적 경험뿐 아니라 노래 부르기, 움직이기, 듣기, 악기 연주하기를 통하여 소리를 탐색해 보는 많은 기회를 제공해야 한다.

둘째, 교육과정에 포함되는 음악 소재는 전통적인 동요, 민요, 고전음악, 다양한 문화형식과 시대에 걸친 음악과 같은 것으로서 질이 우수하고 지속적인 가치를 지닌 것으로 제공하여야 한다.

셋째, 발달에 적절한 유아의 음악경험은 유아가 주도적·자발적으로 놀이할 수 있도록 제공해야 하며, 교사는 놀이환경을 지지한다.

넷째, 음악적으로 자극을 주는 환경을 조성해 주고, 유아의 사고와 탐색을 자극해 주는 질문과 제안을 해 줌으로써 유아가 음악적 교구와 활동에 몰입하도록 촉진해 주어야 한다.

다섯째, 유아가 음악을 함께 나누고 만들어 보는 중요한 사회적·음악적 측면을 경험하기 위하여 집단 음악시간을 계획한다.

여섯째, 다양한 난이도에 따른 다양한 음악적 활동, 교구, 시설 속에서 유아가 선택할 수 있는 기회를 마련해 준다. 이를 위해 유아의 생활에 적절하고, 구체적이며, 실물중심의 학습활동과 교구를 마련한다.

일곱째, 유아에게 적극적 참여를 통하여 음악을 탐색해 볼 수 있는 시간을 제공한다.

여덟째, 음악활동 가운데 교사와 또래-유아 간 상호작용이 활발하게 일어날 수 있도록 하며, 음악적 교구와의 적극적 상호작용이 이루어지도록 해야 한다.

아홉째, 교사는 유아의 다양한 발달 영역을 인식하고 다양하고 효율적인 음악교수법의 필요성을 인식해야 한다.

유아교육현장에서 음악교육이 활성화되기 위해서는 교사의 역할이 중요하다. 유아교사 스스로가 노래 부르기나 악기 연주에 자신이 없을 경우 음악교육을 부담스럽게 생각할 수 있다. 하지만 교사가 음악적 지식을 구비하고 자신감을 가지고 유아와 함께 음악을 즐길 수 있는 자세를 지닌다면 음악활동을 충분히 효과적으로 이끌어 낼 수 있다. 따라서 음악교육의 질은 유아의 일상생활 속에서 구체적인 학습환경을 조성하여 상호작용하는 교사에게 달려 있으므로 현장의 음악교육의 변화를 도모하기 위해서는 교사의 전문적 자질이 중요하다.

〈표 9-1〉 음악교수불안

불안이란 대상이 일정치 않고 목적물이 뚜렷하지 않으며 모호하고 불분명하게 느끼는 심리적인 동요상태를 말한다(Freud, 1936). 이러한 불안을 교육학 측면에서 적용한 것이 교수불안인데, 음악교수불안이란 교사가 음악활동을 실시하기 전과 실시하는 중에 느끼는 긴장이나 두려움, 걱정 등의 감정을 느끼는 상태를 의미한다(장정륜, 2013). 이러한 음악교수불안은 유아교사가 유아와 함께하는 음악교육에 영향을 미치기 때문에 교사는 음악교수 실제에 대한 안정감을 형성하여야 한다. 음악교수불안은 '특성 불안'과 '음악활동 상태 불안', '피아노 반주 상태 불안'의 세 요인으로 구성되어 있으며, 총 60문항 가운데 30문항은 역채점하여 합산한다.

* 각 요인별 점수는 최저 20점에서 최고 80점이며 점수가 높을수록 음악교수불안이 높음을 의미한다.

번호	요인	문항 내용	전혀 아니다	때때로 그렇다	자주 그렇다	거의 언제나 그렇다
1	특성 불안	나는 유쾌하다.*				
2		나는 초조하고 안절부절못한다.				
3		나는 자신에 만족한다.*				
4		나는 쉽게 불안해지는 사람이다.				
5		나는 낙오자처럼 느낀다.				
6		나는 마음이 편하다.*				
7		나는 느긋하다.*				
8		나는 걱정이 많고 피로하다.				
9		나는 사소한 일에도 너무 걱정한다.				
10		나는 행복하다.*				
11		나는 생각들로 마음이 혼란스럽다.				
12		나는 자신감이 없다.				
13		나는 안전하게 느낀다.*				
14		나는 마음이 든든하다.*				
15		나는 평온하다.*				
16		나는 만족스럽다.*				
17		나는 대수롭지 않은 일에도 지나치게 괴로워한다.				

번호	요인	문항 내용	전혀 아니다	때때로 그렇다	자주 그렇다	거의 언제나 그렇다
18	특성 불안	나는 낙심하면 심각하게 생각해서 마음에서 떨쳐 내지 못한다.				
19		나는 안정되어 있는 사람이다.				
20		나는 당면한 걱정거리를 생각하면 긴장하거나 혼란스럽다.				
21	음악 활동 상태 불안	음악활동을 지도할 때는 평안하다.*				
22		음악활동을 지도할 때는 안정된 느낌이다.*				
23		음악활동을 지도할 때는 긴장감을 느낀다.				
24		음악활동을 지도할 때는 심하게 긴장된다.				
25		음악활동을 지도할 때는 마음이 편하다.*				
26		음악활동을 지도할 때는 속상하다.				
27		음악활동을 지도할 때는 불행이 닥쳐 올까봐 지금 걱정이다.				
28		음악활동을 지도할 때는 흡족하다.*				
29		음악활동을 지도할 때는 두렵다.				
30		음악활동을 지도할 때는 편안하다.*				
31		음악활동을 지도할 때는 자신감을 느낀다.*				
32		음악활동을 지도할 때는 안절부절못한다.				
33		음악활동을 지도할 때는 초조하다.				
34		음악활동을 지도할 때는 무엇을 어찌해야 좋을지 모르겠다.				
35		음악활동을 지도할 때는 느긋한 기분이다.*				
36		음악활동을 지도할 때는 만족감을 느낀다.*				
37		음악활동을 지도할 때는 불안하다.				
38		음악활동을 지도할 때는 혼란스럽다.				
39		음악활동을 지도할 때는 마음이 동요되지 않고 안정되어 있다.*				
40		음악활동을 지도할 때는 기분이 좋다.*				

번호	요인	문항 내용	전혀 아니다	때때로 그렇다	자주 그렇다	거의 언제나 그렇다
41	피아노 반주 불안	피아노 반주를 할 때는 평안하다.*				
42		피아노 반주를 할 때는 안정된 느낌이다.*				
43		피아노 반주를 할 때는 긴장감을 느낀다.				
44		피아노 반주를 할 때는 심하게 긴장된다.				
45		피아노 반주를 때는 마음이 편하다.*				
46		피아노 반주를 할 때는 속상하다.				
47		피아노 반주를 할 때는 불행이 닥쳐 올까봐 지금 걱정이다.				
48		피아노 반주를 할 때는 흡족하다.*				
49		피아노 반주를 할 때는 두렵다.				
50		피아노 반주를 할 때는 편안하다.*				
51		피아노 반주를 할 때는 자신감을 느낀다.*				
52		피아노 반주를 할 때는 안절부절못한다.				
53		피아노 반주를 할 때는 초조하다.				
54		피아노 반주를 할 때는 무엇을 어찌해야 좋을지 모르겠다.				
55		피아노 반주를 할 때는 느긋한 기분이다.*				
56		피아노 반주를 할 때는 만족감을 느낀다.*				
57		피아노 반주를 할 때는 불안하다.				
58		피아노 반주를 할 때는 혼란스럽다.				
59		피아노 반주를 할 때는 마음이 동요되지 않고 안정되어 있다.*				
60		피아노 반주를 할 때는 기분이 좋다.*				

출처 : 장정륜, 2013.

2. 교육활동에 대한 평가

1) 포트폴리오 평가

음악은 타 영역처럼 가시적 지필검사를 통해 평가하기 어렵다. 포트폴리오 평가는 교사가 유아의 진보를 보다 깊고 폭넓게 볼 수 있는 시야를 확보해 주며, 장기간에 걸친 음악적 향상과 전인적 발달에 대한 평가를 알아볼 수 있는 장점을 갖는다. Gadner(2007)는 음악활동을 평가하기 위한 포트폴리오를 위하여 Art Propel을 적용하였다. 음악에서 포트폴리오는 다음과 같은 과정을 거쳐 진행할 수 있다.

(1) 포트폴리오의 목적, 방법 등 지침수립

포트폴리오의 목적, 방법 등 지침을 수립하기 위한 방법을 모색한다. 포트폴리오는 유아의 발달 특성을 볼 수 있는 위주로 모으는데 시간의 간격별로 다양한 자료를 수집한다. 수집은 월 1회 이상 하며, 개별 포트폴리오는 수시로 첨가한다. 협의회는 연 4회 정도를 기본으로 하며, 각 수집물을 일정한 장소에 분류하고 간단한 코멘트를 작성하도록 한다. 특히, 개별적 유아를 세심히 관찰하여 기록하며 이러한 관찰은 교사가 소집단이나 개별적 음악활동을 계획하고 이끄는 기초자료로 사용되어야 한다.

(2) 부모와의 연계 모색

음악은 유아의 전반적인 생활을 통해 나타나는 정서적 행동영역이기 때문에 가정과의 연계를 통해 포트폴리오 수집에 대한 협조를 구한다. 이를 위해 워크숍을 열거나 부모 개인면담을 활용할 수 있다.

(3) 음악 관련 포트폴리오 자료 수집

음악 관련 포트폴리오 자료는 유아의 감정이 잘 표현된 것으로 선택해야 하며, 사진으로 기록한 후 간단한 코멘트를 적는다. 활동명, 날짜, 상황, 장면의 중요성을 적어 두도록 한다. 또는 유아에게 활동에 대한 질문(예 어떤 소리가 나니? 왜 소리가 다를까? 무엇이 가장 재미있었니?)을 통해 자기평가 및 흥미도를 파악해 볼 수도 있다. 유아의 음악적 평가는 과학·언어·조형영역 등과 같이 포트폴리오를 통해 지속적이며 체계적이며 다각적으로 이루어져야 한다. 특히, 음악활동은 디지털 리코더 등으로 유아의 음악적 반응을 녹화, 녹음하거나 유아가 찬트한 것을 악보로 사용하고 유아가 즐겨 부르는 노래의 부분을 노랫말 및 곡에 포함된 음악적 특징과 함께 기록하는 것이 좋다. 또한, 다른 유아와 함께 통합적 활동에 참여하는 음악 표현의 과정을 사진으로 담아 기록하는 등 다양한 평가자료를 모으는 것이 중요하다.

(4) 수집한 정보를 날짜, 영역별 조직화

유아의 진보상황을 확실하게 볼 수 있도록 활동명, 날짜별, 시간 순서대로 정리한다. 활동명에 따라 유아의 흥미분야에 대한 인식을 할 수 있으며, 부족한 부분이나 흥미가 부족한 부분에 대한 개입이 가능해질 수 있다.

(5) 수집한 자료 보관관리, 보고서 작성

수집한 자료는 손상되지 않게 파일이나 박스에 넣어 유아 개인사물함에 보관한다. 수집된 자료에는 수집물의 사항을 기입하고 주기적인 평가보고서를 작성하도록 한다.

(6) 포트폴리오 회의 및 시행, 연계

포트폴리오 수집에서 얻은 결과물로 보다 발전적 방향으로 유아를 이끌어 나갈 수 있는 방향을 모색해 본다. 또한, 새로운 담임을 맞이하거나 학년이 올라갈 때 다음 교사가 유아를 빨리 정확하게 이해하도록 돕고, 유아가 새로운 환경에 적응하기 편이할 수 있도록 인수 포트폴리오를 마련한다.

2) 유아 개인에 대한 평가

(1) 음악 적성

음악 적성이란 음악적으로 사고할 수 있는 역량 혹은 음악을 학습할 수 있는 잠재적 가능성이다. 유아의 음악 적성(음정감과 리듬감)은 Gordon(1979)이 PMMA(The Primary Measures of Music Audiation)를 개발하였다. PMMA는 발전적 음악 적성을 측정하는 도구이며, 유치원부터 초등학교 3학년까지를 대상으로 고안된 검사 도구이다. PMMA는 음정감 검사와 리듬감 검사로 구성되어 있으며, 각 하위영역은 40개의 문항으로 구성된 짧은 음악으로 되어 있어, 유아가 글을 읽거나 악보를 보고 숫자를 아는 능력이 없어도 검사를 받을 수 있게 제작되었다.

〈표 9-2〉 음악 적성검사의 내용 및 점수범위

하위영역	내용	문항	점수범위
음정감 (40문항)	2~5개의 음으로 이루어진 장조와 단조의 패턴으로 구성되며 모든 패턴은 동일한 음가로 연주된다.	• 13문항 – 2음 • 25문항 – 3음 • 1문항 – 4음 • 1문항 – 5음	0~40점
리듬감 (40문항)	여러 가지 박자(2/4, 4/8, 6/8, 5/8, 7/8)의 리듬패턴이 제시되며 모든 패턴은 동일한 음고로 연주된다.	• 28문항(한 문항에서 제시되는 두 패턴의 박자가 동일함) • 12문항(한 문항에서 제시되는 두 패턴의 박자가 다름)	0~40점
음악 적성 전체			0~80점

출처 : IEC Music English 출판사, 2004.

음정감 검사 및 리듬감 검사는 각각 40개의 문항, 총 80문항으로 구성되어 있으며, 한 문항당 정답일 경우 1점, 오답일 경우 0점으로 채점하며 점수가 높을수록 음정감과 리듬감이 높음을 의미한다. 음정감 검사와 리듬감 검사 점수는 각각 0점에서 40점 범위에 있다. 따라서 음악 적성검사의 총점은 최저 0점, 최고 80점으로 구성되어 있다. 음정감 검사와 리듬감 검사는 각각 12분 정도의 길이로 녹음되어 있는데, 각각의 검사 실시는 연습문제를 포함해서 대략 20분 정도의 시간이 소요된다.

검사 실시방법은 먼저 유아에게 검사하는 방법을 알려주는데, 검사지 각 문항에는 번호대신 자동차, 숟가락, 사과 등 유아에게 친숙한 그림이 있다고 설명한다. 각 검사를 실시하기 전 음정감 검사에는 4문항, 리듬감 검사에는 2문항의 연습문제가 있으며 연습문제는 연구자와 유아가 같이 실시하고 본 문제는 유아가 스스로 진행한다. 각 문항은 사물의 이름(예 자동차, 숟가락)으로 지칭된다. 사물의 이름을 듣고 난 후 유아는 몇 초의 간격을 두고 들려오는 두 개의 노래를 듣는다. 이때 두 노래가 동일하면 문항의 밑에 있는 두 개의 상자 중 같은 모양

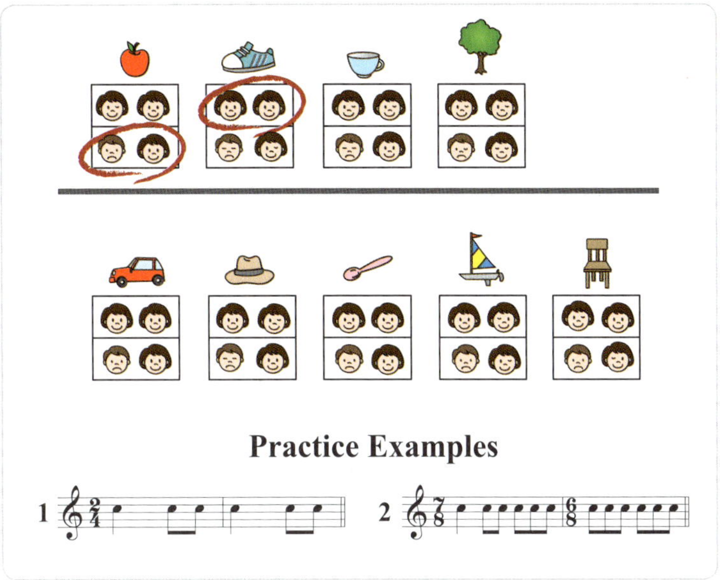

출처 : IEC Music English 출판사, 2004.

[그림 9-1] 음악 적성검사의 예시

의 얼굴이 들어 있는 상자에, 두 노래가 다르면 다른 얼굴이 들어 있는 상자에 동그라미를 그리는 방식으로 진행한다. PMMA 검사 지침서에 따르면 음정감 검사를 먼저 실시한 후 리듬감 검사를 실시하기까지 1주일 이상 간격을 두지 않도록 하고 있다.

(2) 음악적 창의성

음악적 창의성은 음의 탐색, 음을 통한 신체표현, 상상, 느낌 등의 선율적 표현을 통하여 유아 자신의 생각을 구체적인 음악현상으로 표현하는 능력으로 인식되고 있다. Balkin(1985)은 "음악을 통한 창의적 접근은 유아의 무한한 잠재력을 일깨워 주는 수단이 될 수 있다."라고 주장하였다. Moore(1990)는 "유아가 환경과 상호작용하면서 음을 만들고 계획하는 다양한 수단을 발견하여 자유롭고 리드미컬한 율동으로 표현하고, 이러한 행동은 학습되지 않은 것이므로 본질적으로 창의적 사고와 관계가 깊다."라고 하였다.

음악성 창의성 도구는 MCSM(Measures of Creativity in Sound and Music)을 Wang(1985)이 개발하였다. MCSM은 Torrance(1981)의 TCAM(Thinking Creatively in Action and Movement)의 설계에 따른 측정 도구로서 음악적 유창성, 음악적 상상력, 음악적 독창성의

세 가지 하위척도의 득점 정도를 평가하기 위한 4개의 활동으로 구성되어 있다. 음악적 창의성 검사에 대한 구체적인 내용은 아래와 같다.

〈표 9-3〉 음악적 창의성 검사내용 및 점수범위

하위영역	활동내용	점수범위
유창성	• 활동 1:신체리듬, 악기이용, 리듬형태나 박자를 창안하는 활동(1문항) • 활동 3:실로폰이나 오스티나토를 연주할 수 있는 능력을 알아보기 위한 활동(1문항)	2~10점
상상력	• 활동 2:각 문항에서 제시하는 소리를 정확하게 악기로 연주하는 능력을 알아보기 위한 활동(6문항) • 활동 4:곡을 들려주며 상상해서 악기나 신체리듬을 사용하여 표현해 보게 하는 활동(6문항)	12~60점
독창성	• 활동 1과 활동 3의 독창적인 리듬에 대해서 1점씩 부여한 점수	0~2점
음악적 창의성 전체		14~72점

출처 : 허순희, 1996.

각 문항에 대한 평정척도는 무반응 1점, 약간 반응함 2점, 보통 3점, 약간 우수함 4점, 우수함 5점으로 5단계 척도로 구성되어 있다. 음악적 유창성 점수는 〈활동 1〉과 〈활동 3〉에서 반응한 점수로 최저 2점, 최고 10점 범위에 있으며, 각각 1개의 문항으로 구성되어 있다. 음악적 상상력 점수는 〈활동 2〉와 〈활동 4〉에서 반응한 점수로 최저 12점, 최고 60점 범위에 있으며 각각 6개의 문항으로 구성되어 있다. 음악적 독창성은 〈활동 1〉과 〈활동 3〉 가운데 독창적인 리듬에 대하여 1점씩 부여한 점수의 합으로 최저 0점, 최고 2점 범위에 있다. 합산한 음악적 창의성 총점은 최저 14점에서 최고 72점으로 구성되어 있으며, 점수가 높을수록 유아의 음악적 창의성 성향이 많은 것이다.

검사 실시방법은 〈활동 1〉의 경우 연구자가 시범활동으로 여러 가지 신체리듬을 사용해 고정박자를 연주하고 유아는 신체리듬이나 악기를 사용하여 창안해 보게 한다. 〈활동 2〉의 경우 각 문항의 여러 가지 상황이나 물건에 대해 설명해 주고 유아는 각 문항에서 제시하는 소리를 정확하게 악기나 행동으로 표현한다. 〈활동 3〉의 경우 연구자가 실로폰으로 한 가지 주법만으로 오스티나토를 연주하고 유아는 C음과 G음 혹은 D음과 A음만 있는 실로폰으로 다른 리듬형을 연주해 보게 한다. 〈활동 4〉의 경우 여러 가지 음악작품을 녹음한 곡을 들려주고 그

곡의 내용에 대한 상황을 상상해서 악기나 신체리듬을 사용하여 표현해 보게 한다. 이 검사에 사용된 준비물은 뚜껑이 있는 플라스틱 용기, 탬버린, 캐스터네츠, 우드블록과 같은 리듬 악기와 C음과 G음, D음과 A음 실로폰, 그리고 녹음기와 녹음 테이프 등이 있다. 녹음 작품은 교사가 다양하게 유아에게 적합한 클래식 음악으로 선정하여 유아의 신체적 표현, 음악의 분위기나 리듬, 멜로디, 다이나믹을 적절하게 반영해 주는 부분을 2~3분씩 편집하여 사용하도록 한다.

활동 1. 유창성

[교사] 여기에 여러 종류의 악기가 있다고 상상해 봅시다. 선생님은 ㅇㅇ가 이 악기들을 가지고 서로 다른 여러 가지의 소리를 낼 수 있는 방법을 생각해 봤으면 좋겠어요. ㅇㅇ가 고정박자로 여기 있는 악기를 사용하여 소리를 만들어 연주할 수 있는지 선생님에게 보여 주세요. (교사의 시범활동 : 손뼉치기 등의 여러 가지 신체리듬을 사용하면서 고정박자를 연주하는 방법을 유아에게 보여 준다. 예 : 손뼉치기, 손바닥과 손등으로 소리 내기, 두 개의 손가락으로 고정박자 연주하기)

[유아의 반응]
1. 반응이 없다.
2. 약간의 반응이 있거나 모방을 하는 정도이다.
3. 기존에 있던 그대로의 동작을 표현한다.
4. 자신만의 독창성이나 창조적인 것을 표현한다.
5. 소리나 몸동작을 상상 외로 잘 표현한다.

활동 2. 상상력

[교사] ㅇㅇ는 선생님이 어떤 상황이나 물건에 대해서 설명해 주면 ㅇㅇ는 악기를 가지고 그 상황과 같은 소리를 낼 수 있겠어요? 악기로 연주해 보세요. 또 어떤 행동으로 나타낼 수 있겠어요? (입으로 소리를 흉내 내면서 이야기하거나 여러 종류의 악기를 사용하면서 연주할 수 있다.)

1. ㅇㅇ는 폭풍이 있을 때 번개가 치는 천둥소리를 연주할 수 있겠어요?

① 무반응 ② 약간의 반응 ③ 보통 ④ 약간 ⑤ 우수함(지시한 내용과 같은 소리를 연주했음)

2. ㅇㅇ는 거인이 걸어가는 발자국 소리를 연주할 수 있겠어요?

① 무반응 ② 약간의 반응 ③ 보통 ④ 약간 ⑤ 우수함(지시한 내용과 같은 소리를 연주했음)

3. ○○는 말의 움직이는 소리를 연주할 수 있겠어요? (갤럽핑, 걷기, 속보, 달리기 등)

① 무반응 ② 약간의 반응 ③ 보통 ④ 약간 ⑤ 우수함(지시한 내용과 같은 소리를 연주했음)

4. ○○는 새들이 지저귀는 소리를 연주할 수 있겠어요? (새들이 나무 위에서 노니는 모습을 상상하도록 교사가 약간의 지시를 해 준다.)

① 무반응 ② 약간의 반응 ③ 보통 ④ 약간 ⑤ 우수함(지시한 내용과 같은 소리를 연주했음)

5. ○○는 시냇물이 흘러가는 소리를 연주할 수 있겠어요?

① 무반응 ② 약간의 반응 ③ 보통 ④ 약간 ⑤ 우수함(지시한 내용과 같은 소리를 연주했음)

6. ○○는 전화벨이 울리는 소리를 연주할 수 있겠어요?

① 무반응 ② 약간의 반응 ③ 보통 ④ 약간 ⑤ 우수함(지시한 내용과 같은 소리를 연주했음)

활동 3. 유창성

[교사] 선생님이 연주하는 것을 보고 선생님과 다른 리듬형으로 연주해 보겠어요?

교사는 실로폰을 가지고 한 가지 주법만으로 오스티나토를 연주하는 것을 시범보인다. 그리고 ta ti-ti ta ta(♩ ♪♪♩ ♩)의 의성어를 사용한다(두 개의 나무 메와 두 개의 건반-C음과 G음 혹은 D음과 A음-만 있는 Orff의 알토실로폰을 준비한다).

시범 : ♩ ♪♪ ♩ ♩ 오른손
왼손

[교사] 실로폰을 가지고 선생님과 다른 오스티나토 리듬형을 연주할 수 있겠어요? 선생님이 '그만'이라고 할 때까지 반복해서 연주할 수 있겠어요?

1. 오른손
왼손

2. 오른손
왼손

3. 오른손
왼손

활동 4. 상상력

[교사] 왈츠곡, 기악곡, 동물에 관한 곡, 여러 사람의 노래소리와 사물에 관한 곡들이 있어요. 선생님이 지금부터 ○○에게 여러 가지 음악을 들려주려고 해요. 이런 여러 종류의 음악소리를 들으면 ○○는 그 음악에서 제시하는 어떤 사람이 될 수 있어요. 또 그 음악들은 여러 가지 흉내를 낼 수 있도록 도와줄 수 있을 거예요. ○○는 음악에 맞추어 움직이는 모습을 선생님에게 보여 줄 수 있을까요? 자, 지금부터 선생님이 아주 훌륭한 곡을 들려주려고 해요. 이 곡을 듣고 율동을 하거나 흉내를 내어 볼 수 있을까요?

1. 첫 번째 곡(Prokofiev의 'Peter and Wolf')

① 무반응	② 약간의 반응	③ 보통	④ 약간	⑤ 우수함(지시한 내용과 같은 소리를 연주했음)

2. 두 번째 곡(Mussorgsky의 'Picture at an Exhibition')

① 무반응	② 약간의 반응	③ 보통	④ 약간	⑤ 우수함(지시한 내용과 같은 소리를 연주했음)

3. 세 번째 곡(Bizet의 'Children's Play')

① 무반응	② 약간의 반응	③ 보통	④ 약간	⑤ 우수함(지시한 내용과 같은 소리를 연주했음)

4. 네 번째 곡(Sibelius의 'Thunder Storm Op. 109, No.1')

① 무반응	② 약간의 반응	③ 보통	④ 약간	⑤ 우수함(지시한 내용과 같은 소리를 연주했음)

(3) 자발적 음악 행동

유아의 자발적 음악행동 척도는 음률영역에 악기와 비품을 똑같이 비치하고 유아가 등원하고 나서부터 유아교육기관에서 하루를 지내는 동안 나타나는 자발적인 음악 관련 행동유형을 관찰하여 빈도를 체크하는 방법이다. 자발적 음악행동은 유아의 일상생활 동안 노래 부르기(자발적인 발성, 자발적인 노래), 악기 연주(악기 관심, 소리 및 악기 탐색과 연주), 움직이기(전 음악적 움직이기, 음악적 움직이기), 듣기(듣기만 일어나는 경우, 다른 음악적 행동과 동시에 일어나는 경우)와 기타로 관찰되는 내용을 빈도 수로 체크한다.

〈표 9-4〉 자발적 음악행동 검사방법 및 내용

악기류	피아노(키보드), 리듬악기(마라카스, 우드블록, 탬버린), 실로폰
기자재	CD 플레이어
음원	다양한 종류의 음악(클래식, 민요, 동요)과 소리(자연의 소리, 동물, 교통기관 등)
소품	스카프, 리본막대

간격(10초)	노래 부르기		악기 연주		움직이기		듣기		기타
	자발적인 발성	자발적인 노래	악기 관심	소리 및 악기 탐색과 연주	전 음악적 움직이기	음악적 움직이기	듣기만 일어나는 경우	다른 음악적 행동과 동시에 일어나는 경우	
1									
2									
3									
4									
5									
126									
127									
128									
129									
130									

출처 : 황인주, 2008.

Music Education for Children

Part 2 생활중심주제의 유아음악교육

1. 유치원과 친구
2. 나와 가족
3. 우리 동네
4. 동식물과 자연
5. 건강과 안전
6. 생활도구
7. 교통기관
8. 우리나라
9. 세계 여러 나라
10. 환경과 생활
11. 봄, 여름, 가을, 겨울

〈유아음악교육 내용에 의한 분류〉

1. 소리 탐색하기	• 몸에서 나는 소리 / 224 • 망치 소리 / 258 • 물 실로폰 / 309 • 즐거운 여름 / 326	• 소리를 만들어 보아요 / 228 • 어떤 소리일까? / 269 • 비가 내려요 / 312 • 동물농장 / 332
2. 노래 부르기	• 그냥 두고 나갔더니 / 209 • 참 좋은 말 / 218 • 모두 닦아요 / 246 • 시계 / 256 • 세계의 아침 인사 / 294 • 아름다운 지구인 / 306 • 바람은 장난꾸러기 / 317 • 괜찮아요 / 337	• 나의 손으로 / 212 • 행복한 우리 동네 / 234 • 도로엔 웃음꽃 활짝 / 248 • 추석날 / 285 • 남극과 북극 / 300 • 우리 지구 / 314 • 봄이 왔어요 / 320
3. 악기 다루기	• 엄마를 보면 나도 몰래 / 215 • 연주해 보아요 / 230 • 빨래판과 칫솔 악기 / 251 • 주방도구 난타 / 262 • 간다간다 / 266 • 설날 / 278 • 탱고 / 303 • '퐁당퐁당' 난타놀이 / 328	• 내 동생 / 221 • 개구리 / 240 • 나는 힘이 나죠! / 260 • 자동차 마라카스 / 264 • 뱃노래 / 273 • 시나위 / 288 • 씨앗 마라카스 / 323 • 겨울 / 335
4. 음악감상하기	• 결혼 행진곡(멘델스존) / 226 • 사물놀이 / 283	• 젓가락 행진곡 / 253 • 수건 돌려라 / 297
5. 신체표현하기	• 박자에 맞추어 직업 이름 말하기 / 232 • 올챙이와 개구리 / 243 • 애국가 / 281 • 비가 내려요 / 312	• 씨앗 / 237 • 꼬마 기차 치포의 여행 / 276 • 훌라리 훌라리 / 290 • 낙엽 놀이 / 330
6. 음악극	• 자동차 / 271	• 겨울 나무 / 340

1. 유치원과 친구

활동 1 그냥 두고 나갔더니

유치원과 친구

대상연령	만 3세	활동시간	15~20분	집단 및 인원	3~5명(소집단)
활동목표	• 정리정돈의 필요성을 안다. • 다양한 방법으로 노래를 부를 수 있다.				
누리과정 관련 요소	• 예술경험 > 예술적 표현하기 > 음악으로 표현하기 • 사회관계 > 다른 사람과 더불어 생활하기 > 공동체에서 화목하게 지내기				
음악교육 내용	음악 감상하기, 노래 부르기				
음악 개념	음색, 리듬, 음고, 선율				
활동자료	'그냥 두고 나갔더니' 음원, 뿡뿡이 동영상, 컴퓨터, 스피커				

활동방법

1. 흥미유발 및 자료제시

- 뿡뿡이 동영상을 보여 준다.
- 파트마다 일시정지를 누른 상태에서 유아들과 이야기 나눈다.
  - 영상에서 뿡뿡이가 장난감을 찾는 장면부터 정리 잘하는 친구 누구인지 장면까지를 본다.
  - 뿡뿡이는 무엇을 찾고 있었지?
  - 그런데 왜 뿡뿡이는 왜 장난감을 못 찾고 있는 걸까?
  - 집에서나 어린이집에서 장난감 정리를 잘하고 있니?
  - 그런데 왜 장난감을 정리해야 할까?
  - 장난감들이 너희들한테 할 말이 있대. 어떤 말을 하는지 노래로 함께 들어 보자.

2. 음률활동

- '그냥 두고 나갔더니' 노래를 들려주며 장난감이 하는 말 부분에 유아를 참여시킨다.
- 허밍으로 따라 불러보면서 멜로디를 느껴 본다.
- 역할을 바꾸어서 노래를 불러 본다.
- 모둠별로 나누어서 노래를 불러 본다.

• 활동 시 유의사항
- 허밍을 하기 전 교사의 모델링 후 따라 해 볼 수 있도록 지도한다.
- 노랫말을 외우지 못하는 유아들이 있더라도 반복해서 활동해 보며 노랫말을 익힐 수 있도록 돕는다.

3. 마무리

• 활동을 마친 후 느낌을 이야기 나눈다.
- 이 노래를 부르면서 어떤 생각이 났니?
- 친구들이 아끼는 장난감에 해 주고 싶은 말이 있니? 있다면 무슨 말인지 말해 볼까?

4. 확장활동

• '장난감'에 유아가 좋아하는 장난감 이름을 넣어서 개사하여 불러 본다.

그냥 두고 나갔더니

김성균 작사
김성균 작곡

"나를 바닥에 그냥 두고 나갔기 때문에 사람들이 나를 뻥 찼단 말이야."

활동 2 나의 손으로

유치원과 친구

대상연령	만 5세	활동시간	15~20분	집단 및 인원	3~5명(소집단)
활동목표	• 손으로 할 수 있는 여러 가지 일에 관심을 가진다. • 손으로 느낄 수 있는 다양한 감각을 느낀다. • 리듬을 느끼며 즐겁게 새 노래를 부른다.				
누리과정 관련 요소	• 예술경험 > 예술적 표현하기 > 음악으로 표현하기 • 자연탐구 > 탐구하는 태도 기르기 > 탐구과정 즐기기				
음악교육 내용	음악 감상하기, 노래 부르기				
음악 개념	음색, 리듬, 음고, 선율				
활동자료	'나의 손으로' 음원, CD 플레이어, 노랫말 판, 악보, 손 신체 그림				

활동방법

1. 흥미유발 및 자료제시

- 손으로 할 수 있는 여러 가지 일에 대해 이야기 나눈다.
  - 선생님이 보여 주는 사진을 잘 보도록 할까?
  - (손의 사진 중 한 부분만 제시하며) 어떤 색이니?
  - 무엇의 사진일까?
  - 그렇게 생각한 이유는 무엇이니 ?
  - 전체 사진을 함께 보도록 할까?
  - 우리의 손은 몸의 어디에 있을까?
  - 한 번 흔들어 보도록 할까?
  - 손으로 할 수 있는 일에는 무엇이 있을까?
  - 함께 이야기 나누어 보도록 할까?
- 손으로 느낄 수 있는 다양한 감각에 대해 이야기 나눈다.
  - 한쪽 손을 들어 다른 쪽의 손을 살살 만져 볼 수 있겠니?
  - 어떤 느낌이 드니?
  - 이번에는 세게 만져 볼까?
  - 살살 만져 볼 때와 어떤 점이 다르니?
  - 우리가 입은 옷을 만져 볼까?

- 손에 어떤 느낌이 드니?
- 이번에는 머리카락을 만져 볼까?
- 양말을 만져 볼까?
- 어떤 느낌이 드는지 이야기해 줄 수 있겠니?

• 활동 시 유의사항
- 손에 대한 충분한 탐색을 통해 배울 노래에 대한 관심을 유도한다.

2. 음률활동

• 오늘의 활동을 소개한다.
- 오늘은 '손'에 대한 노래를 함께 불러 보도록 할까?
- 어떤 내용에 대한 노랫말이 나올 것 같니?

• 반주에 맞추어 교사의 노래를 감상한다.
- 녹음한 피아노 반주에 맞추어 선생님의 노래를 감상해 보도록 할까?
- 어떤 자세로 노래를 감상하면 더욱 잘 들을 수 있을까?
- (노래를 감상한 후) 노래를 잘 들어 보았니?
- 노랫말은 어떤 내용이었던 것 같니?

• '나의 손으로' 노래를 한 가지 소리로 불러 본다.
- 한 가지 소리를 넣어 노래를 불러 보면 어떨까?
- 어떤 소리를 넣어서 불러 보고 싶니?
- (한 가지 소리를 넣어 불러 본 후) 이번엔 다른 소리로 불러 보도록 할까?

• 노랫말 판을 보며 노랫말을 넣어 부른다.
- 이제는 노랫말을 넣어서 노래를 불러 보는 건 어떨까?
- 천천히 함께 불러 보도록 할까?

• '나의 손으로' 노래를 다양한 방법으로 불러 본다.
- 노래를 여러 가지 방법으로 불러 보도록 할까?
- 노랫말을 나누어 불러 보도록 할까?
- 어떤 방법으로 나누어 불러 보면 좋을까?
- 손뼉을 치면서 불러 보면 어떨까?
- 어느 부분에서 손뼉을 치며 불러 볼까?

• 노랫말에 맞는 율동을 함께 만들어 불러 본다.
- '나의 손으로' 노랫말에 맞는 율동을 함께 만들어 보는 것은 어떨까?
- 어떤 노랫말을 율동으로 만들어 보고 싶니?

- '음식을 먹고' 부분을 어떻게 표현할 수 있을까?
- '가위질 하고'라는 부분을 손으로 만들 수 있을까?
- (율동을 모두 만든 후) 이제 우리가 만든 율동에 맞추어 노래를 함께 불러 보도록 할까?

• 활동 시 유의사항
- 노래말보다 유아의 느낌을 중심으로 다양한 노랫말과 표현을 할 수 있도록 제공한다.

3. 마무리

• '나의 손으로' 활동을 평가한 후 마무리한다.
- 친구들과 함께 '나의 손으로'라는 새 노래를 불러 보았는데 어땠니?
- 가장 기억에 남는 노랫말은 무엇이니?
- 재미있었던 율동 동작이 있니?
- 손이 하는 일을 율동으로 표현해 본 느낌은 어떠니?
- 손이 하는 일 중 가장 기억에 남는 말은 무엇이니?
- 손으로 느끼는 감각을 표현한 말 중 가장 기억에 남는 단어는 무엇이니?
- 활동을 하며 어떤 점이 가장 재미있었니?
- 아쉬웠던 점은 무엇이니?

4. 확장활동

• 노랫말을 바꾸어 불러 본다.

나의 손으로

김진영 작사
김진영 작곡

2. 나와 가족

활동 1 엄마를 보면 나도 몰래

나와 가족

대상연령	만 4세	활동시간	15~20분	집단 및 인원	5~7명(소집단)
활동목표	• 다양한 악기를 통해 음악을 연주해 본다. • 부모님에 대한 사랑을 느낀다.				
누리과정 관련 요소	• 예술경험 > 아름다움 찾아보기 > 음악적 요소 탐색하기 • 예술경험 > 예술적 표현하기 > 통합적으로 표현하기				
음악교육 내용	노래 부르기, 악기 다루기				
음악 개념	셈여림, 리듬, 음고, 형식				
활동자료	다양한 악기, '엄마를 보면 나도 몰래' 악보, 노랫말 판, CD 플레이어, 음원 CD				

활동방법

1. 흥미유발 및 자료제시

- 부모님에 대한 마음을 이야기 나눈다.
  - 부모님을 생각하면 무엇이 생각나니?
  - 어떨 때 사랑을 느낄 수 있었니?

2. 음률활동

- '엄마를 보면 나도 몰래'를 반복적으로 들어 본다.
- '엄마를 보면 나도 몰래' 노래를 떠올린다.
  - '엄마를 보면 나도 몰래' 노래를 들어 본 기분이 어떠니?
  - 어떤 내용이 있었니?
- '엄마를 보면 나도 몰래' 노래를 불러 본다.
  - 한 음으로 불러 본다.
  - 허밍으로 부른다.
  - 한 줄씩 불러 본다.
  - 다 함께 불러 본다.

- 노래를 듣고 어울리는 악기를 생각해 본다.
  - 이 노래에는 어떤 악기가 어울릴까?
  - 어떤 악기를 가지고 연주하면 좋을까?
- 활동 시 유의사항
  - 자유선택활동 시간에 '엄마를 보면 나도 몰래' 음원을 들려주어 친근감을 가지고 악기 다루기에 적극적으로 참여하도록 돕는다.

3. 마무리

- 노래에 맞추어 악기를 연주해 본다.
- 활동을 평가한다.
  - 함께 노래를 부르니 어떤 느낌이 들었니?

4. 확장활동

- '엄마' 대신에 친구 이름, 생각나는 사람을 넣어서 개사해 본다.

엄마를 보면 나도 몰래

김성균 작사
김성균 작곡

활동 2 참 좋은 말

나와 가족

대상연령	만 3세	활동시간	15~20분	집단 및 인원	5~7명(소집단)
활동목표	• 즐거운 마음으로 노래를 부른다. • 가족과 함께 하는 행복을 느낀다.				
누리과정 관련 요소	• 예술경험 > 예술적 표현하기 > 음악으로 표현하기 • 사회관계 > 가족을 소중히 여기기 > 가족과 화목하게 지내기				
음악교육 내용	노래 부르기, 음악 감상하기				
음악 개념	음색, 리듬, 음고, 선율				
활동자료	'참 좋은 말(김완기 작사 / 장지원 작곡)' 음원, 노랫말 판, CD 플레이어				

활동방법

1. 흥미유발 및 자료제시

- 유아가 좋아하는 말을 생각해 본다.
  - 친구들은 어떤 말을 들으면 기분이 좋아지니?
  - 엄마(아빠)가 뭐라고 말해 주면 즐거웠니?

2. 음률활동

- '참 좋은 말' 노랫말을 알아본다.
- 노랫말의 내용과 노랫말에 대한 느낌을 이야기 나눈다.
  - 어떤 노랫말이 기억나니?
  - 노랫말 중에 어려운 말은 없었을까?
  - "사랑해요"라는 말을 나누면 어떤 느낌이 들까?
- '참 좋은 말' 연주곡을 감상한다.
  - 노랫말을 넣지 않고 연주한 음악을 들어 보렴.
  - 노래의 느낌이 어떠니?
  - 빠르게 부르는 노래 같니? 느리게 부르는 노래 같니?

- 교사가 부르는 '참 좋은 말' 노래를 감상한다.
  - 선생님이 노랫말을 넣어서 노래를 불러 보자.
  - 노래를 들어 보니 어떤 느낌이 드니?
- 한 가지 소리로 노래 부른다.
  - 한 가지 소리로 노래를 불러 볼까?
  - 어떤 소리로 부를까?
- 노랫말을 넣어서 여러 번 반복하여 노래 부른다.
  - 노랫말을 넣어서 불러 볼까?
  - 우리 가족을 떠올리며 노래 불러 보자.
  - 박수를 치면서 노래 불러 볼까?
- 활동 시 유의사항
  - 노랫말을 충분히 이해하고 공감하여 가족에 대한 사랑과 행복을 느낄 수 있도록 한다.
  - 일과시간 중 주의집중, 전이활동 시간 등에 노래를 들려준다.
  - 음률영역에 노랫말 자료와 음원을 두고 자유선택활동 중에 자유롭게 활동하도록 한다.

3. 마무리

- 노래를 부른 후 느낌을 이야기 나눈다.
  - 오늘 함께 부른 노래 제목이 무엇이었지?
  - '참 좋은 말' 노래를 부르며 어떤 느낌이 들었니?
  - 가장 기억에 남는 노랫말은 무엇이니?

4. 확장활동

- 유아들이 노래에 익숙해지면 율동을 만들어 보거나 악기를 연주하며 노래를 불러 볼 수 있다.

참 좋은 말

김완기 작사
장지원 작곡

활동 3 내 동생

나와 가족

대상연령	만 4세	활동시간	15~20분	집단 및 인원	5~7명(소집단)
활동목표	• 가족구성원에 형제, 자매가 있음을 안다. • 노래를 들으며 악기 연주를 할 수 있다				
누리과정 관련 요소	• 사회관계 > 가족을 소중히 여기기 > 가족과 협력하기 • 예술경험 > 예술적 표현하기 > 음악으로 표현하기				
음악교육 내용	노래 부르기, 악기 다루기				
음악 개념	셈여림, 리듬, 음고, 형식				
활동자료	마라카스, '내 동생' 음원, 악보, 노랫말 판, CD 플레이어				

활동방법

1. 흥미유발 및 자료제시

- 사전활동으로 유아가 만든 마라카스를 소개한다.
  - (마라카스를 흔들며) 이 악기는 무엇일까?
  - 악기에서 어떤 소리가 나니?
  - 이것으로 무엇을 할 수 있을까?

2. 음률활동

- 마라카스로 연주하는 방법을 알아본다.
  - 어떤 방법으로 소리를 낼 수 있을까?
  - 어떻게 하면 큰 소리가 날까?
  - 어떻게 하면 작은 소리가 날까?
- 노래를 들어 본다.
  - 이 노래를 들어 본 적이 있니?
  - 노래를 들어 보니 어떠니?
  - ㅇㅇ는 동생(언니, 형)이 있니?

- 노래를 들으며 마라카스를 흔들어 본다.
  - 노래를 들으며 마라카스를 흔들어 볼까?
  - 세게(약하게) 흔들어 볼까?
  - 빠르게(느리게) 흔들어 볼까?
- 노래에서 '동생'이 들어가는 단어에만 마라카스를 흔들어 본다.
- 마라카스를 흔들며 노래를 불러 본 기분을 말해 본다.
  - 노래를 들으며 마라카스를 흔들어 보니 기분이 어떠니?
  - 어떤 부분이 가장 재미있었니?
- 활동 시 유의사항
  - 노랫말을 보면서 '내 동생' 노랫말이 있는 곳에서 마라카스를 흔드는 것임을 활동 전에 충분히 소개한다.
  - 혹시 다른 노랫말에서 치더라도 다시 해 보라고 하기보다는 즐겁게 하는 것에 목표를 두어 활동을 하도록 안내한다.

3. 마무리

- 놀이를 마친 후 악기를 음률영역에 정리한다.

4. 확장활동

- 마라카스 노래를 연주하면서 느낀 점을 그림으로 표현해 본다.

내 동생

조운파 작사
최종혁 작곡

활동 4 몸에서 나는 소리

나와 가족

대상연령	만 3세	활동시간	15~20분	집단 및 인원	15~20명(대집단)
활동목표	• 신체 부위를 알고 말할 수 있다. • 몸을 이용한 역할을 알 수 있다.				
누리과정 관련 요소	• 예술경험 > 예술적 표현하기 > 리듬 만들기 • 신체운동 > 감각과 신체인식 > 감각능력 기르기				
음악교육 내용	소리 탐색하기, 노래 부르기				
음악 개념	음색, 리듬				
활동자료	그림 자료, 녹음기				

활동방법

1. 흥미유발 및 자료제시

- 그림 자료를 보면서 나의 몸에 대해 이야기 나눈다.
- 우리 몸에 대해 이야기 나눈다.
  - 얼굴에는 무엇과 무엇이 있을까?
  - 배와 연결된 신체 부위는 어떤 것이 있을까?
  - 손과 발은 어떤 역할을 할까?
  - 몸에는 어떤 색들이 있을까?
- 활동 시 유의사항
  - 몸에 대한 탐색이 충분히 이루어지도록 한다.

2. 음률활동

- 그림 자료를 통하여 선생님과 '눈은 어디 있나' 노래에 맞추어 자신의 눈, 코, 입을 가리켜 본다.
  - 눈은 어디 있나? / 여기
  - 코는 어디 있나? / 여기
  - 입은 어디 있나? / 여~기
  - 귀는 어디 있을까? / 여기!!!

- 처음에는 교사가 시범을 보이면서 신체 부위에 대해 알아보고, 익숙해지면 노래 가삿말에 따라 알아본다.

3. 마무리

- 손, 발, 엉덩이를 넣어 노랫말을 바꾸며 불러 본다.
- 신체를 이용하여 낼 수 있는 소리를 친구와 짝을 지어 내어 본다.

4. 확장활동

- 친구와 함께 만들어 본 소리를 녹음해 본다.
- 녹음한 소리를 들으면서 어느 부위에 해당하는지 알아본다.

눈은 어디 있나?

어효선 작사
김공선 작곡

활동 5 결혼 행진곡(멘델스존)

나와 가족

대상연령	만 5세	활동시간	15~20분	집단 및 인원	15~20명(대집단)
활동목표	• 음악을 듣고 나의 생각과 느낌을 표현한다. • 즐거운 마음으로 음악을 감상한다.				
누리과정 관련 요소	• 예술경험 > 예술적 표현하기 > 음악으로 표현하기 • 예술경험 > 예술 감상하기 > 다양한 예술 감상하기				
음악교육 내용	음악 감상하기				
음악 개념	음색, 리듬, 선율				
활동자료	'결혼 행진곡' 음원 CD, CD 플레이어				

활동방법

1. 흥미유발 및 자료제시

- 우리 가족의 특별한 날에 대해 이야기 나눈다.
  - 우리 가족의 특별한 날은 어떤 날이 있을까?
  - 엄마, 아빠 두 사람의 특별한 날은 어떤 날일까?

2. 음률활동

- 결혼식에 가 본 경험과 느낌을 이야기 나눈다.
  - 결혼식에 가 본 적이 있니?
  - 결혼식장에서 무엇을 보았니?
  - 어떤 음악을 들었니?
- 멘델스존의 '결혼 행진곡'을 감상한다.
  - 친구들과 함께 음악을 감상하도록 하자.
  - 가만히 눈을 감고 감상해도 좋고, 음악에 맞추어 몸을 움직이며 감상해도 좋아.
  - 그럼 이제부터 음악을 들어 볼까?
- 음악감상 후 느낌을 이야기 나눈다.
  - 음악을 들어 본 적 있니?
  - 음악을 감상하며 어떤 느낌이 들었니?
  - 어떤 악기로 연주한 것 같니? 기억나는 음은 있니?

- 음악의 작곡가와 제목을 소개해 준다.
- 활동 시 유의사항
  - '결혼 행진곡' 음악감상을 할 때 유아의 느낌에 따라 움직이는 것을 자유롭게 허용하도록 한다.

3. 마무리

- 결혼식 장면을 떠올리며 다시 한 번 음악을 들어 본다.
  - 결혼식 장면을 떠올리면서 다시 한 번 음악을 감상해 볼까?
  - 결혼식 장면을 떠올리면서 감상하니 어떤 느낌이니?

4. 확장활동

- '결혼 행진곡' 음악에 맞추어 신랑, 신부가 되어 음악극으로 진행해 볼 수 있다.

3. 우리 동네

활동 1 소리를 만들어 보아요

우리 동네

대상연령	만 4세	활동시간	15~20분	집단 및 인원	7~8명(소집단)
활동목표	• 우리 동네에서 들리는 소리에 관심을 갖는다. • 여러 가지 재료를 이용하여 우리 동네 주변에서 들리는 소리를 표현한다.				
누리과정 관련 요소	• 사회관계 > 사회에 관심 갖기 > 지역사회에 관심 갖고 이해하기 • 예술경험 > 아름다움 찾아보기 > 음악적 요소 탐색하기 • 자연탐구 > 탐구하는 태도 기르기 > 탐구과정 즐기기				
음악교육 내용	소리 탐색하기, 악기 다루기				
음악 개념	음색, 음고, 형식				
활동자료	우리 동네에서 들리는 소리 음원(학교 종, 자동차 주행, 페트병 밟는 소리, 설거지 소리, 초인종, 미용실, 시장, 톱질, 망치질, 치과치료, 나뭇잎 밟는 소리 등), 음원과 관련된 사진 카드, 소리를 내는 다양한 물건(핸드벨, 빨래판, 비닐 봉지, 페트병, 구두, 그릇, 식기, 나무 막대, 실로폰, 드라이기, 자, 풍선, 종이조각 등)				

활동방법

1. 흥미유발 및 자료제시

- 소리 음원을 들려준다.
- 소리 음원과 관련된 카드를 제시하고, 우리 동네에서 들리는 소리와 관련된 카드를 찾는다.
  - 어떤 소리가 들리는지 들어 볼까?
  - 녹음된 소리를 사진 카드에서 찾아볼까?
- 활동 시 유의사항
  - 소리에 친숙할 수 있도록 소리 음원을 녹음해서 수시로 들려준다.

2. 음률활동

- 우리 동네에서 들리는 소리를 입으로 표현해 본다.
  - 우리 동네에서 들리는 소리를 우리 입으로 소리 내어 볼까?
  - 자동차 소리는 어떻게 흉내 내어 볼 수 있을까?

- 준비된 악기와 물건을 탐색한다.
  - 여기에는 어떤 악기와 물건이 있니?
  - 악기나 물건에는 어떤 소리가 나는지 소리 내어 볼까?
- 우리 동네와 관련된 사진 카드를 한 장씩 넘기며 비슷한 소리를 악기나 물건에서 찾아 소리 낸다.
  - (사진 카드를 제시하며) 우리 동네에서 나는 소리는 어떤 악기나 물건과 어울릴까?
  - 친구와 함께 우리 동네와 관련된 사진 카드를 한 장씩 넘기며 소리를 찾아 연주해 볼까?
- 활동 시 유의사항
  - 소리를 만드는 악기나 물건은 유아 스스로 선택하여 자유롭게 연주하도록 한다.

3. 마무리

- 소리 만드는 활동에 대한 느낌을 이야기하고 정리한다.
  - 우리 동네에서 들리는 소리를 표현해 보니 어떠니?
  - 우리 동네 주변에서 나는 또 다른 소리는 무엇이 있을까?
  - 그 소리는 어떤 악기나 물건에서 찾아볼 수 있을까?

4. 확장활동

- 우리 동네에서 나는 소리에 대한 느낌을 신체로 표현할 수 있다.

활동 2 연주해 보아요

우리 동네

대상연령	만 4세	활동시간	15~20분	집단 및 인원	3~5명(소집단)
활동목표	• 숟가락과 젓가락을 이용하여 리듬을 만들어 연주해 본다. • 숟가락과 젓가락의 안전한 사용방법에 관심을 가진다.				
누리과정 관련 요소	• 신체운동 > 신체조절과 기본 운동하기 > 신체조절하기 • 예술경험 > 예술적 표현하기 > 음악으로 표현하기 • 자연탐구 > 과학적 탐구하기 > 간단한 도구와 기계활용하기				
음악교육 내용	소리 탐색하기, 악기 다루기				
음악 개념	음색, 리듬, 형식				
활동자료	숟가락, 젓가락, 동요 CD, CD 플레이어				

활동방법

1. 흥미유발 및 자료제시

- 숟가락과 젓가락을 보며 이야기 나눈다.
  - 이것은 무엇일까?
  - 숟가락과 젓가락은 언제 사용하는 것일까?
  - 숟가락과 젓가락을 사용해 보았니?
  - 숟가락은 어떻게 잡는 것일까?
  - 젓가락을 바르게 잡아 볼까?
- 숟가락과 젓가락을 이용하여 소리를 내어 보자고 제안한다.
  - 숟가락과 젓가락으로 소리를 만들어 보면 어떨까?
  - 숟가락과 젓가락을 부딪치면 어떤 소리가 날까?
- 활동 시 유의사항
  - 숟가락, 젓가락을 사용하는 그림 자료를 제공한다.

2. 음률활동

- 연주할 때 지켜야 할 약속을 이야기 나눈다.
  - 숟가락과 젓가락으로 연주할 때 무엇을 조심해야 할까?
  - 젓가락을 흔들면 어떻게 될까?

- 뾰족한 것으로 친구를 찌르면 어떻게 될까?

- 숟가락과 젓가락을 부딪치면 소리를 내어 본다.
  - 자유롭게 숟가락과 젓가락을 부딪치며 소리를 내어 보자.
  - 선생님의 박수소리를 따라서 숟가락과 젓가락을 부딪쳐 소리를 내어 볼까?
- 동요를 들으며 숟가락과 젓가락을 이용해 연주한다.
  - 노래에 맞춰 숟가락과 젓가락으로 연주해 볼까?
  - 어떤 노래에 맞춰 연주하고 싶니?
- 활동 시 유의사항
  - 젓가락이 뾰족하여 위험할 수 있으니 주의를 기울인다.

3. 마무리

- 숟가락과 젓가락으로 연주해 본 느낌을 이야기 나눈다.
  - 숟가락과 젓가락으로 연주해 본 느낌이 어떠니?
  - 숟가락과 젓가락으로 연주할 때 어떤 점이 가장 재미있었니?
  - 숟가락과 젓가락으로 연주하니 어떤 소리가 났니?
  - 또 어떤 도구를 이용하여 소리를 내어 볼 수 있을까?

4. 확장활동

- 숟가락 젓가락 외에 소리 나는 물건들을 준비하여 연주해 본다.

활동 3 박자에 맞추어 직업 이름 말하기

우리 동네

대상연령	만 4세	활동시간	15~20분	집단 및 인원	3~5명(소집단)
활동목표	• 우리 동네에 함께 살고 있는 사람에게 관심을 갖는다. • 손으로 박자를 맞추며 동네 사람의 직업을 말해 본다.				
누리과정 관련 요소	• 사회관계 > 사회에 관심 갖기 > 지역사회에 관심 갖고 이해하기 • 예술경험 > 아름다움 찾아보기 > 음악적 요소 탐색하기 • 예술경험 > 예술적 표현하기 > 음악으로 표현하기				
음악교육 내용	소리 탐색하기, 신체표현하기				
음악 개념	리듬, 선율, 형식				
활동자료	여러 가지 직업 그림 자료				

활동방법

1. 흥미유발 및 자료제시

- 우리 동네에서 함께 살고 있는 사람들에 대해 이야기 나눈다.
  - 우리 동네에는 어떤 사람들이 살고 있니?
  - 내가 알고 있는 동네 사람은 누가 있니?
  - 어떤 일들을 하고 있니?
  - 어떻게 알 수 있을까?
- 직업카드를 보며 동네 사람의 직업을 말해 본다.
  - 어떤 일을 하는 사람일까?
  - 직업의 이름은 무엇일까?
  - 다른 직업과 다른 점은 무엇일까?

2. 음률활동

- 활동방법에 대해 이야기 나눈다.
  - 선생님이 하는 동작을 잘 보고 따라 해 보자.
  - 박자에 맞춰 우리 동네 사람들의 직업을 말할 수 있니?
  - 자기 순서가 되면 어떻게 대답할까?
  - 천천히 박자를 맞추며 직업 이름 대기를 해 볼까?

- 틀린 친구는 어떻게 하면 좋을까?
- 박자에 맞춰 동네 사람의 직업을 말해 본다.
  - 무릎치고 손뼉치고 양손 엄지 내밀기
  - 양손 엄지를 내밀 때 직업 이름 말하기
- 활동 시 유의사항
  - 아이들이 따라 올 수 있도록 천천히 진행한다.

3. 마무리

- 활동하고 난 느낌에 대해 이야기 나눈다.
  - 박자에 맞춰 직업 이름을 말해 봤는데 어땠니?
  - 어려운 점이 있었니?
  - 어떤 점이 재미있었니?

4. 확장활동

- 활동하면서 나왔던 직업들의 특징을 몸으로 표현해 본다.

활동 4 행복한 우리 동네

우리 동네

대상연령	만 4세	활동시간	15~20분	집단 및 인원	7~8명(소집단)
활동목표	• 우리 동네 돌아보기를 하면서 우리 동네에는 무엇이 있고 어떤 사람들이 있는지 관찰하며 우리 주변 환경과 이웃에 대해 느낀 점을 표현할 수 있다. • 리듬을 따라 할 수 있고 신체의 움직임을 자유롭게 표현할 수 있다. • 음악에 따라 느낌을 표현하고 이야기할 수 있다.				
누리과정 관련 요소	• 예술경험 > 예술적 표현하기 > 음악을 듣고 느낀 대로 표현하기				
음악교육 내용	음악 감상하기, 노래 부르기				
음악 개념	음색, 리듬, 선율, 음고				
활동자료	음원 CD, CD 플레이어, 마라카스, 우드블록, 귀로, 코끼리 코 타악기				

활동방법

1. 흥미유발 및 자료제시

- 우리 동네에 우리 생활을 도와주는 사람이 있는 곳에 관해 이야기 나눈다.
  - 이 곳을 어디일까? 배가 아프면 가요. 하얀 가운을 입은 선생님이 있어요.
- 활동 시 유의사항
  - 유아가 천천히 기억할 수 있도록 충분한 시간을 제공한다.

2. 음률활동

- '행복한 우리 동네'를 불러 본다.
  - 우리 동네에는 무엇이 있니?
- 다양한 타악기를 관찰해 본다.
  - '삐뽀삐뽀'는 어떤 타악기로 연주해 보면 좋을까?
  - '싹뚝싹뚝싹뚝'은 어떤 타악기로 연주해 보면 좋을까?
- 타악기 종류별로 모둠을 나눈다.
- 모둠별로 '행복한 우리 동네'를 불러 보면서 연주한다.

3. 마무리

- 행복한 우리 동네를 위해 우리가 할 수 있는 일이 무엇이 있을지 생각해 본다.
  - 아름답고 행복한 우리 동네를 위해서 우리는 무엇을 할 수 있을까?
- 타악기를 연주해 본 경험에 대해 이야기 나눈다.

4. 확장활동

- 우리 동네에 대한 느낌을 다양한 악기로 연주해 본다.

행복한 우리 동네

한혜선 작사
맹윤희 작곡

4. 동 · 식물과 자연

활동 1 씨앗

동·식물과 자연

대상연령	만 3세	활동시간	15~20분	집단 및 인원	15~20명(대집단)
활동목표	• 리듬에 맞춰 즐거운 마음으로 노래를 부른다. • 노래를 부르며 식물의 성장과정에 관심을 가진다.				
누리과정 관련 요소	• 예술경험 > 예술적 표현하기 > 음악으로 표현하기 • 자연탐구 > 과학적 탐구하기 > 생명체와 자연환경 알아보기				
음악교육 내용	노래 부르기, 신체표현하기				
음악 개념	리듬, 선율, 음고, 형식				
활동자료	컴퓨터, 스피커, '씨앗(김성균 곡)' 음원 CD, 노랫말 판, 노랫말 그림 자료(씨, 물, 싹, 꽃), 씨앗 그림 자료 또는 실물 자료				

활동방법

1. 흥미유발 및 자료제시

- 씨앗을 심었던 경험에 대해 이야기 나눈다.
  - 씨앗을 본 적 있니? 어떻게 생겼지?
  - 씨앗은 어떤 모양이지?
  - 씨앗이 자라면 무엇이 될까?
  - 씨앗에게 필요한 것이 무엇일까? (씨앗 그림 자료 또는 실제 씨앗을 보여 준다.)

① 씨앗을 심는다. ② 물과 햇빛을 준다. ③ 싹이 튼다.

④ 꽃봉오리가 맺힌다.

⑤ 꽃이 핀다.

- 활동 시 유의사항
  - 자유선택활동 시간에 배경음악으로 들려주어 유아들이 노래에 익숙해지도록 한다.
  - 음률영역에 노랫말 자료와 음원을 두어 유아들이 자유선택활동 중에 개별적으로 불러 볼 수 있도록 한다.
  - 사전활동으로 과학영역에 씨앗 사진 또는 실물 자료를 배치하여 미리 관찰해 볼 수 있도록 한다.

2. 음률활동

- 노랫말 판이 붙여진 곳에 그림 자료를 붙이며 노랫말을 소개한다.
  - 씨를 뿌리고, 물을 주고, 하룻밤, 이틀 밤이 지나자 싹이 나왔네.
  - 싹이 나온 곳에 선생님이 또 물을 주고 하룻밤, 이틀 밤이 지나자 이번엔 예쁜 꽃이 폈어.
- 교사가 그림을 붙이며 부르는 '씨앗' 노래를 감상한다.
  - 친구들 이 노래 들어 본 적 있니?
  - 처음엔 어떤 것을 심었지?
  - 물을 주니 어떻게 변했지?
  - 새싹에서 어떤 것으로 변했니?
- 허밍으로 '씨앗' 노래를 부른다.
  - 우리 '아'로만 말해 보며 노래 불러 볼까? (교사의 모델링을 보며 따라 해 볼 수 있도록 돕는다.)
  - 이번엔 '우'로만 말해 보며 노래 불러 볼까?
- 노랫말을 넣어서 여러 번 반복하여 노래 부른다.
- 노랫말에 어울리는 율동을 함께 만들어 보고, 노래와 함께 율동을 한다.
- 팀별 또는 2~3명씩 나와 노래와 율동을 해 본다.

- 활동 시 유의사항
  - 허밍을 하기 전 교사의 모델링 후 따라 해 볼 수 있도록 지도한다.
  - 노랫말을 외우지 못하는 유아들이 있더라도 반복해서 활동해 보며 노랫말을 익혀 보도록 돕는다.

3. 마무리

- 활동을 마친 후 느낌을 이야기 나눈다.
  - 오늘 '씨앗' 노래 불러 보니 어떤 느낌이 들었니?

4. 확장활동

- 씨앗, 꽃 가면과 블록, 물 조리개 등은 이용해 활동극 또는 신체표현으로 표현해 볼 수 있도록 한다.

씨앗

김성균 작사
김성균 작곡

활동 2 개구리

동·식물과 자연

대상연령	만 3세	활동시간	15~20분	집단 및 인원	5~7명(소집단)
활동목표	• 개구리의 울음소리를 안다. • 악기로 개구리의 울음소리를 표현한다. • 개구리의 울음소리를 악기로 표현하며 즐거움을 느낀다.				
누리과정 관련 요소	• 예술경험 > 예술적 표현하기 > 음악으로 표현하기 • 자연탐구 > 과학적 탐구하기 > 생명체와 자연환경 알아보기				
음악교육 내용	음악 감상하기, 노래 부르기, 악기 다루기				
음악 개념	셈여림, 리듬, 음고, 선율, 형식				
활동자료	'개구리' 음원, 개구리 울음소리, 귀로, 휴대폰 녹음기				

활동방법

1. 흥미유발 및 자료제시

- '개구리' 노래 음원을 들어 본다.
  - 어떤 동물의 노래일까?
- 노래 속 노랫말을 잘 들어 보며 따라 해 본다.
  - 우리 개구리 노래를 잘 들어 볼까?
  - 엄마 개구리는 어떻게 소리 내었지?
  - 아기 개구리는 어떻게 소리 내었지?
  - 아빠 개구리는 어떻게 소리 내었지?
- 활동 시 유의사항
  - 자유선택활동 시간 및 정리시간에 '개구리' 노래를 틀어 주어 익숙하게 들어 볼 수 있도록 한다.

2. 음률활동

- 개구리 실제 음원을 소리로 들려준다.
  - 개구리는 어떻게 울음소리를 낼까?
  - 개구리 울음소리를 들으니 어떤 소리가 나는 것 같니?

- 클래터를 소개하며 소리를 들려준다.
  - 이 악기의 이름은 클래터란다.
  - 어떤 소리가 나는지 잘 들어 볼까?
  - 어떤 소리가 나니?
- 클래터로 개구리 울음소리를 만들어 본다.
  - 클래터로 어떤 동물소리를 만들어 볼 수 있을까? 잘 들어 보고 어떤 소리인지 귀 기울여 보자.
  - 클래터를 빠르게 움직이니 어떤 소리가 나니?
  - 클래터를 움직이니까 개구리 울음소리처럼 들리는 구나.
- 음원을 들으며 개구리가 울음을 표현하는 소절에 클래터를 빠르게 움직여 소리내 준다.
  - 엄마 개구리, 아기 개구리, 아빠 개구리가 울음소리를 낼 때 우리 친구들은 클래터를 빠르게 움직여 소리로 표현해 보자.
- '개구리' 노래를 부르고 클래터를 이용한 연주를 해 본다. (녹음기를 준비해 녹음한다.)
  - 엄마 개구리가 노래 부른다.

    (클래터를 쳐 보면서) 이야이야오 이야이야오 이야이야이야이야이야이야오

    (노래 패턴을 기억해 두었다가 반복해 활동해 본다.)
- 활동 시 유의사항
  - 정확하게 울음소리가 일치하지 않더라도 유아가 악기로 만든 소리를 존중한다.

3. 마무리

- 유아들이 활동했던 노래와 연주 녹음한 것을 감상한다.
  - 친구들이 부른 노래와 클래터 연주가 어떻게 다르니?
- 개구리의 울음소리를 만들어 보고 느낀 점을 나눈다.
  - 클래터로 개구리 울음소리를 표현하니 느낌이 어떻니?
  - 노래를 부르다가 클래터로 연주하니 어땠니?
- 활동 시 유의사항
  - 음원 소리보다 악기 소리가 더 클 수 있으므로 주의하며 녹음한 후 들어 본다.

4. 확장활동

- 다른 악기로 개구리 울음소리를 표현해 본다.

개구리

김성균 작사
김성균 작곡

활동 3 올챙이와 개구리

동·식물과 자연

대상연령	만 3세	활동시간	15~20분	집단 및 인원	5~7명(소집단)
활동목표	• 노래를 동작으로 표현할 수 있다. • 올챙이의 모습을 창의적으로 표현할 수 있다. • 노래를 리듬 있게 부를 수 있다.				
누리과정 관련 요소	• 예술경험 > 예술적으로 표현하기 > 음악으로 표현하기 • 예술경험 > 예술적 표현하기 > 움직임과 춤으로 표현하기				
음악교육 내용	노래 부르기, 신체표현하기				
음악 개념	리듬, 선율, 음고, 형식				
활동자료	개구리 성장과정 그림 카드, '올챙이와 개구리' 음원, 노랫말 판, 컴퓨터, 스피커				

활동방법

1. 흥미유발 및 자료제시

- 올챙이의 특징에 대해 이야기 나눈다.
  - 올챙이는 어떻게 생겼을까?
  - 올챙이를 본 적 있니?
  - 올챙이는 어떻게 움직일까?
- 노래를 다시 들어 본다.
  (개구리 성장과정 카드를 보면서 들어 본다.)
  - 올챙이가 어떻게 개구리가 되는지 잘 들어 보자.
- 활동 시 유의사항
  - 개구리의 성장과정을 알 수 있도록 미리 영역에 활동 자료들을 배치하여 활동해 보도록 돕는다.

2. 음률활동

- 노래의 노랫말을 생각하며 다시 함께 불러 본다.
  - 올챙이는 어디에서 살까?
  - 올챙이가 몇 마리 나왔지?

- 노래를 다시 듣고 유아의 의태어 '꼬물꼬물', '팔딱팔딱' 부분만 따라 불러 본다.
  - 꼬물꼬물 누가 헤엄을 쳤지? 선생님을 따라 불러 볼까?
  - 꼬물꼬물 몸도 함께 움직여 볼까?
  - 개구리는 어떻게 뛰었니? 우리 모두 개구리가 되어 팔딱팔딱~ 개구리를 표현해 보자.
- 노래를 불러 보며 의태어 부분은 동작으로 표현해 본다.
  - 우리 음원에 맞춰 노래를 따라 불러 보자. 그런데 아까 움직였던 꼬물꼬물과 팔딱팔딱 부분에서는 아까처럼 표현해 줄 수 있도록 해 볼까?
- 노래에 익숙해지면 동작을 만들어 본다.
  - 우리 노래에 맞춰 동작을 만들어 보자.
  - 개울가는 어떻게 생겼지?
  - 올챙이가 몇 마리 나왔지?
  - 헤엄은 어떻게 쳤을까?
  - 어느 쪽 다리부터 나왔지?
- 활동 시 유의사항
  - 개구리가 뛰는 의태어 부분을 인지해 보도록 몸동작으로 표현해 본다.
  - 노랫말을 잘 모르더라도 반복해 부를 수 있도록 격려한다.

3. 마무리

- 노래를 불러 본 소감을 말해 본다.
  - '올챙이와 개구리' 노래를 부르니 느낌이 어땠니?
- 올챙이의 성장과정을 다시 한 번 회상하며 말해 본다.
  - 올챙이는 어느 쪽 다리부터 나왔지?
  - 올챙이가 다 자라니 어떤 동물이 되었니?
- 올챙이와 개구리 동작을 다시 한 번 회상하며 이야기한다.
  - 올챙이와 개구리 동작 중 어떤 동작이 제일 재미있었니?
- 활동 시 유의사항
  - 유아들의 다양한 느낌 및 소감에 반응해 주며 다양성을 존중해 준다.

4. 확장활동

- 다른 동물의 성장과정을 관찰하고 노랫말을 만들어 볼 수 있다.

올챙이와 개구리

윤현진 작사
윤현진 작곡

5. 건강과 안전

활동 1 모두 닦아요

건강과 안전

대상연령	만 3세	활동시간	15~20분	집단 및 인원	10~15명(대집단)
활동목표	• 몸을 깨끗이 하는 이유와 방법을 안다. • 음악을 듣고 자유롭게 느낌을 표현한다. • 노래를 즐겁게 부른다.				
누리과정 관련 요소	• 신체운동 · 건강 > 건강하게 생활하기 > 몸과 주변을 깨끗이 하기 • 예술경험 > 예술적 표현하기 > 음악으로 표현하기				
음악교육 내용	음악 감상하기, 노래 부르기, 신체표현하기				
음악 개념	리듬, 음고, 선율, 형식				
활동자료	'모두 닦아요' 악보, 음원 CD, CD 플레이어, 그림(세균이 붙어 있는 손과 이, 비누, 칫솔, 치약)				

활동방법

1. 흥미유발 및 자료제시

- '세균이 붙어 있는 더러운 손' 이야기를 들려준다.
  - 선우의 손은 왜 더러워졌을까?
  - 손을 씻지 않으면 우리의 몸이 어떻게 될까?
  - 손을 깨끗하게 씻는 순서를 알아볼까?
  - 우리 몸에서 손 이외에 또 어디를 씻어야 깨끗해질까?
- 활동 시 유의사항
  - 손 세정제가 눈에 들어가지 않도록 주의한다.
  - 화장실에서 직접 손과 이를 닦아 본다.

2. 음률활동

- 노랫말에 대해 이야기한다.
  - 손을 깨끗이 씻으면 어떻게 된다고 했니?
- 교사가 노래를 들려준 후 반주 없이 멜로디만 들려준다.

- 한 가지 소리로 멜로디를 따라 불러 보고 노랫말과 함께 불러 본다.
- 노랫말을 따라 동작을 만들어 불러 본다.
- 노래를 불러 본 느낌을 이야기 나눈다.
  - 노래를 불러 보니 어떤 기분이 드니?
  - 손을 깨끗이 씻으면 어떤 느낌이 드니?
  - 손과 발(이)을 왜 깨끗이 닦아야 할까?
  - 손과 발(이)을 어떻게 닦아야 깨끗할까?

3. 마무리

- 몸을 깨끗이 해야 하는 이유와 깨끗이 하는 방법을 아는지 평가한다.
  - 손을 깨끗이 씻는가?
  - 이를 깨끗이 닦는가?
- 음악을 듣고 자유롭게 느낌을 표현하며 즐겁게 부르는지 평가한다.
- 활동 시 유의사항
  - 용변을 본 후, 식사 전, 바깥놀이 활동과 연계하여 손 씻기 순서에 따라 손을 닦아 본다.

4. 확장활동

- 신체표현으로 연계하여 노래와 함께 표현해 본다.

모두 닦아요

김지운 작사
김지운 작곡

활동 2 도로엔 웃음꽃 활짝

건강과 안전

대상연령	만 4세	활동시간	15~20분	집단 및 인원	18~20명(대집단)
활동목표	• 음악에 맞추어 노래를 부른다. • 다양한 방법으로 노래를 표현한다.				
누리과정 관련 요소	• 예술경험 > 예술적 표현하기 > 노래 부르기 • 예술경험 > 예술적 표현하기 > 통합적으로 표현하기				
음악교육 내용	음악 감상하기, 노래 부르기				
음악 개념	리듬, 음고, 선율				
활동자료	'도로엔 웃음꽃 활짝' 음원, CD 플레이어, 노랫말 판				

활동방법

1. 흥미유발 및 자료제시

- 4절지에 노랫말을 크게 적고 투명 시트지로 종이 전면을 싼다.
- 노랫말은 다음과 같이 4줄만 쓴다.

  아빠 음주운전 안 돼요(안 돼!)
  엄마 무단횡단 싫어요(싫어!)
  운전중 휴대폰 정지선 위반
  NO NO NO NO NO 안돼요
- 노랫말 판 밑에 칼집을 내고 주변을 테이프로 다시 붙인다.
- 그림을 움직일 수 있도록 아래 내용을 참고하여 만든다. 그림은 노랫말에 맞춰 음주운전, 무단횡단, 휴대폰 사용, 정지선 위반을 의미하는 4가지를 활용한다.
- 만든 그림 자료를 노랫말 판의 칼집 자리에 넣고 움직이도록 한다.
- 만든 노랫말 판 뒤에 우드락을 대고 가장자리를 고정한다.

2. 음률활동

- '도로엔 웃음꽃 활짝' 노래를 듣는다.
- 음률영역의 낮은 책상에 노랫말 판을 올려 두고 그림을 움직이며 노랫말을 듣는다.

- 유아들과 함께 노래를 들으며 다양한 방법으로 불러 보도록 한다.
  - 그림을 움직이며 노래를 들어 볼까?
  - 고개를 끄덕이며 노래를 들으니까 정말 신이 난다. 어떤 방법으로 따라서 불러 볼까?
- 유아들이 노래말 판을 움직이며 노래를 불러 본다.
- 활동 시 유의사항
  - 오전 자유선택활동 시간이 끝나고 대·소집단 활동으로의 전이활동할 때 유아들에게 노래를 들려줄 수 있다.

3. 마무리

- 이야기를 나누며 활동을 정리한다.
  - 집에 가서도 우리 가족에게 노래 부를 수 있단다. 어떻게 불러 주면 좋을까?
  - 한 번 더 불러 볼까?
- 다 함께 불러 보면서 마무리를 한다.

4. 확장활동

- 유아들이 노래 부르기를 충분히 하고 난 후에 교통안전에 대한 노랫말을 만들어 바꾸어 불러 본다.

도로엔 웃음꽃 활짝

함명선 작사
함명희 작곡

활동 3 빨래판과 칫솔 악기

건강과 안전

대상연령	만 4세	활동시간	15~20분	집단 및 인원	10~20명(대집단)
활동목표	• 생활용품으로 다양한 소리를 만들어 보는 즐거운 경험을 한다. • 박자에 맞춰 악기를 연주한다.				
누리과정 관련 요소	• 예술경험 > 아름다움 찾아보기 > 음악적 요소 탐색하기 • 예술경험 > 예술적 표현하기 > 음악으로 표현하기				
음악교육 내용	악기 다루기, 신체표현하기				
음악 개념	셈여림, 음색, 리듬, 형식				
활동자료	빨래판, 칫솔, 경쾌한 동요 음원, 연주 기호 카드				

활동방법

1. 흥미유발 및 자료제시

- 여러 가지 도구를 활용한 음악연주를 들려준다. (예 난타 등)

2. 음률활동

- 빨래판과 칫솔의 생김새와 용도에 대해 이야기 나눈다.
  - 이건 무엇이고 어떻게 사용하는 도구일까?
- 빨래판과 칫솔로 다양한 소리를 내어 본다.
  - 빨래판과 칫솔로 소리를 내어 볼까?
  - 어떻게 하니 그런 소리가 났니?
- 빨래판과 칫솔을 연주 기호에 맞추어 소리 내어 본다.
  - 이렇게 연주하는 것을 기호로 나타내어 볼까?
  - 빨래판을 칫솔로 두드리는 소리를 어떤 기호로 표시할까?
- 다양한 음악을 연주 기호에 따라 연주해 본다.
  - 선생님이 보여 주는 기호에 따라 연주해 볼까?
- 활동 시 유의사항
  - 빨래판과 칫솔로 연주할 수 있는 방법을 고안하여 여러 가지 기호로 연주 기호 카드를 제작한다.

3. 마무리

- 빨래판과 칫솔로 연주해 본 활동을 평가한다.
  - 빨래판과 칫솔을 악기로 사용해 보니 어땠니?
  - 생활용품을 이용해서 악기 연주를 해 본 소감이 어떠니?

4. 확장활동

- 다른 생활용품의 소리를 탐색해 볼 수 있도록 음률영역에 제공해 주도록 한다.

6. 생활도구

활동 1 젓가락 행진곡

생활도구

대상연령	만 5세	활동시간	15~20분	집단 및 인원	15~20명(대집단)
활동목표	• 도구에 관심을 가지고 음악을 감상한다. • 음악을 감상하고 리듬을 표현해 본다.				
누리과정 관련 요소	• 자연탐구 > 과학적 탐구하기 > 간단한 도구와 기계 활용하기 • 의사소통 > 말하기 > 느낌, 생각, 경험 말하기 • 예술경험 > 예술적 표현하기 > 움직임과 춤으로 표현하기				
음악교육 내용	음악 감상하기, 악기 다루기				
음악 개념	셈여림, 리듬, 형식				
활동자료	젓가락, '젓가락 행진곡' 음원, 악보, 리듬막대(또는 젓가락), CD 플레이어				

활동방법

1. 흥미유발 및 자료제시

- 수수께끼를 내어 젓가락에 관심을 가지도록 한다.
  - 이것은 매일 사용하는 생활도구야.
  - 이것은 밥을 먹을 때 사용하는 거야.
  - 이것은 길쭉하며 두 개가 한 쌍이란다.
- 활동 시 유의사항
  - 다른 유아와 장난치지 않도록 주의한다.

2. 음률활동

- 음악을 감상한다.
  - '젓가락 행진곡' 음악을 감상해 볼까?

- 음악의 느낌을 이야기 나눈다.
  - 음악을 들어 보니 어떤 느낌이 들었니?
  - 젓가락을 떠올리며 음악을 들으니 어떤 기분이 들었니?
- 리듬막대로 리듬을 표현해 본다.
  - 음악을 들으며 리듬막대(또는 젓가락)로 리듬을 표현해 볼까?
- 활동 시 유의사항
  - 음악을 들으면서 자유롭게 표현할 수 있도록 격려한다.

3. 마무리

- 활동한 느낌을 이야기하며 마무리한다.
  - '젓가락 행진곡'을 감상해 보니 어땠니?
  - 음악을 들으며 리듬막대(또는 젓가락)로 표현해 보니 무엇이 좋았니?

4. 확장활동

- 다른 악기 또는 생활용품을 활용하여 '젓가락 행진곡'을 감상한다.

젓가락 행진곡

Arthur de Lulli 작곡

활동 2 시계

생활도구

대상연령	만 4세	활동시간	15~20분	집단 및 인원	15~20명(대집단)
활동목표	• 시계에 관심을 갖는다. • 새 노래를 통해 시계의 특징에 대해 안다. • 친구와 노래를 부르기를 즐긴다.				
누리과정 관련 요소	• 의사소통 > 듣기 > 동요, 동시, 동화 듣고 이해하기 • 자연탐구 > 과학적 탐구하기 > 물체와 물질 알아보기				
음악교육 내용	음악 감상하기, 노래 부르기				
음악 개념	리듬, 음고, 선율				
활동자료	시계 사진, 동요 '시계' 노랫말 판, 동요 '시계' 음원, CD 플레이어				

활동방법

1. 흥미유발 및 자료제시

- 내가 알고 있는 시계에 대해 이야기해 본다.
  - 시계소리를 들어 본 적 있니?
  - 시계에서 어떤 소리가 들리니?
  - 집에 있는 시계는 어떤 알람소리를 내니?
  - 시계를 만든 이유는 무엇일까?
  - 시계를 보면 무엇을 알 수 있니?
- 새 노래의 제목과 작가에 대해 이야기 나눈다.

2. 음률활동

- '시계' 노래를 들어 본다.
- 어떤 느낌인지 이야기해 본다.
  - 노래를 들어 보니 어떤 느낌이 들었니?
  - 이 노래는 어떻게 불러야 할까?
- 노랫말에 대해 이야기해 본다.
  - 노래를 들으면서 재미있었던 부분이 있었니?
  - 어려웠던 노랫말이 있었니?
  - 어떻게 부르면 쉬울 것 같니?

- 시계가 움직이는 소리를 노래에서 어떻게 표현하였니?
- 시계는 언제 움직인다고 노랫말에서 알려 주니?
- 시계가 쉬지 않고 일하는 이유는 무엇일까?
- 시계소리를 몸으로 내어 보자.
- '똑딱 똑딱' 노랫말이 나올 때마다 입천정으로 소리를 내어 보자.
- 첫 마디가 시작될 때 쿵쿵 발구르기를 하여 박자를 맞추어 보자.

3. 마무리

- 활동을 마무리하고 평가한다.
  - 동요를 배우고 불러 보니 어땠니?
  - 새 노래를 통해 시계의 어떤 것에 대해 새롭게 알게 되었니?

4. 확장활동

- 다양한 시계의 소리를 녹음해 보고 소리를 탐색해 본다.

시 계

역사자 미상
외국 곡

활동 3 망치 소리

생활도구

대상연령	만 4세	활동시간	15~20분	집단 및 인원	5~7명(소집단)
활동목표	• 생활 주변의 다양한 도구에 관심을 가진다. • 생활도구와 관련된 소리의 특징을 안다. • 도구를 올바르게 사용하는 태도를 기른다.				
누리과정 관련 요소	• 자연탐구 > 과학적 탐구하기 > 간단한 도구와 기계 활용하기 • 자연탐구 > 탐구하는 태도 기르기 > 호기심을 유지하고 확장하기				
음악교육 내용	소리 탐색하기, 악기 다루기				
음악 개념	셈여림, 음색, 리듬, 형식				
활동자료	효과음(망치 소리, 시계 초침 소리), 망치 사진, 시계 사진 자료				

활동방법

1. 흥미유발 및 자료제시

- '망치 소리' 음원을 들어 본다.
  - 선생님이 들려주는 소리를 잘 들어 볼 수 있겠니?
  - 어떤 자세로 소리를 들으면 더 잘 들을 수 있을까?
  - (망치 소리 음원을 들려준 후) 소리를 잘 들어 보았니?
  - 이 소리를 들어 본 적이 있니?
  - 어디에서 들어 보았니?
  - 이 소리를 들어 보니 어떤 기분이 드니?
  - 무엇의 소리 같니?
  - 그렇게 생각한 이유는 무엇이니?
  - 친구들의 생각이 맞는지 정답을 맞혀 볼까?
  - (망치를 치는 모습이 담긴 사진을 제시하며) 친구들의 생각이 같니? 다르니?
  - 사진을 보며 소리를 다시 들어 보도록 할까?
- 생활 도구를 낼 수 있는 소리에 대한 경험을 친구들과 이야기 나눈다.
  - 지금 우리 교실에서 어떤 소리가 들리니?
  - 우리의 소리 말고는 또 어떤 소리가 들릴까?
  - 우리가 들을 수 있는 다른 소리도 생각해 볼까?

- 우리 주변에 어떤 생활도구를 볼 수 있니?
- 그 생활도구에서 어떤 소리를 들을 수 있니?
- 생활도구 소리 중에서 어떤 소리를 가장 좋아하니?
- 그 소리를 좋아하는 이유는 무엇이니?

• 오늘의 활동과 준비된 재료들을 알아본다.
- 여러 가지 악기로 생활도구 소리를 표현해 보는 것은 어떨까?
- 어떤 생활도구 소리를 표현해 보고 싶니?

• 활동방법을 알아본다.
- '쉿! 어떤 도구의 소리일까?' 활동은 어떻게 하는 것일까?
- 활동방법을 함께 알아보도록 할까?

• 생활도구를 움직이며 다양한 소리를 내어 본다.
• 사용하고 싶은 악기를 선택한다.
• 친구와 함께 악기로 생활도구 소리를 표현해 본다.
• 활동 시 유의사항
- 처음에는 유아 혼자 생활도구를 연주하며 소리를 만들어 보다가 점차 2~3명의 친구와 생활도구를 함께 연주하며 다양한 소리를 만들어 볼 수 있도록 안내한다.
- 도입 시 소리가 크고 명확한 소리 음원을 유아들에게 제시해 준다.

3. 마무리

• 활동이 끝나면 자리를 정리한다.
- 우리 주변의 생활도구로 소리를 내어 보니 어땠니?
- 가장 기억에 남는 생활도구는 무엇이니?
- 친구들이 연주하는 소리를 들어 본 느낌은 어떠니?

4. 확장활동

• 다른 생활도구의 소리를 들으며 동작으로 표현해 본다.

활동 4 나는 힘이 나죠! 생활도구

대상연령	만 3세	활동시간	15~20분	집단 및 인원	5~7명(소집단)
활동목표	• 리듬에 맞춰 리듬막대를 연주하며 리듬감을 형성한다. • 리듬악기를 즐겨 연주한다.				
누리과정 관련 요소	• 예술경험 > 예술적 표현하기 > 음악으로 표현하기 • 예술경험 > 아름다움 찾아보기 > 음악적 요소 탐색하기				
음악교육 내용	노래 부르기, 악기 다루기				
음악 개념	셈여림, 리듬, 형식				
활동자료	노랫말 판, 음원, 리듬막대				

활동방법

1. 흥미유발 및 자료제시

- '나는 힘이 나죠' 노래를 함께 부른다.
  - 노래를 조금 천천히 불러 볼까?
  - 이번에는 노래를 조금 빠르게 불러 볼까?
  - 아까보다 더 큰 소리로 불러 볼까?
  - 아주 작은 소리로 불러 보자.
- '나는 힘이 나죠' 노래를 부르며 리듬에 맞추어 무릎과 손뼉을 친다.
  - 노래를 부르며 리듬에 맞춰서 손뼉을 쳐 보자.
  - 노래를 부르며 무릎을 쳐 보자.
  - 이번에는 무릎 한 번, 손뼉 두 번을 반복해서 쳐 보자.
- 리듬막대를 탐색한다.
  - 악기의 이름은 무엇일까?
  - 어떻게 소리를 낼 수 있을까?
  - 어떤 소리가 날까?
  - 리듬막대를 두드리며 소리를 들어 보자.
- 활동 시 유의사항
  - 음률영역에 노랫말 자료와 음원을 두어 유아들이 자유선택활동 중에 개별적으로 불러 볼 수 있도록 한다.

2. 음률활동

- '나는 힘이 나죠' 노래에 맞추어 리듬막대를 연주한다.
  - 노래를 부르며 리듬막대를 쳐 보자.
  - 선생님이 노래를 부르고 친구들이 '힘이 나죠' 부분을 불러 볼까?
  - 손뼉을 치면서 노래 불러 볼까?
- 활동 시 유의사항
  - 다른 영역에 방해가 되지 않도록 활동 인원과 소리의 크기를 조절하여 활동한다.

3. 마무리

- 활동의 느낌을 이야기 나누며 마무리한다.
  - 어떤 악기를 연주해 보았니?
  - 리듬막대에서 어떤 소리가 났니?
  - 노래를 부르며 리듬막대를 연주해 보니 어땠니?

4. 확장활동

- 유아들과 리듬악기를 만들어서 연주한다.

나는 힘이 나죠

양성숙 작사
최신애 작곡

활동 5 주방도구 난타

생활도구

대상연령	만 3세	활동시간	15~20분	집단 및 인원	10~12명(대집단)
활동목표	• 가족이 사용하는 주방도구에 관심을 가진다. • 주방도구를 이용하여 다양한 소리를 표현할 수 있다.				
누리과정 관련 요소	• 자연탐구 > 과학적 탐구하기 > 간단한 도구와 기계 활용하기 • 예술경험 > 아름다움 찾아보기 > 음악적 요소 탐색하기 • 예술경험 > 예술적 표현하기 > 음악으로 표현하기				
음악교육 내용	소리 탐색하기, 악기 다루기, 노래 부르기				
음악 개념	셈여림, 음색, 리듬, 형식				
활동자료	다양한 주방도구, '우리 집(오세균 작사 / 박현주 작곡)' 음원, CD 플레이어, 노랫말 판				

활동방법

1. 흥미유발 및 자료제시

- 가족이 하는 일에 대해 이야기 나눈다.
  - 우리 가족은 집에서 어떤 일을 하니?
  - 맛있는 음식을 만드는 곳은 어디지?
- 준비된 주방도구를 보며 이야기 나눈다.
  - 이것이 무엇일까?
  - 도마는 언제 사용할까?
  - 뒤집개는 언제 사용할까?
- 주방도구를 사용해 여러 가지 방법으로 소리를 내어 본다.
  - 주방도구로 소리를 만들 수 있을까?
  - 냄비로는 어떻게 소리를 낼 수 있을까?
  - 냄비 뚜껑 2개를 부딪치면 어떤 소리가 날까?
  - 젓가락으로 도마를 두드리면 어떤 소리가 날까?
  - 젓가락으로 어떻게 소리를 낼 수 있을까?

- 활동 시 유의사항
  - 소리를 만들 때 깨지거나 부서지지 않도록 안전한 소재로 만들어진 것을 제공한다.
  - 주방도구로 소리를 만들 때 두드리기, 긁기, 부딪치기 등의 다양한 방법으로 시도할 수 있도록 격려한다.
  - 다른 영역에 방해가 되지 않도록 활동 인원과 소리의 크기를 조절하여 활동한다.

2. 음률활동

- '우리 집' 노래를 부르며 주방도구를 연주한다.
  - '우리 집' 노래에 맞추어 소리를 내어 보자.
  - 젓가락으로 도마를 두드려 보자.
  - 숟가락으로 냄비 뚜껑을 두드려 보자.
  - 젓가락을 한 짝씩 들고 서로 부딪쳐서 소리를 내어 보자.
- 노래의 속도를 달리하며 주방도구를 연주한다.
  - '우리 집' 노래를 천천히 부르며 연주해 보자.
  - 이번엔 조금 빠르게 연주해 볼까?

3. 마무리

- 활동을 마무리한다.
  - 어떤 활동을 해 보았니?
  - 무엇을 이용해서 소리를 냈지?
  - 주방도구를 이용해서 어떻게 소리를 냈니?
  - 노래를 부르며 주방도구를 연주해 보니 어땠니?

4. 확장활동

- 유아들이 연주하는 모습을 동영상으로 찍어서 함께 감상해 보고 느낌을 나눈다.

7. 교통기관

활동 1 자동차 마라카스 — 교통 기관

대상연령	만 4세	활동시간	15~20분	집단 및 인원	10~15명(대집단)
활동목표	• 마라카스 연주에 관심을 가진다. • 재질에 따른 소리의 차이를 느낄 수 있다.				
누리과정 관련 요소	• 예술경험 > 예술적 표현하기 > 음악으로 표현하기 • 자연탐구 > 탐구하는 태도 기르기 > 탐구기술 활용하기				
음악교육 내용	소리 탐색하기, 노래 부르기, 악기 다루기				
음악 개념	셈여림, 음색, 리듬, 음고				
활동자료	어린이집 등 · 하원 차량 사진 자료, 자동차 타고 가는 여러 사진 자료, 노랫말 판, 페트병으로 만든 자동차 모양 마라카스				

활동방법

1. 흥미유발 및 자료제시

- 어린이집 등·하원 차량 사진을 보여 준다.
- 오늘 어떻게 어린이집에 왔는지 이야기해 본다.
- 여러 가지 그림 카드를 보여 주며 경험을 이야기해 본다.
- 현장학습을 갈 때 어떤 차를 타고 갔는지 이야기해 본다.
- 가족과 함께 마트에 갈 때 어떻게 다녀왔는지 이야기해 본다.
- 친척집 갈 때 어떻게 다녀왔는지 이야기해 본다.
- 여행갈 때 어떻게 다녀왔는지 이야기해 본다.
- 버스를 타 본 경험을 이야기해 본다.
- 활동 시 유의사항
  - 규칙을 지키며 모든 유아가 자동차 타 본 경험을 이야기할 수 있도록 한다.

2. 음률활동

- 음악을 들려준다.
- 미리 페트병으로 만들어 놓은 자동차 모양 마라카스(흙, 작은 돌맹이, 솔방울, 나뭇잎, 나

묫가지, 폐품 종이)를 보면서 이야기 나눈다.
- 이 자동차로 어떤 놀이를 할까?
- 이 자동차 속에는 무엇을 들어 있을까?
- 이 자동차는 어떤 소리가 날까?

- 마라카스에 들어 있는 내용물을 탐색할 수 있도록 미리 각각의 페트병에 넣어 놓은 것을 제시한다.
  - 어떤 소리가 날까?
  - 소리가 어떻게 다를까?
- 자동차 노래를 들으면서 마라카스를 흔들어 본다.
  - 어떤 것 소리 들을 때 더 신날까?
  - 이 소리를 들으면 어떤 생각이 날까?
- 자동차 노래에 맞추어 신나게 흔들며 노래를 따라 부른다.
- 마라카스를 연주할 때 지켜야 할 점에 대해 이야기 나눈다.
- 교통기관 할 때 배웠던 노래들을 부르며 마라카스를 흔들어 본다.
- 활동 시 유의사항
  - 유아가 자유롭게 이야기할 수 있도록 돕는다.
  - 다양하게 탐색할 수 있도록 음악의 크기를 조절한다.

3. 마무리

- 이야기를 나누며 활동을 정리한다.
  - 어떤 악기 소기가 가장 잘 들리니?
  - 자동차 타고 어디 갈 때 어떤 악기가 좋았을까?
  - 어떤 악기가 가장 신났을까?
  - 어떤 악기가 가장 부드러웠을까?
  - 어떤 악기가 가장 마음에 들었을까?
- 악기를 음률영역에 정리한다.

4. 확장활동

- 교실에 놓여 있는 폐품을 이용하여 다양한 악기를 만들어 볼 수 있게 한다.

활동 2 간다간다

교통기관

대상연령	만 4세	활동시간	15~20분	집단 및 인원	10~15명(대집단)
활동목표	• 노래를 다양한 방법으로 부른다. • 리듬을 창의적으로 표현하는 능력을 기른다.				
누리과정 관련 요소	• 예술경험 > 예술적 표현하기 > 음악으로 표현하기				
음악교육 내용	소리 탐색하기, 노래 부르기, 악기 다루기				
음악 개념	셈여림, 음색, 리듬, 음고				
활동자료	악기 연주 노랫말 판, 악기 사진 각각 여러 개, 녹음된 악기 소리, 리듬악기, 음원 CD, CD 플레이어				

활동방법

1. 흥미유발 및 자료제시

- 악기 소리를 들려주며 어떤 악기 소리인지 퀴즈를 풀어 본다.
  (피아노 소리, 스터드럼 소리, 청동구슬 소리, 귀로)
- 다양한 악기 소리를 탐색해 본다.
  - 어떤 악기일까?
- 활동 시 유의사항
  - 끝까지 듣고 퀴즈를 풀 수 있도록 한다.

2. 음률활동

- 동요 '간다간다'를 들려준다.
- 노래를 따라 부르며 노랫말 부분 밑에 어떤 악기를 놓을지 이야기해 본다.
  - 미리 만들어 놓은 노랫말을 한 장씩 나누어 준다.
  - 4개의 악기사진을 여러 장씩 나누어 준다.
  - 자동차 노래를 부르며 노래에 맞추어 악기 사진을 노랫말 밑에 놓아 본다.
- 모두 함께 노랫말에 맞추어 사진 자료를 놓아 본다.
- 악기장에서 미리 꺼내 놓은 악기를 개인별로 나누어 준다.
- 부분적으로 나누어 노래를 불러 본다.

- 부분적으로 나눈 가사에 어울리는 악기는 어떤 것이 있는지 알아본다.
  - '간다간다간다'는 어떤 리듬악기가 어울릴까?
  - '골목길로'는 어떤 리듬악기가 어울릴까?
  - 골목길에서 들리는 소리는 어떻게 표현하면 좋을까?
- 모두 함께 악기를 연주하며 노래를 불러 본다.
- 교사가 앞부분, 유아들은 뒷부분을 노래 부르며 악기를 번갈아 가며 연주해 본다.
- 활동 시 유의사항
  - 다양하게 탐색할 수 있도록 미리 악기를 악기장에서 꺼내 놓고 음악을 반복해서 들려준다.

3. 마무리

- 이야기를 나누며 활동을 정리한다.
  - 노랫말에서 왜 그 악기로 연주했을까?
  - 신나고 즐겁게 연주할 수 있었니?
- 악기를 음률영역에 정리한다.

4. 확장활동

- 노랫말 판과 악기 사진 자료 조각을 조작영역에 비치하여 다양한 곳에 붙여 보며 놀이할 수 있도록 한다.

간다간다

김성균 작사
김성균 작곡

활동 3 어떤 소리일까?

교통기관

대상연령	만 4세	활동시간	15~20분	집단 및 인원	10~15명(대집단)
활동목표	• 다양한 교통기관에 관심을 가진다. • 교통기관의 소리를 다양한 방법으로 자유롭게 표현한다.				
누리과정 관련 요소	• 예술경험 > 아름다움 찾아보기 > 음악적 요소 탐색하기 • 예술경험 > 예술적 표현하기 > 음악으로 표현하기				
음악교육 내용	소리 탐색하기, 악기 다루기				
음악 개념	셈여림, 음색, 리듬, 형식				
활동자료	교통기관 소리가 녹음된 음원, CD 플레이어, 교통기관의 사진들, 여러 가지 악기, 다양한 장소 사진				

활동방법

1. 흥미유발 및 자료제시

- 다양한 교통기관 소리(음원)를 들려준다.
  - 어떤 소리일까? (기차 소리, 비행기 소리, 자동차 소리, 뱃고동 소리 등)
- 음원의 소리와 교통기관의 사진을 보며 소리를 맞히는 게임을 한다.
- 활동 시 유의사항
  - 바른 자세로 들을 수 있도록 약속을 정한 후 소리를 듣는다.

2. 음률활동

- 지난 시간에 신호등 앞에서 녹음한 음원을 들려준다.
  - 이 소리는 무슨 소리일까?
  - 이 소리는 얼마나 클까?
  - 이 소리를 들으니 기분은 어떠니?
  - 이 소리는 어떤 소리와 비슷할까?
- 이런 소리에 대한 경험을 이야기 나눈다.
  - 지난 시간에 녹음할 때 어디에서 녹음했지?
  - 어디를 다니는 소리일까?
  - 이 소리를 들을 때 다른 교통수단의 소리를 들어 보았니?

- 다양한 교통기관 소리를 다시 들려주며 이야기 나눈다.
  - 기차는 어디를 다니는 소리일까?
  - 비행기는 어디를 다니는 소리일까?
  - 배는 어디를 다니는 소리일까?
- 악기장에서 악기를 가지고 와서 소리를 두드려 본다.
  - 이 중에서 가장 길게 들리는 소리는 어떤 소리일까?
  - 가장 짧게 들리는 소리는 어떤 소리일까?
  - 어떤 소리의 음이 높을까, 낮을까?
  - 비슷한 소리는 어떤 악기를 이용하면 좋을까?
  - 선생님이 들려주는 피아노 소리보다 높을까, 낮을까?
- 녹음된 소리를 다시 들려준다. (다양한 교통기관의 소리)
  - 녹음된 소리를 들으며 악기로 두드려 보자. (천천히, 느리게, 빠르게, 작게, 크게, 힘차게, 약하게)
- 활동 시 유의사항
  - 녹음된 소리가 잘 들릴 수 있도록 강약을 교사가 조절한다.

3. 마무리

- 이야기를 나누며 활동을 정리한다.
  - 가장 기억에 남는 소리는 어떤 소리였니?
- 악기를 음률영역에 정리한다.

4. 확장활동

- 노래에 맞추어 악기를 연주해 본다.

활동 4 자동차

교통기관

대상연령	만 5세	활동시간	15~20분	집단 및 인원	10~15명(대집단)
활동목표	• 자동차 음악극을 할 수 있다. • 자동차의 움직임을 동작으로 표현할 수 있다.				
누리과정 관련 요소	• 예술경험 > 예술적 표현하기 > 통합적으로 표현하기				
음악교육 내용	노래 부르기, 신체표현하기, 음악극				
음악 개념	셈여림, 리듬, 음고, 선율, 형식				
활동자료	자동차 노랫말에 나오는 그림 카드, 녹음기(디지털 리코더 등), 등장인물 의상 및 소품, CD 플레이어				

활동방법

1. 흥미유발 및 자료제시

- 카드 연상를 통해 다양한 소리를 탐색한다.
  - 여러 색깔의 자동차와 다양한 자동차, 할머니, 할아버지, 엄마, 아빠, 여동생, 남동생, 언니, 누나, 엄마, 아빠, 삼촌, 지나가는 사람들, 시장, 산, 도로, 강물, 다리, 꽃, 뛰어가는 사람들, 걸어가는 사람들, 웃고 있는 모습, 슬픈 표정의 그림들 등
- 유아가 이야기하는 단어와 관련된 소리들을 녹음한다.
- 활동 시 유의사항
  - 어떠한 이야기가 나오든 모두 녹음하도록 한다.

2. 음률활동

- 녹음한 것을 가지고 동화를 함께 만든다. (녹음된 단어들을 카드로 만들어 진열한다.)
  - 여기 우리 친구들이 말한 단어들이 있어. 어떻게 동화를 만들 수 있을까?
  - 주제는 어떻게 하면 좋을까?
  - 가장 많이 나온 단어는 어떤 단어일까?
- 단어카드를 보면서 교사와 함께 동화를 만든다.

  (엄마, 아빠. 얼른이요, 얼른이요. 할머니가 기다리셔요. 할머니 보고 싶어요. 선희는 노란 자동차를 타고 노래를 부르며 할머니 댁을 가고 있어요. 할머니 댁에 가는 곳에는 꽃도 피

어 있고, 강도 있고, 산도 있고, 푸른 나무도 있고, 다른 자동차들도 많고, 걸어가는 사람, 뛰어가는 사람들도 보여요. 신나게 랄라라 노래 부르며 할머니 집에 도착하니 삼촌도 있고, 언니, 오빠도 있어요. 맛있는 것도 많아요. 난 우리 할머니네 집에 노란 자동차 타고 가는 것이 세상에서 제일 좋아요.)

- 음악극을 하기 위해서 만들어진 동화를 듣고 어떤 준비가 필요한지 이야기 나눈다.
- 음악극 노래로 지난 시간에 배운 음악을 들려준다.
- 음악극 노래에 맞추어 동작을 만들어 표현한다.
- 등장인물을 정한다.
- 역할영역에서 의상 및 소품을 찾아 가지고 온다.
- 역할(등장인물, 스텝)을 나누고 공연해 본다.
- 역할을 서로 바꾸어 음악극을 공연해 본다.
- 활동 시 유의사항
  - 유아가 자유롭게 표현할 수 있도록 돕는다.

3. 마무리

- 이야기를 나누며 활동을 정리한다.
  - 음악극을 해 보니 어떠니?
  - 음악만 듣고 표현하는 거와 동화와 함께 표현하니 어떠니?
- 소품을 각각의 영역에 정리한다.

4. 확장활동

- 음악극을 감상하고 이야기 나눈다.

활동 5 **뱃노래** 교통기관

대상연령	만 4세	활동시간	15~20분	집단 및 인원	15~20명(대집단)
활동목표	• 민요 '뱃노래'를 즐겁게 감상한다. • 리듬에 맞추어 악기를 연주한다.				
누리과정 관련 요소	• 예술경험 > 예술적 표현하기 > 음악으로 표현하기 • 예술경험 > 예술적 감상하기 > 전통예술 감상하기				
음악교육 내용	음악 감상하기, 악기 다루기				
음악 개념	셈여림, 음색, 리듬, 형식				
활동자료	옛날 배 사진, 민요 '뱃노래' 동영상, '뱃노래' 음원, CD 플레이어, 다양한 악기(소고, 징, 장구, 북, 리듬막대 등)				

활동방법

1. 흥미유발 및 자료제시

- '뱃노래' 음악을 들어 본다.
  - 노래 가락이 어떠니?
  - 언제 들어 본 것 같니?
- '뱃노래' 동영상을 본다.

2. 음률활동

- 과거의 배 사진을 보며 이야기를 나눈다.
  - 옛날 배는 이렇게 생겼구나.
  - 지금 배와 어떻게 다른 것 같니?
  - 옛날에는 배를 어떻게 움직였을까?
  - 여기 있는 기다란 막대는 무엇일까?
  - 사람들이 어떻게 노를 저었을까?
- 민요 '뱃노래' 동영상을 감상한다.
  - 어떤 노래인 것 같니?
  - 노래를 들으니까 어떤 느낌이니?
  - 노래의 어떤 부분이 재미있니?

- '어기야 디어차'는 무엇을 하는 것 같니?
- 어느 부분이 빠르게 움직이는 것 같니?

• 민요 '뱃노래'를 들으며 악기를 연주해 본다.
  - 노래를 들으면서 악기를 연주해 보자.
  - 노래에 어떤 악기가 어울릴 것 같니?
  - 악기를 어떻게 연주하면 좋을까?
  - 악기를 어떻게 연주하면 음악과 어울릴까?
  - 뱃노래의 빠르기가 어떤 것 같니?
  - 어떤 부분을 빠르게 연주해 볼까?
  - 또 어떻게 연주하면 더 흥겹게 연주할 수 있을까?

• 활동 시 유의사항
  - 민요의 노랫말을 익히기보다는 유아가 민요 가락을 즐기고 흥겹게 악기를 연주해 보도록 한다.
  - 우리나라 음악이나 전통악기를 자주 제공하여 유아들이 익숙해지도록 한다.

3. 마무리

• 유아가 '뱃노래'에 관심을 가지고 감상을 하는지 평가한다.
• 민요 가락에 맞추어 즐겁게 악기를 연주하는지 평가한다.

4. 확장활동

• 다른 '뱃노래' 음악을 감상한다. (쇼팽 '뱃노래', 러시아 민요 '볼가강의 뱃노래', 차이코프스키 '뱃노래' 등)

뱃노래

경상도 민요

〈받는 소리〉
어 기 야 디 여 – 차
어 기 야 디 여 – 어 기 – 여 – 차
뱃 놀 이가 잔 다
〈메기는 소리〉
부 딪 치 는 파 도 – 소 – 리
잠 을 – 깨 우 니
들 려 오 는 – 노 젓 는 소 – 리
처 량 도하 구 나
〈받는 소리〉
어 기 야 디 여 – 차
어 기 야 디 여 – 어 기 – 여 – 차 뱃 놀 이가 잔 다

활동 6 꼬마 기차 치포의 여행

교통기관

대상연령	만 4세	활동시간	15~20분	집단 및 인원	15~20명(대집단)
활동목표	• 새로운 재질의 악기를 탐색한다. • 모래 종이 블록으로 기차가 움직이는 모습을 표현해 본다.				
누리과정 관련 요소	• 예술경험 > 예술적 경험하기 > 음악으로 표현하기 • 예술경험 > 아름다움 찾아보기 > 음악적 요소 탐색하기				
음악교육 내용	악기 다루기, 신체표현하기				
음악 개념	셈여림, 리듬, 음고, 형식				
활동자료	모래 종이 블록 2쌍(개인별), ppt 동화 『꼬마 기차 치포의 여행』				

활동방법

1. 흥미유발 및 자료제시

- 수수께끼로 '기차'에 대한 궁금증을 유발한다.
  - 나는 누구일까? 나는 교통기관이야. 나는 땅에서 볼 수 있어. 내 몸은 길어서 많은 사람을 태울 수 있어. 나는 누구일까?
  - 기차를 타 본 적이 있니?
  - 기차를 언제(누구와) 타 보았니?
  - 기차를 타고 어디를 갔었니?
  - 기차는 어떤 모양이었니?
- 활동 시 유의사항
  - 사전에 가정과 연계하여 기차를 타서 찍은 사진이 있는 경우 준비하여 이야기 나눌 때 시각적 단서로 제공한다.

2. 음률활동

- '꼬마 기차 치포'가 달릴 때 어떻게 달렸는지 이야기 나눈다.
  - 기찻길 옆 오두막집에 아가가 자고 있는 걸 발견한 치포는 어떻게 달렸니? 목소리로 한 번 표현해 볼까? (칙~칙~폭~폭~)
  - 터널 속에 들어간 치포는 어떤 기분이었을까?
  - 터널 속에서 치포는 얼마나 빨리 달렸니?

- 모래 종이 블록 악기를 탐색한다.
  - 이렇게 생긴 악기를 본 적이 있니?
  - 이 악기는 어떻게 해야 소리가 날까?
  - 한 번 비벼서 어떤 소리가 나는지 들어 볼까?
  - 또 다른 방법으로 소리를 만들어 볼 수 있을까?
- 『꼬마 기차 치포의 여행』 이야기를 들으며 치포가 움직이는 소리(칙칙폭폭)에 맞춰 모래 종이 블록 악기를 연주한다.
  - 이번에는 이야기에 맞춰서 악기를 연주해 보자.
  - 손에 낀 모양 종이 악기로 치포를 따라가 볼까?
- 활동 시 유의사항
  - 유아들이 모래 종이 블록 악기를 충분히 탐색하고 자유롭게 표현해 볼 수 있도록 한다.

3. 마무리

- 모래 종이 블록 악기를 즐겁게 탐색하였는지 평가한다.
  - 오늘 악기 놀이는 재미있었니?
  - 어떤 점이 재미있었니?

4. 확장활동

- 다른 노래를 부르며 모래 종이 블록 악기를 연주해 볼 수 있다.

8. 우리나라

활동 1 설날

우리나라

대상연령	만 5세	활동시간	15~20분	집단 및 인원	3~5명(소집단)
활동목표	• 설날의 즐거움과 흥겨움을 음악으로 표현한다. • 노랫말과 박자에 맞춰 악기를 연주한다.				
누리과정 관련 요소	• 예술경험 > 예술적 표현하기 > 음악으로 표현하기 • 사회관계 > 사회에 관심 갖기 > 우리나라에 관심 갖고 이해하기				
음악교육 내용	노래 부르기, 악기 다루기				
음악 개념	셈여림, 리듬, 음고, 형식				
활동자료	컴퓨터, 스피커, '설날' 음원, 노랫말 판, 그림 자료, 설날 풍경 그림 자료, 복조리 방울 악기				

활동방법

1. 흥미유발 및 자료제시

- 교사는 음률영역 구성을 위해 다음과 같은 준비를 한다.
  - 영상자료를 음률영역에서 재생할 수 있도록 준비하거나 유아들과 함께 노래를 배운 후 녹음하여 음원자료를 만들어 재생할 수 있도록 준비한다.
  - 사전에 미술영역에서 복조리 방울 악기를 만들어 제시한다.
  - 유아들과 함께 배운 설날 관련 노래의 노랫말 자료를 벽면에 게시한다.
- 활동 시 유의사항
  - 음률영역을 구성하기 전에 미술영역에서 복조리 방울 악기를 만드는 활동을 실시한다.

2. 음률활동

- 자유선택활동 시간에 음률영역에 모인 유아들과 복조리 방울 악기를 살펴본다.
  - (유아들이 만든 복조리 방울 악기를 보여 주며) 우리가 만든 복조리 방울 악기를 함께 살펴보자.
  - 복조리 방울 악기를 어떻게 만들었니?
  - 복조리 방울 악기에서 어떤 소리가 날까?

- 복조리 방울 악기를 연주해 본다.
  - 어떤 소리가 나니?
  - 친구가 만든 복조리 방울 악기의 소리와 비교해 볼까?
- 설날 관련 노래를 부르며 복조리 방울 악기를 연주한다.
- 연주할 부분을 나누어 박자에 맞추어 함께 연주하며 노래를 부른다.

3. 마무리

- 활동을 마친 후 느낌을 이야기 나눈다.
  - 설날 노래 불러 보니 어떤 느낌이 들었니?

4. 확장활동

- 노래를 개사하여 만들어 본다.

설날

윤극영 작사
윤극영 작곡

활동 2 애국가

우리나라

대상연령	만 3세	활동시간	15~20분	집단 및 인원	15~20명(대집단)
활동목표	• 우리나라의 국가를 알고 신체를 이용하여 표현해 본다. • 애국가의 리듬을 표현할 수 있다.				
누리과정 관련 요소	• 사회관계 > 사회에 관심 갖기 > 우리나라에 관심 갖고 이해하기 • 예술경험 > 예술적 표현하기 > 움직임과 춤으로 표현하기				
음악교육 내용	음악 감상하기, 신체표현하기				
음악 개념	음색, 리듬, 선율				
활동자료	'애국가' 음원, CD 플레이어, 스카프				

활동방법

1. 흥미유발 및 자료제시

- 유아들과 스카프의 사용에 대해 이야기 나눈다.
- 스카프를 자유롭게 탐색한다.

2. 음률활동

- '애국가'를 감상한다.
  - 이 노래를 들어 본 적이 있니?
  - 언제 들어 보았니?
  - 이 노래의 이름이 무엇일까?
  - '애국가'를 들으니 어떤 느낌이 드니?
- 유아들과 스카프의 사용에 대해 이야기 나눈다.
  - 이것을 본 적이 있니?
  - 이름이 무엇일까?
  - 어떻게 사용하는 것일까?
  - 만져 보면 어떤 느낌이 들까?
- '애국가'에 맞춰 스카프를 움직여 본다.
  - 애국가에 맞춰서 스카프를 흔들어 볼까?
  - '동해물과 백두산이'에서 어떻게 움직여 볼까?

- '대한사람 대한으로 길이 보전하세'는 어떻게 표현할 수 있을까?

- 활동을 회상하고 평가한다.
  - 어떤 활동을 했니?
  - '애국가'에 맞춰 스카프를 움직여 보니 어떠니?
  - 어떤 점이 재미있었니?
  - 아쉬운 점은 없었니?
  - 또 어떤 방법으로 스카프를 움직여 볼 수 있을까?

3. 마무리

- 활동을 마친 후 느낌을 이야기 나눈다.
  - 오늘 '애국가' 활동을 해 보니 어떤 느낌이 들었니?

4. 확장활동

- 유아들이 '애국가'를 자유롭게 듣고 부를 수 있도록 음률영역에 악보와 함께 제공한다.

활동 3 사물놀이

우리나라

대상연령	만 3세	활동시간	15~20분	집단 및 인원	10~12명(대집단)
활동목표	• 우리 전통음악의 소리를 듣고 자신의 생각을 말해 본다. • 우리 전통음악을 들으며 나팔을 연주해 본다.				
누리과정 관련 요소	• 예술경험 > 예술 감상하기 > 전통예술 감상하기 • 사회관계 > 사회에 관심 갖기 > 우리나라에 관심 갖고 이해하기 • 의사소통 > 말하기 > 느낌, 생각, 경험 말하기				
음악교육 내용	음악 감상하기, 악기 다루기				
음악 개념	음색, 리듬, 선율, 형식				
활동자료	음원 CD(전통악기 소리, 사물놀이 연주 음악), CD 플레이어, 전통악기(나팔)				

활동방법

1. 흥미유발 및 자료제시

- 우리의 전통음악에 관해 이야기를 나눈다.
  - 우리 친구들이 알고 있는 악기에는 무엇이 있니?
- 우리나라 악기의 종류를 살펴본다.
- 활동 시 유의사항
  - 전통악기의 이름을 알아보며 악기를 탐색한다.

2. 음률활동

- 그림을 보며 이야기를 나눈다.
  - 무엇이 보이니?
  - 옛 한복을 입은 사람들이 우리의 옛 악기로 무엇을 하고 있니?
  - 옛날의 우리 음악을 들어 본 적이 있니?
  - 옛날 우리나라 사람들은 어떤 악기로 어떤 음악을 연주하며 즐겼을까?
  - 어떤 소리가 날까?
- '진도 아리랑' 음악을 듣고 이야기를 나눈다.

- 음악을 들으며 나팔을 연주해 본다.
  - 우리도 우리의 전통음악을 들으며 나팔을 신나게 연주해 볼까?
  - 음악에 맞춰 나팔을 좌우로, 위아래로 흔들며 연주해 보자.
  - 선생님이 우리의 전통음악을 들려줄 거야. 어떤 느낌인지 어떤 악기의 소리가 들리는지 잘 들어 보자.
  - 어떤 악기의 소리가 들렸니?
  - 어떤 소리가 들렸는지 우리가 흉내 내어 소리를 내어 보자.
  - 전통악기로 연주하는 전통음악을 들었을 때 어떤 기분이 들었니?
  - 우리가 평소에 듣는 음악과 어떻게 다른 것 같니?
- 나팔을 긴 소리와 짧은 소리로 불어 본다.
  - 나팔을 바른 자세로 들어 보자.
  - 나팔의 취구를 입에 대고 숨을 길게, 짧게 불어 긴 소리와 짧은 소리를 내어 보자.
- 활동 시 유의사항
  - 음악에 맞추어 함께 불러 본다.
  - 한 음으로 따라 부르기를 먼저 한 후 불러 본다.

3. 마무리

- 악기를 정리하고 마무리한다.
  - 사용한 나팔을 제자리에 예쁘게 정리해 보자.
  - 우리의 옛 전통음악을 들어 보니 어땠니?
  - 우리나라에서 오래도록 전해 내려온 음악인 만큼 우리의 전통음악을 더 자주 듣고 소중하게 생각하도록 하자.

4. 확장활동

- 우리나라 악기가 서양 악기와 어떻게 다른 악기를 서로 비교해 본다.

활동 4 추석날

우리나라

대상연령	만 5세	활동시간	15~20분	집단 및 인원	15~20명(대집단)
활동목표	• 추석에 대해 관심을 갖는다. • 우리 명절인 추석의 문화의 특징을 알아본다. • 즐거운 마음으로 새 노래를 부른다.				
누리과정 관련 요소	• 예술경험 > 예술적 표현하기 > 음악으로 표현하기 • 사회관계 > 사회에 관심 갖기 > 우리나라에 관심 갖고 이해하기				
음악교육 내용	음악 감상하기, 노래 부르기				
음악 개념	음색, 리듬, 음고, 선율				
활동자료	음원 CD(전통악기 소리, 사물놀이 연주 음악), CD 플레이어, '추석날' 노랫말 판				

활동방법

1. 흥미유발 및 자료제시

- 우리나라의 추석 문화에 대해 이야기 나눈다.
  - 추석에 대해 들어 본 적 있니?
  - 추석하면 무엇이 떠오르니?
  - 추석에 무엇을 했니?
  - 추석에 무엇을 먹었니?
  - 추석에 하는 일은 무엇일까?

2. 음률활동

- 교사가 들려주는 노래를 감상한다.
  - 피아노 반주에 맞추어 선생님의 노래를 감상해 보도록 할까?
  - 어떤 자세로 노래를 감상하면 더욱 잘 들을 수 있을까?
  - (노래를 감상한 후) 노래를 잘 들어 보았니?
  - 노래를 감상한 느낌은 어땠니?
  - 노랫말은 어떤 내용이었던 것 같니?
  - 가장 기억에 남는 노랫말이 있니?

- '추석날' 노래를 한 가지 소리로 불러 본다.
  - 한 가지 소리를 넣어 노래를 불러 보면 어떨까?
  - 어떤 소리를 넣어서 불러 보고 싶니?
  - (한 가지 소리를 넣어 불러 본 후) 이번엔 다른 소리로 불러 보도록 할까?
- 노랫말 판을 보며 노랫말을 넣어 부른다.
  - 이제는 노랫말을 넣어서 노래를 불러 보는 건 어떨까?
  - 천천히 함께 불러 보도록 할까?
- '추석날' 노래를 다양한 방법으로 불러 본다.
  - 노래를 즐겁게 부르기 위해 여러 가지 방법으로 불러 보도록 할까?
  - 노래를 어떤 마음으로 불러 보면 좋을까?
  - 노랫말을 나누어 불러 보도록 할까?
  - 어떤 방법으로 나누어 불러 보면 좋을까?
  - 발을 구르며 불러 보는 건 어떨까?
  - 어느 부분에서 발을 구르며 불러 볼까?
- 활동 시 유의사항
  - 유아들이 바른 리듬과 박자에 맞추어 부르기 힘든 부분이 있을 수 있기 때문에 이 부분에 대해 충분히 함께 불러 볼 수 있도록 지도한다.
  - 새 노래의 노랫말에 대한 유아들의 이해를 높이기 위해, 조각그림을 노랫말 자료에 붙이면서 노랫말을 전달해 줄 수 있다.

3. 마무리

- '추석날' 활동을 평가한 후 마무리한다.
  - 친구들과 함께 새 노래를 불러 보았는데, 노래를 불러 본 느낌이 어떠니?
  - 가장 기억에 남는 노랫말은 무엇이니?
  - 재미있었던 율동 동작이 있니?

4. 확장활동

- 노랫말에 맞는 율동을 함께 만들어 표현해 본다.

추석날

강소천 작사
김성태 작곡

활동 5 시나위

우리나라

대상연령	만 4세	활동시간	15~20분	집단 및 인원	15~18명(대집단)
활동목표	• 우리나라 전통음악에 관심을 가진다. • 시나위 공연을 보며 아름다움을 느낀다.				
누리과정 관련 요소	• 의사소통 > 말하기 > 느낌, 생각, 경험 말하기 • 예술경험 > 예술 감상하기 > 다양한 예술 감상하기				
음악교육 내용	음악 감상하기, 악기 다루기				
음악 개념	음색, 리듬, 선율, 형식				
활동자료	여러 나라 악기 사진 자료, 시나위 동영상, 악기 사진(가야금, 거문고, 해금, 아쟁, 피리, 대금, 장구 각각 5장씩)				

활동방법

1. 흥미유발 및 자료제시

- 다양한 악기 사진을 보며 전통악기를 찾아본다.
  - 사진 속 악기의 이름을 순서대로 이야기해 볼까?
  - 이 사진들 중에서 우리나라 악기가 세 개 있어. 무엇일까?
  - 힌트를 줄게. 줄이 많고 길단다.
  - 바로 이 악기는 가야금이라는 악기란다.
- 활동 시 유의사항
  - 유아들은 동그랗게 모여 앉는다.
  - 악기 이름을 이야기할 때 유아들이 모르면 이름을 알려 준다.
  - 자유놀이 시간에 시나위 공연을 보여 준다.

2. 음률활동

- 국악 시나위 공연을 함께 감상한 후 느낀 점을 이야기 나눈다.
  - 우리나라에는 장구, 피리, 가야금 말고도 더 많은 악기가 있단다. 선생님이 우리나라 악기로 연주하는 시나위 공연 영상을 준비해 왔단다. 함께 보도록 하자.
  - 영상을 보면서 알고 있는 악기가 있었니?
  - 영상 속에서 우리나라 악기는 어떤 소리가 들렸니?

- 어떤 느낌이 들었니?
- 악기 사진을 보며 악기를 탐색하고 연주방법을 알아본다.
  - 선생님이 우리 친구들과 함께 연주하려고 악기 사진을 들고 왔어.
  - (가야금, 거문고, 아쟁 사진을 보여 주며) 이 악기들은 어떻게 생겼니?
  - 이 악기들의 이름은 무엇일까?
  - 이 사진은 가야금이고, 이 사진은 거문고, 이 사진은 아쟁이라고 해. 다 비슷하게 생겼지?
  - 영상 속에서 이 악기는 어떻게 연주했지?
  - 손과 막대로 줄을 튕겨서 연주할 수 있어.
  - (해금 사진을 보여 주며) 이 악기는 어떻게 생겼니?
  - 영상 속에서 이 악기는 어떻게 연주했지?
  - 악기를 다리에 올려놓고 세워서 막대를 오른쪽, 왼쪽으로 왔다갔다하며 연주하는 거란다.
- 영상 속 소리를 들으며 악기 사진으로 연주를 한다.
  - 선생님과 함께 악기 사진으로 음악을 들으며 연주를 해 보자. 자기가 원하는 악기 사진을 가져가도록 하자.
  - 악기 사진을 다 가져갔니? 영상 음악을 들으며 함께 연주해 보도록 하자.
- 활동 시 유의사항
  - 악기 연주를 할 때 악기 사진은 유아들이 원하는 것으로 제공한다.
  - 사진으로 연주할 때 정확히 연주하는 것보다 소리를 느끼며 연주하는 것에 흥미를 갖을 수 있도록 돕는다.

3. 마무리

- 연주한 후 느낀 점을 이야기 나눈다.
  - 소리를 들으며 연주하니 어땠니?
  - 음률영역에 악기 사진들을 놓아 둘게. 자유롭게 연주해 보자.

4. 확장활동

- 국악 시나위 공연의 음악에 맞춰 자유롭게 몸을 움직여 본다.

9. 세계 여러 나라

활동 1 훌라리 훌라리

세계 여러 나라

대상연령	만 4세	활동시간	15~20분	집단 및 인원	10~15명(대집단)
활동목표	• 여러 나라의 다양한 전통 춤에 관심을 갖는다. • 다양한 방법으로 노래를 듣고 즐긴다. • 노래에 맞춰 노래에 대한 자신의 느낌을 춤으로 표현한다.				
누리과정 관련 요소	• 예술경험 > 예술적 표현하기 > 움직임과 춤으로 표현하기 • 의사소통 > 듣기 > 동요, 동시, 동화 듣고 이해하기 • 사회관계 > 사회에 관심 갖기 > 세계와 여러 문화에 관심 가지기				
음악교육 내용	음악 감상하기, 노래 부르기, 신체표현하기				
음악 개념	음색, 리듬, 음고, 선율, 형식				
활동자료	'훌라리 훌라리' 음원, 율동, 노랫말 판, 노랫말 카드, 악보, '훌라춤' 동영상				

활동방법

1. 흥미유발 및 자료제시

- 춤에 대한 경험을 이야기 나눈다.
  - 친구나 가족들과 함께 춤을 춰 본 적 있니?
  - 어떤 춤을 추었니? 친구들에게 소개해 볼 수 있겠니?
  - ㅇㅇ이는 아빠와 함께 손을 잡고 추는 춤을 추었구나?
  - ㅁㅁ이는 친구와 함께 음악에 맞춰 폴짝폴짝 뛰는 춤을 추었구나.
  - 또 어떤 춤을 추는 것을 좋아하니?
  - 친구들마다 춰 보았거나 좋아하는 춤이 다르듯이 세계 여러 나라 사람이 즐겨 추는 춤도 다르단다.
  - 선생님이 보여 줄 영상 속엔 어떤 춤을 추는 사람이지 한 번 살펴볼까?
- '훌라춤' 동영상을 감상한다.
  - 너희들도 이런 춤을 추는 사람을 본 적이 있니? 이 춤은 미국 하와이의 전통 춤인 '훌라춤'이라고 한단다.
  - 특별히 기억에 남는 동작이 있니?

- 우리도 한 번 몸을 움직여 볼까?
- 오늘 '홀라리 홀라리'라는 새 노래를 함께 불러 보며 훌라춤을 춰 보면 어떨까?

2. 음률활동

- 반주를 듣고 한 소리로 노래를 불러 본다.
  - 오늘은 '홀라리 홀라리'라는 노래를 불러 볼 거야. 먼저 노래를 들어 보자.
  - 선생님의 피아노에 맞춰 한 소리로 노래를 불러 보자.
  - 어떤 소리로 노래를 불러 볼까?
- '바바바', '라라라', '리리리' 등 유아의 의견을 반영하여 한 음절로 된 다양한 소리로 노래를 불러 본다.
- 노랫말을 소개하고 노래를 불러 본다.
  ('홀라리 홀라리' 노랫말 카드, '홀라리 홀라리' 노랫말 판)
  - (노랫말 판을 보며) 노랫말을 읽어 보자.
  - 시냇가에 마주 앉아서 어떻게 노래한다고 했니?
  - 만약 너희라면 어떻게 노래할 것 같니?
  - 시냇가에서 노래를 부를 때 어떤 일이 생겼니?
  - 만약 너희들이 시냇가에서 노래를 부를 때 작은 물고기들이 다가온다면 기분이 어떨 것 같니?
- 노랫말 카드 또는 노랫말 판을 활용하여 노래를 불러 본다.
  - 다른 부분은 노래를 작게 부르고 '홀라리 홀라리' 부분만 크게 불러 볼 수 있겠니?
  - '홀라리 홀라리' 부분을 부를 때 훌라춤을 추듯이 손을 흔들어 볼 수 있겠니?
  - 이번엔 악기를 연주하며 노래를 불러 볼까?
- 동영상을 활용하여 노래에 맞춰 친구와 함께 몸을 움직인다.
  - 자리에서 일어나서 훌라춤을 추듯이 몸을 흔들며 노래를 불러 볼 수 있겠니?
  - 이번엔 화면을 보고 친구와 함께 음악에 맞춰 움직여 보자.
- 활동 시 유의사항
  - 여러 나라 사람들이 춤추는 모습을 다양한 움직임에 관심을 갖고 활동에 참여할 수 있도록 한다.
  - 유아가 자신의 느낌을 적극적으로 신체표현할 수 있도록 격려한다.

3. 마무리

- 노래를 부른 느낌에 대해 이야기 나눈 후, 활동을 마무리한다.
  - 훌라춤을 감상하며 어떤 생각을 했니?
  - 훌라춤을 추는 모습을 볼 때와 노래를 부르며 직접 훌라춤을 춰 볼 때의 느낌은 어떻게 달랐니?
  - 춤을 출 때 어떤 점이 가장 재미있었니?
  - 훌라춤을 추며 노래할 때 어려운 점은 없었니?
  - 다음에 이 춤을 또 추게 된다면 누구와 함께 춰 보고 싶니?

4. 확장활동

- 여러 나라 사람의 다양한 전통 춤을 감상하고 직접 몸으로 표현해 본다.

홀라리 홀라리

김성균 작사
김성균 작곡

활동 2 세계의 아침 인사

세계 여러 나라

대상연령	만 4세	활동시간	15~20분	집단 및 인원	10~15명(대집단)
활동목표	• 세계 여러 나라 사람들의 인사말에 관심을 갖는다. • 다양한 방법으로 노래를 듣고 즐긴다. • 리듬악기를 연주하며 즐겁게 노래를 부른다.				
누리과정 관련 요소	• 의사소통 > 듣기 > 동요, 동시, 동화 듣고 이해하기 • 예술경험 > 예술적 표현하기 > 음악으로 표현하기 • 사회관계 > 사회에 관심 갖기 > 세계와 여러 문화에 관심 가지기				
음악교육 내용	음악 감상하기, 노래 부르기				
음악 개념	음색, 리듬, 음고, 선율				
활동자료	'세계의 아침 인사' 악보, 노랫말 카드, 노랫말 판, 세계 여러 나라의 인사법 그림 카드				

활동방법

1. 흥미유발 및 자료제시

- 인사말에 대해 이야기 나눈다.
  - 오늘 친구들을 만났을 때 뭐라고 인사했니?
  - '안녕'이라고 인사했구나.
  - 친구들과 함께 놀이한 후, 헤어질 때는 뭐라고 인사하니?
  - 다른 나라 사람들도 우리와 같이 '안녕'이라고 인사할까?
  - 다른 나라의 인사말을 아는 친구가 있니?
  - ○○는(은) '하이(Hi)'라는 인사말을 아는구나.
  - 또 다른 인사말을 아는 친구 있니?
  - 그 나라 사람들은 인사를 할 때 어떤 동작을 하니?
  - 오늘 여러 나라 친구들이 어떻게 인사하는지 노래를 부르며 함께 알아보면 어떨까?

2. 음률활동

- 반주를 듣고 한 소리로 노래를 불러 본다.
  - 오늘은 '세계의 아침 인사'라는 노래를 불러 볼 거야. 먼저 노래를 들어 보자.
  - 선생님의 피아노에 맞춰 한 소리로 노래를 불러 보자.

- 어떤 소리로 노래를 불러 볼까?

• '우우우', '리리리', '라라라' 등 유아의 의견을 반영하여 한 음절로 된 다양한 소리로 노래를 불러 본다.

• 노랫말을 소개하고 노래를 불러 본다.
  - (노랫말 판을 보며) 노랫말을 읽어 보자.
  - 미국 친구는 어떻게 인사하니?
  - 일본 친구는 또 어떻게 인사하니?
  - 프랑스 친구가 되었다고 생각하고 친구를 보며 '봉쥬르'라고 인사해 볼까?

• 노랫말 카드 또는 노랫말 판을 활용하여 노래를 불러 본다.

• 다양한 방법으로 노래를 불러 본다.
  - 각 나라의 인사말이 나오는 부분만 박수를 치며 노래를 불러 보면 어떨까?
  - 이번엔 악기를 연주하며 노래를 불러 볼까?
  - '굿모닝', '오하이오'처럼 인사말이 나오는 부분만 악기를 연주해 보면 어떨까?
  - 미국, 일본, 프랑스, 독일 친구들로 역할을 정해서 각 나라의 인사말이 나올 때 그 친구들만 노래를 불러 보면 어떨까?

• 활동 시 유의사항
  - 여러 나라의 인사말에 대해 알아보며 다른 나라 사람들의 생활에 관심을 가질 수 있도록 한다.
  - 유아들이 자신의 생각을 편안하게 이야기할 수 있도록 유아의 의견을 존중하며 허용적인 분위기를 조성한다.

3. 마무리

• 노래를 부른 느낌에 대해 이야기 나눈 후, 활동을 마무리한다.
  - 여러 나라의 인사말에 대한 노래를 불러 보니 어떠니?
  - 어떤 나라의 노랫말이 특별히 재미있었니?
  - 친구들과 역할을 정해서 노래를 불러 보니 함께 부를 때와 어떻게 달랐니?
  - 만약 놀이공원이나 길에서 프랑스나 독일 친구를 만나면 그 나라의 인사말로 인사해 볼 수 있겠니?

• 활동 시 유의사항
  - 세계 여러 나라 사람들의 인사말에 관심을 갖는지 평가한다.
  - 다양한 방법으로 노래를 듣고 즐기는지 평가한다.
  - 리듬악기를 연주하며 즐겁게 노래를 부르는지 평가한다.

4. 확장활동

- 여러 나라의 인사말을 알아본 후, 노랫말을 바꾸어 노래를 부른다.

세계의 아침 인사

윤현진 작사
윤현진 작곡

활동 3 수건 돌려라

세계 여러 나라

대상연령	만 5세	활동시간	15~20분	집단 및 인원	15~20명(대집단)
활동목표	• 아시아 여러 나라의 동요를 감상한다. • 각 나라의 문화와 자연환경에 관심을 갖는다. • 아시아 여러 나라의 동요의 특징을 비교해 본다				
누리과정 관련 요소	• 예술경험 > 예술 감상하기 > 다양한 예술 감상하기 • 예술경험 > 예술적 표현하기 > 음악으로 표현하기 • 사회관계 > 사회에 관심 갖기 > 세계와 여러 문화에 관심 가지기				
음악교육 내용	음악 감상하기				
음악 개념	음색, 리듬, 선율				
활동자료	세계지도, 나라 사진(중국, 필리핀, 일본 등), '수건 돌려라' 음원 CD, CD 플레이어				

활동방법

1. 흥미유발 및 자료제시

- 아시아에 대해 이야기 나눈다.
  - '아시아'라는 말을 들어 본 적이 있니?
  - 우리나라는 아시아 대륙에 속해 있단다. 아시아가 어느 곳인지 지도에서 함께 살펴볼까?
  - 세계 지도에서 아시아는 어디에 위치해 있을까? 우리나라는 어디에 있니?
- 아시아의 여러 나라에 대해 알아본다.
  - 아시아 지역에서 너희들이 알고 있는 나라가 있니?
  - (지도를 보면서) 우리나라의 오른쪽에 있는 섬나라는 어느 나라일까?
- 사진을 보며 각 나라의 특징에 대해 이야기 나눈다.
- 활동 시 유의사항
  - 아시아 각 지역의 서로 다른 문화적 특색을 이해하고 다른 나라의 문화를 존중하는 태도를 기를 수 있도록 지도한다.

2. 음률활동

- 여러 나라의 동요를 감상하고 따라 불러 본다.
  - 오늘은 아시아의 여러 나라 중에서 중국, 필리핀, 일본의 동요를 감상해 볼 거야.
  - 중국의 동요는 어떤 느낌일 것 같니?
  - 우리나라와 동요와 어떤 차이점이 있을까?
  - 각 나라의 동요를 감상해 보자.
- 한 곡씩 노래를 감상해 본다.
  - 중국의 동요 '수건 돌려라'를 들어 보니 어떤 느낌이 드니?
  - 우리나라의 놀이 '수건 돌리기'와 비슷한 놀이가 나오는구나.
  - 불러 보고 싶은 동요가 있니?
  - 우리나라 말로 노래를 불러 보자.
  - 아시아 여러 나라의 동요를 들어 보니 어떠니?
  - 우리나라 동요와 어떤 점이 다르니?
  - 또 들어 보고 싶은 나라의 동요가 있니?

3. 마무리

- 활동을 평가하는 시간을 가진다.
  - 각 나라의 문화와 자연환경에 관심을 갖고 동요의 특징을 이해하는지 평가한다.

4. 확장활동

- 우리나라 말로 부르는 것이 익숙해지면 각 나라의 말로 노래를 불러 본다.

수건 돌려라

중국 동요

수 건 돌 려 라 수 건 돌 려 라
디 우 서 우 쥐안 디 우 서 우 쥐안
아 무 도 모 르 게 친 구 뒤 에 숨 겨 라 알 려
칭 칭 디 팡 ㅡ 짜이 샤오 펑 여우 디 허우 ㅡ 비엔 따 지아
주 지 말 아 라 빨 리 빨 리 잡 아 라
부 야오 까오 쑤 타 콰이 디알 콰이 디알 좌 주 타

활동 4 남극과 북극

세계 여러 나라

대상연령	만 4세	활동시간	15~20분	집단 및 인원	15~20명(대집단)
활동목표	• 음정과 박자를 지켜 노래를 부른다. • 남극과 북극에 대해 알아보고 그곳에 사는 것에 관심을 가진다.				
누리과정 관련 요소	• 사회관계 > 사회에 관심 갖기 > 세계와 여러 문화에 관심 가지기 • 자연탐구 > 과학적 탐구하기 > 자연현상 알아보기 • 예술경험 > 예술적 표현하기 > 음악으로 표현하기				
음악교육 내용	노래 부르기, 음악 감상하기				
음악 개념	리듬, 음고, 선율, 형식				
활동자료	남극과 북극 사진, '남극과 북극' 악보, 음원, CD 플레이어, 노랫말 판, 음원, 손인형				

활동방법

1. 흥미유발 및 자료제시

- 남극과 북극 사진을 보며 이야기를 나눈다.
  - 남극과 북극은 어떤 곳이니?
  - 어떤 동물들이 살고 있니?
  - 어떤 곳이 더 추울까?
- 손인형을 사용하여 동요의 노랫말을 동화처럼 들려준다.
  - 오늘 우리에게 남극과 북극을 소개해 줄 친구가 왔어. 불러 볼까?
  - 안녕, 나는 ㅇㅇ라고 해. 남극과 북극에 대해 알려 줄게. 잘 들어봐.
  - 남극은 지구의 남쪽에 북극은 지구의 북쪽에 있는 곳이야. 이 곳은 햇빛이 잘 오지 않아서 추운 나라야. 지구에서 제일 추운 곳은 남극인데, 북극보다도 훨씬 더 추워. 남극은 땅이고 북극은 바다라 남극이 더 추운거야. 그리고 남극과 북극은 서로 반대에 있는데 계절도 반대야.

2. 음률활동

- '남극과 북극' 동요를 듣는다.
  - 친구가 들려준 이야기로 만든 동요가 있대, 한 번 들어 볼까?

- 동요 속의 노랫말에 대해 이야기 나눈다.
  - 남극과 북극에 대해 부른 노래에서 어떤 단어들이 들렸니?
  - 제일 추운 곳은 어디라고 했니?
  - 남극과 북극이 왜 춥다고 했니?
- 다양한 방법으로 동요를 익힌다.
  - 허밍으로 부르기
  - 우리 함께 허밍으로 불러 볼까?
  - 한 소리로 부르기(아아, 오오, 우우 등)
  - 우리 함께 '아~' 소리를 내며 불러 보자.
  - '아~, 우~, 오~' 등 하고 싶은 한 소리로 노래를 불러 보자.
- 교사가 노래할 때 소리 내지 않고 입만 벌려 노래한다.
  - 선생님이 다시 노래할텐데 우리 친구들은 입만 벌려서 불러 보자.
- 교사와 유아, 유아와 유아가 한 절씩 교대로 부른다.
  - 선생님이 표시해 둔 한 절씩 불러 보자. 선생님이 먼저 불러 볼게.
  - 이번에는 친구들과 한 절씩 불러 보자. 첫 번째 줄 친구들이 먼저 부르고 두 번째 줄 친구들이 부르기로 하자.
  - 이번에는 바꿔서 두 번째 줄 친구들이 먼저 부르고 첫 번째 줄 친구들이 부르기로 하자.
- 유아 혼자 또는 소그룹으로 노래하게 한다.
  - 혼자 또는 친구들과 자유롭게 불러 보자.

3. 마무리

- '남극과 북극' 노래를 부르며 느낀 점을 이야기 나눈다.
  - '남극과 북극' 노래를 부르니 어떤 느낌이 들었니?
  - 남극과 북극의 계절은 서로 어떻게 다르니?
- 재미있던 부분과 어려웠던 부분에 대해 이야기한다.
  - 노래를 하며 가장 어려웠던 부분은 어느 부분이었니?

4. 확장활동

- 노래 가삿말에 맞는 신체표현으로 진행해 볼 수 있다.

남극과 북극

박상문 작사
박상문 작곡

활동 5 탱고

세계 여러 나라

대상연령	만 5세	활동시간	15~20분	집단 및 인원	15~20명(대집단)
활동목표	• 세계의 다양한 음악에 관심을 가진다. • 탱고에 대한 느낌을 다양한 방법으로 자유롭게 표현한다. • 악기를 올바르게 사용하는 태도를 기른다.				
누리과정 관련 요소	• 예술경험 > 예술적 표현하기 > 음악으로 표현하기 > 통합적으로 표현하기 • 사회관계 > 사회에 관심 갖기 > 세계와 여러 문화에 관심 가지기				
음악교육 내용	음악 감상하기, 악기 다루기				
음악 개념	셈여림, 음색, 리듬, 형식				
활동자료	'탱고' 음원 CD, CD 플레이어, 탱고를 추는 모습이 담긴 사진, 여러 가지 악기				

활동방법

1. 흥미유발 및 자료제시

- '탱고' 음원을 들어 본다.
  - 선생님이 들려주는 소리를 잘 들어 볼 수 있겠니?
  - 어떤 자세로 소리를 들으면 더 잘 들을 수 있을까?
  - (탱고 음원을 들려준 후) 소리를 잘 들어 보았니?
  - 이 음악를 들어 본 적이 있니?
  - 어디에서 들어 보았니?
  - 이 음악을 들어 보니 어떤 기분이 드니?
  - 무슨 소리 같니?
  - 그렇게 생각한 이유는 무엇이니?
  - 친구들의 생각이 맞는지 정답을 맞혀 볼까?
  - (탱고를 추는 모습이 담긴 사진을 제시하며) 친구들의 생각이 맞았니?
  - 사진을 보며 소리를 다시 들어 보도록 할까?
- 탱고에 대해 이야기 나눈다.
  - '탱고'라는 말을 들어 보았니?
  - 어디에서 들어 보았니?
  - '탱고'라는 말은 어떤 뜻일까?

- 탱고를 추는 것을 본 적이 있니?
- 탱고는 어느 나라의 음악과 춤일까?
- 탱고를 추는 사진을 보니 어떤 느낌이 드니?
- 탱고의 느낌을 소리로 표현할 수 있을까?
- 탱고 음악의 느낌을 표정으로 표현할 수 있을까?
- 탱고의 느낌을 표현한다면, 어떤 악기를 사용해서 표현해 보고 싶니?

2. 음률활동

- 오늘의 활동과 준비된 재료들을 알아본다.
  - 여러 가지 악기로 탱고 음악에 맞추어 악기를 연주해 보는 것은 어떨까?
  - 어떤 악기를 사용해 보고 싶니?
  - 활동을 위해 또 무엇이 필요할까?
- 활동방법을 알아본다.
  - 음률영역에 제시된 다양한 악기를 탐색한다.
  - 사용하고 싶은 악기를 선택한다.
  - 탱고 음악을 들으며 악기로 박자와 리듬에 맞추어 함께 연주해 본다.
  - 활동이 끝나면 자리를 정리한다.
  - '탱고 음악에 맞추어 악기 연주하기' 활동은 어떻게 하는 것일까?
  - 활동방법을 함께 알아보도록 할까?
- 활동을 하며 지켜야 할 약속을 알아본다.
  - 즐겁게 활동을 하기 위해 지켜야 할 약속은 무엇일까?
  - 우리 스스로 할 수 있는 약속이 있을까?
  - 활동을 하다가 어려운 점이 있으면 누구에게 도움을 청하면 좋을까?
- '탱고 음악에 맞추어 악기 연주하기' 활동을 친구와 함께 한다.
  - 지금부터 탱고 음악에 맞추어 악기 연주하기를 해 볼까?
  - 무엇을 먼저 해야 할까?

3. 마무리

- '탱고 음악에 맞추어 악기 연주하기' 활동이 끝난 후 평가한다.
  - 탱고에 맞추어 악기를 연주해 보니 어땠니?
  - 가장 기억에 남는 악기 소리는 무엇이니?
  - 어떤 악기를 사용한 것이 기억에 남니?

- 친구들이 연주하는 소리를 들어 본 느낌은 어떠니?
- 규칙을 지키며 활동을 했니?
- 규칙을 지키며 활동한 기분은 어떠니?
- 친구와 함께 활동해 보니 어땠니?

4. 확장활동

• 자유선택활동 시 역할영역에서 탱고 춤추기 놀이 활동을 진행해 볼 수 있다.

활동 6 아름다운 지구인

세계 여러 나라

대상연령	만 5세	활동시간	15~20분	집단 및 인원	15~20명(대집단)
활동목표	• 주변의 다양한 가족 구성에 관심을 갖는다. • 다양한 나라에서 많은 사람이 함께 어울려 살아가고 있음을 이해한다. • 즐거운 마음으로 새 노래를 부른다.				
누리과정 관련 요소	• 사회관계 > 가족을 소중히 여기기 > 가족과 협력하기 • 예술경험 > 예술적 표현하기 > 음악으로 표현하기				
음악교육 내용	노래 부르기, 음악 감상하기				
음악 개념	리듬, 음고, 선율, 형식				
활동자료	이야기 나누기 그림 자료(다문화 가족 사진, 노랫말과 관련된 그림 자료), '아름다운 지구인' 노랫말 판				

활동방법

1. 흥미유발 및 자료제시

- 우리 주변에서 볼 수 있는 다문화 가족에 대해 이야기 나눈다.
  - 다문화라는 말을 들어 본 적이 있니?
  - 어디에서 들어 보았니?
  - 다문화라는 말은 어떤 뜻일까?
  - (다문화 가족 사진을 제시하며) 선생님이 보여 주는 사진을 잘 살펴볼까?
  - 사진 속에서 무엇을 볼 수 있니?
  - 어떤 사람들이 있니?
  - 모두 같은 나라 사람들인 것 같니?
  - 다른 나라 사람이라고 생각한 이유는 무엇이니?
  - 이 사람들은 어떻게 가족이 되었을까?
  - 주변에 다른 나라 사람끼리 결혼한 가족을 본 적이 있니?
- 노랫말에 관련된 이야기를 들려준다.
  - 선생님이 노랫말과 관련된 이야기를 들려주려고 하는데 잘 들어 줄 수 있겠니?
  - 어떤 자세로 들어야 할까?
  - 우리는 나라가 달라도 얼굴색이 달라도 가족이 될 수 있을까?
  - 우리는 나라가 달라도 얼굴색이 달라도 친구가 될 수 있을까?

2. 음률활동

- 교사가 들려주는 노래를 감상한다.
  - 피아노 반주에 맞추어 선생님의 노래를 감상해 보도록 할까?
  - 어떤 자세로 노래를 감상하면 더욱 잘 들을 수 있을까?
  - (노래를 감상한 후) 노래를 잘 들어 보았니?
  - 노래를 감상한 느낌은 어땠니?
  - 노랫말은 어떤 내용이었던 것 같니?
  - 가장 기억에 남는 노랫말이 있니?
- 노래의 제목과 작사·작곡가를 알아본다.
  - 이 노래의 제목은 무엇일까?
  - 제목을 '아름다운 지구인'이라고 지은 이유는 무엇일까?
  - '작사'라는 말은 어떤 뜻일까?
  - '작곡'이라는 말은 어떤 뜻일까?
  - 이 노래를 누가 만들었을까?
- '아름다운 지구인' 노래를 한 가지 소리로 불러 본다.
  - 한 가지 소리를 넣어 노래를 불러 보면 어떨까?
  - 어떤 소리를 넣어서 불러 보고 싶니?
  - (한 가지 소리를 넣어 불러 본 후) 이번엔 다른 소리로 불러 보도록 할까?
- 노랫말 판을 보며 노랫말을 넣어 부른다.
  - 이제는 노랫말을 넣어서 노래를 불러 보는 건 어떨까?
  - 천천히 함께 불러 보도록 할까?
- '아름다운 지구인' 노래를 다양한 방법으로 불러 본다.
  - 노래를 즐겁게 부르기 위해 여러 가지 방법으로 불러 보도록 할까?
  - 노래를 어떤 마음으로 불러 보면 좋을까?
  - 노랫말을 나누어 불러 보도록 할까?
  - 어떤 방법으로 나누어 불러 보면 좋을까?
  - 발을 구르며 불러 보는 건 어떨까?
  - 어느 부분에서 발을 구르며 불러 볼까?

3. 마무리

- '아름다운 지구인' 활동을 평가한 후 마무리한다.
  - 친구들과 함께 새 노래를 불러 보았는데 어땠니?
  - 가장 기억에 남는 노랫말은 무엇이니?

4. 확장활동

- 노랫말에 맞는 율동을 함께 만들어 표현해 본다.

아름다운 지구인

조경서 작사
윤영배 작곡

10. 환경과 생활

활동 1 물 실로폰

환경과 생활

대상연령	만 3세	활동시간	15~20분	집단 및 인원	3~5명(소집단)
활동목표	• 물의 높낮이에 따라 음의 높낮이가 다르게 나타난다는 것을 알아본다. • 물 실로폰 연주에 흥미를 느끼고 즐긴다.				
누리과정 관련 요소	• 신체운동 · 건강 > 신체조절하기 > 눈과 손을 협응하여 대근육을 조절하기 • 예술경험 > 예술적 표현하기 > 음악으로 표현하기				
음악교육 내용	소리 탐색하기, 악기 다루기				
음악 개념	음색, 음고, 형식				
활동자료	무지개 색깔의 물병 8개(빨, 주, 노, 초, 파, 남, 보), '나비야' 동요, 수건				

활동방법

1. 흥미유발 및 자료제시

- 교사가 막대기로 무지개 색깔의 물병을 치면서 소리를 들려준다.
- 소리의 차이를 탐색한다.

2. 음률활동

- 물 실로폰 소리를 내어 주의를 집중한다.
  - 이 소리는 무엇일까?
  - 한 번 더 들어 볼까?
  - 이 소리는 어떤 악기가 내는 소리일까?
  - 이것은 물로 만든 악기의 소리란다.
- 물 실로폰을 자유롭게 연주해 본다.
  - 물로 만든 악기를 연주해 볼까?
  - 어떤 소리가 나니?
  - 여러 가지 색깔물이 들어 있는 유리병을 두드려 볼까?

- 물의 양에 따라 소리가 다름을 알아본다.
  - 색깔물이 가득 담긴 유리병을 두드려 볼까?
  - 색깔물이 적게 담긴 유리병을 두드려 볼까?
  - 소리가 어떻게 다르니?
  - 색깔물이 적게 담긴 유리병부터 많이 담긴 순서로 연주해 볼까?
  - 소리가 어떻게 나니?
  - 색깔물이 많이 담긴 유리병부터 적게 담긴 순서로 연주해 볼까?
  - 물의 양이 많고 적음에 따라 소리가 다르게 난단다.
- '나비야' 노래에 맞춰 물 실로폰 악기를 연주해 본다.
- 활동 시 유의사항
  - 유리병은 깨질 수 있으므로 너무 세게 치지 않도록 한다.
  - 악기를 연주하지 않을 때는 유리병의 뚜껑을 닫아 물이 쏟아지지 않도록 한다.

3. 마무리

- 이야기를 나누며 활동을 정리한다.
  - 색깔물이 많은 병과 적은 병의 소리는 어떻게 다르니?
- 물병과 막대기를 정리한다.

4. 확장활동

- 실제 실로폰 악기와 물 실로폰의 소리를 비교·탐색한다.

나비야

역사자 미상
독일 민요

활동 2

비가 내려요

환경과 생활

대상연령	만 3세	활동시간	15~20분	집단 및 인원	4~7명(소집단)
활동목표	• 빗방울이 되어 창의적으로 표현하는 경험을 한다. • 리듬악기로 빗소리를 표현하는 경험을 가진다.				
누리과정 관련 요소	• 신체·운동 건강 > 신체조절과 기본 운동하기 > 신체조절하기 • 예술경험 > 예술적으로 표현하기 > 움직임과 춤으로 표현하기 • 예술경험 > 예술적으로 표현하기 > 미술활동으로 표현하기				
음악교육 내용	소리 탐색하기, 신체표현하기, 악기 다루기				
음악 개념	셈여림, 음색, 리듬, 형식				
활동자료	비오는 소리 음원(시원하게 비오는 소리, 거세게 내리는 빗소리, 천둥 소리, 비 오는 소리, 마음을 풀어 주고 잠을 잘 오게 하는 빗소리), 스카프, 리본막대, 리듬막대, 큰 북				

활동방법

1. 흥미유발 및 자료제시

- 큰 북을 둥둥 울리며 관심을 끈다.
- 활동 시 유의사항
  - 교실 문을 닫고 수업을 한다. 다른 반의 소리가 최소한 적게 들리도록 한다.

2. 음률활동

- 다양한 소리를 2분씩 들려준다.
- 각각의 소리에 대해 이야기 나눈다.
  - 천둥 소리는 어떻게 낼 수 있을까?
  - 시원하게 내리는 빗소리는 어떻게 표현해 볼까?
  - 거세게 내리는 빗소리는 어떻게 표현해 볼까?
  - 잠이 잘 오는 빗소리는 어떻게 표현해 볼까?
- 유아들에게 스카프를 가지고 마음대로 움직여 보게 한다.
- 스카프를 이용하여 빗소리를 다양하게 표현해 본다.
- 리본막대, 리듬막대, 큰 북을 이용하여 여러 종류의 빗소리를 내어 본다.

- 활동 시 유의사항
  - 천둥 소리를 무서워하는 아이는 다른 활동으로 유도를 한다 .
  - 악기에 대한 분쟁이 생기지 않도록 도입 부분에서 이야기를 나눈다.

3. 마무리

- 활동을 마무리하며 이야기 나눈다.
  - 스카프를 사용해 보니 어떤 느낌이 드니?
  - 비 오는 모습을 표현할 때 가장 재미있었던 부분은 어디였니?

4. 확장활동

- 다양한 빗소리를 녹음해 보고 신체로 표현해 본다.

활동 3 우리 지구

환경과 생활

대상연령	만 5세	활동시간	15~20분	집단 및 인원	15~20명(대집단)
활동목표	• 우리가 사는 지구를 보호하는 방법에 대해 관심을 갖고 실천해 본다. • 우리 지구 음악에 맞춰 음악극을 동작으로 표현해 본다.				
누리과정 관련 요소	• 자연탐구 > 과학적 탐구하기 > 생명체와 자연환경 알아보기 • 의사소통 > 말하기 > 느낌, 생각, 경험 말하기 • 예술경험 > 아름다움 찾아보기 > 음악적 요소 탐색하기				
음악교육 내용	음악 감상하기, 노래 부르기				
음악 개념	음색, 리듬, 음고, 선율				
활동자료	환경오염과 관련된 사진자료(등이 굽은 물고기, 죽은 소나무, 다리가 하나 없는 강아지, 아기의 기형적인 모습, 바닷속에 버려진 각종 쓰레기, 공원에 버려진 각종 일회용품 및 쓰레기, 자동차, 공장에서 나오는 매연, 폐수), 지구를 보호하기 위한 사진이나 그림(분리수거통 속에 종류별로 버려진 쓰레기 사진, 환경 마크, 재생 마크), 우리지구 생활모습(PPT)				

활동방법

1. 흥미유발 및 자료제시

- 오염된 환경 사진자료를 함께 살펴본다.
  - 어떤 모습이니?
  - 왜 물고기의 모양이 저렇게 변했을까?
- 여러 가지 쓰레기가 쌓여 있는 모습이 담긴 사진을 함께 본다.
  - 쓰레기는 왜 생길까?
  - 왜 사람들이 쓰레기를 아무 데나 버리는걸까?
  - 쓰레기는 어떻게 버려야 할까?
- 분리수거가 잘 되어 있는 사진자료를 살펴본다.
  - 어떤 모습의 사진이니?
  - 왜 저렇게 종류별로 쓰레기를 모아 놓았을까?
  - 분리수거를 해 본 적이 있니?
  - 종류별로 모아 놓은 쓰레기는 어떻게 사용될까?

- 분리수거에 대해 이야기 나눈다.
  - 음식물 : 각종 퇴비와 비료로 활용
  - 종이쓰레기 : 재활용 종이로 재탄생되어 다시 사용됨
  - 캔, 병, 플라스틱 : 재활용됨
- 환경 마크, 재생 마크를 보여 준다.
  - 이 마크는 무엇일까?
  - 이 마크를 본 적이 있니?
  - 이 마크는 왜 붙여 놓을까?
  - 교실과 원의 어느 곳에 이 마크가 붙어 있는지 함께 찾아보자.
- 활동 시 유의사항
  - 평소 유아와 환경오염에 대해 자주 이야기 나눈다.

2. 음률활동

- '우리 지구' 노래를 불러 본다.
- 노랫말에 대해 이야기 나눈다.
  - 노래를 잘 들어 봤니?
  - 왜 지구가 눈물을 흘린다고 했을까?
  - 노랫말을 보고 한 소절씩 따라 불러 볼까?
  - 아름답고 깨끗한 지구를 만들려면 어떻게 해야 한다고 나와 있니?
- 활동 시 유의사항
  - 노랫말과 유아의 경험을 연계하여, 노랫말보다는 느낌으로 지도한다.

3. 마무리

- 노래를 부른 후 느낌을 이야기한다.
  - 노래를 부르고 나니 기분이 어떠니?
- 아름다운 지구를 만들도록 돕기 위해 가정에서, 원에서 우리가 할 수 있는 것에 대해 이야기 나누어 본다.

4. 확장활동

- 음률영역에 나오는 노랫말을 중심으로(예 : 지구) 동작으로 표현해 본다.

우리 지구

아 무 데 나 버 리 지 말 아 요 우 리 지 구 가 눈 물 흘 려 요
아 무 데 나 버 려 진 휴 지 를 우 리 손 으 로 주 ─ 워 야 죠
기 운 내 라 지 구 야 우 리 손 으 로 지 켜 줄 게
아 름 답 고 깨 끗 한 지 구 로 만 들 어 줄 게

활동 4 바람은 장난꾸러기

환경과 생활

대상연령	만 5세	활동시간	15~20분	집단 및 인원	15~20명(대집단)
활동목표	• 일상생활에서 느낄 수 있는 바람에 대해 관심을 가진다. • 자진모리장단에 맞춰 즐겁게 노래를 부른다.				
누리과정 관련 요소	• 의사소통 > 듣기 > 동요, 동화 듣고 이해하기 • 예술경험 > 예술적 표현하기 > 음악으로 표현하기 • 자연탐구 > 탐구하는 태도 기르기 > 호기심을 유지하고 확장하기				
음악교육 내용	음악 감상하기, 노래 부르기				
음악 개념	음색, 리듬, 음고, 선율				
활동자료	'바람은 장난꾸러기' 악보, 바람 그림, 막대 자료, 노랫말 판				

활동방법

1. 흥미유발 및 자료제시

- 교사가 수수께끼를 내어 흥미를 유발한다.
  - 나는 눈에 보이지 않아. 나는 꽃나무를 흔들기도 해. 나는 바람개비를 돌려 주기도 해. 나는 무엇일까?
- 유아들과 '바람 때문에 생긴 일'에 대한 경험을 이야기 나눈다.
  - (바람 그림, 막대 자료를 보여 주며) 바람이 부는 것을 느껴 본 적이 있니?
  - 바람이 불어서 어떤 일이 생겼었니?
- 활동 시 유의사항
  - 일생생활에서 바람이 어떤 일을 하는지에 관심 갖도록 한다.

2. 음률활동

- 노래 그림판을 보며 노랫말에 맞추어 '바람은 장난꾸러기' 노래를 소개한다.
- 교사가 먼저 노래를 들려주고, 그 다음에는 노래의 멜로디만 들려준다.
- 노래의 장단과 음을 들어 보고 한 가지 소리로 불러 본다.
- 교사와 유아가 역할을 나누어 불러 본다.
  - 선생님이 '바람은 장난꾸러기 ○○치마 흔들고'를 부르면 너희들은 바람이 되어 '솨아' 부분을 불러 보자.

- 이번에는 너희들이 '바람은 장난꾸러기 ○○치마 흔들고'를 부르면 선생님이 바람이 되어 볼게.
- 장구 장단에 맞추어 불러 본다.
  - 이번에는 선생님이 치는 장구 장단에 맞춰 처음부터 끝까지 노래로 불러 보자.
- 노래에 익숙해지면 노랫말 일부를 다양하게 바꾸어 불러 본다.
  - ○○치마 대신 어떤 내용으로 바꿔 볼 수 있을까?
  - ○○머리 대신 어떤 내용으로 바꿔 볼 수 있을까?
  - 바람 소리를 어떻게 내며 더 재미있을까?
  - 너희가 이야기한 내용을 넣어서 노래로 불러 보자.
- 활동 시 유의사항
  - 유아들이 자진모리장단의 흥을 느낄 수 있도록 국악기를 활용하여 부르도록 한다.
  - 노래에 익숙해지면 유아끼리 역할을 나누어 화답 식으로 불러 보도록 한다.

3. 마무리

- 일상생활에서 느낄 수 있는 바람에 대해 관심을 가지는지 평가한다.
- 유아들이 노래 부르기에 즐겁게 참여하는지 평가한다.
  - 노래에 관심을 갖고 즐겨 부르는가?
  - 자진모리장단의 흥을 느끼며 부르는가?

4. 확장활동

- 바람 때문에 생긴 유아들의 경험을 넣어 노랫말을 바꿔 본다.
- 다양한 바람의 움직임과 소리를 표현한 의태어와 의성어를 넣어 노랫말을 바꿔 본다.

바람은 장난꾸러기

정애경 작사
정애경 작곡

11. 봄, 여름, 가을, 겨울

활동 1 봄이 왔어요

봄, 여름, 가을, 겨울

대상연령	만 3세	활동시간	15~20분	집단 및 인원	4~7명(소집단)
활동목표	• 노랫말의 내용을 이해하며 즐거운 마음으로 노래 부른다. • 노래를 부르며 봄철의 자연 변화에 관심을 가진다.				
누리과정 관련 요소	• 예술경험 > 예술적 표현하기 > 음악으로 표현하기 • 자연탐구 > 과학적 탐구하기 > 자연현상 알아보기				
음악교육 내용	음악 감상하기, 노래 부르기				
음악 개념	음색, 리듬, 음고, 선율				
활동자료	'봄 소식(이춘희 작사 / 김성균 작곡)' 음원 CD, CD 플레이어, 노랫말 판, 봄과 관련된 그림 자료				

활동방법

1. 흥미유발 및 자료제시

- 봄철 날씨와 자연의 변화에 대해 이야기 나눈다.
  - 지금은 무슨 계절일까?
  - 봄의 날씨는 어떠니?
  - 봄이 되면서 달라진 점이 있니?
  - 무엇을 보고 봄이 온 것을 알 수 있었니?
- 봄이 오면 자연현상이 어떻게 변화하는지 그림 자료를 본다.
- 활동 시 유의사항
  - 등원, 자유선택활동 시간, 전이활동 시간에 들려주어 유아들이 익숙하도록 한다.
  - 과학영역에 봄의 관한 자료를 배치하여 탐구하도록 한다.

2. 음률활동

- 교사가 부르는 '봄 소식' 노래를 감상한다.
- '봄 소식' 노래를 들은 후 이야기 나눈다.
- 피아노 반주를 감상한다.

- 한 가지 소리로 '봄 소식'을 부른다.
- 노랫말을 넣어서 여러 번 반복하여 노래 부른다.
- '봄 소식'을 부른 후 느낌을 이야기 나눈다.
  - '봄 소식' 노래를 불러 보니 어떠니?
  - 어느 부분이 가장 재미있었을까?
- 활동 시 유의사항
  - 노랫말 인지에 어려움이 있으므로 반복해서 활동하며 노랫말을 익혀 보도록 한다.

3. 마무리

- '봄 소식'을 부른 후 느낌을 이야기 나눈다.
  - '봄 소식' 노래를 불러 보니 어땠니?
  - 어느 부분이 가장 재미있었니?
  - 봄철 날씨와 자연의 변화에 대해 이야기 해 본다.

4. 확장활동

- 봄 소식을 전하는 것들에 대한 소리를 만들어 본다.

봄 소식

이춘희 작사
김성균 작곡

활동 2 씨앗 마라카스

봄, 여름, 가을, 겨울

대상연령	만 4세	활동시간	15~20분	집단 및 인원	10~15명(대집단)
활동목표	• 봄에 볼 수 있는 다양한 씨앗에 관심을 가진다. • 봄 노래를 들으며 씨앗 마라카스를 연주할 수 있다.				
누리과정 관련 요소	• 예술경험 > 예술적 표현하기 > 음악으로 표현하기 • 자연탐구 > 과학적 탐구하기 > 생명체와 자연환경 알아보기				
음악교육 내용	악기 다루기, 소리 탐색하기, 노래 부르기				
음악 개념	셈여림, 리듬, 음고, 형식				
활동자료	다양한 종류의 씨앗, 투명한 플라스틱 용기, 여러 색의 매직, '씨앗' 음원 CD, CD 플레이어				

활동방법

1. 흥미유발 및 자료제시

- '씨앗' 동요를 들려준다.
- 마라카스 만들기 재료를 제시하고 이야기를 나눈다.
  - 이것이 무엇일까?
  - 어떤 종류의 씨앗이 들어 있을까?
  - 마라카스는 어떤 악기인지 알고 있니?
  - 마라카스를 연주해 본 적이 있니?

2. 음률활동

- 마라카스를 만들어 본다.
  - 매직을 사용해 플라스틱 용기를 꾸며 볼까?
  - 어떤 씨앗을 넣어 볼까?
  - 뚜껑을 닫고 흔들어 보니 어떤 소리가 나니?

- 씨앗 마라카스 연주하기 활동을 설명해 준다.
  - 씨앗으로 마라카스를 만들고 음악에 맞추어 연주를 해 보자
  - 플라스틱 용기에 씨앗을 넣어서 마라카스를 만들어 볼 수 있겠니?
- '씨앗' 음악에 맞추어 마라카스를 연주해 본다.
  - '씨앗' 노래에 맞추어 마라카스를 흔들어 볼까?
  - 노래를 따라 부르며 마라카스를 연주해 볼까?
  - 이 부분에서는 어떻게 마라카스를 흔들어 보면 좋을까?
  - 이번엔 '뽀로롱' 부분에서만 마라카스를 흔들어 볼까?
- 활동 시 유의사항
  - 씨앗을 시각, 촉각, 청각, 미각, 후각 등 여러 가지 감각기관을 사용해 탐색할 수 있도록 한다.
  - 유아들이 다양한 셈여림과 빠르기로 마라카스를 연주할 수 있도록 이끈다.

3. 마무리

- 활동을 마무리하고 회상하며 이야기를 나누어 본다.
  - 어떤 씨앗으로 마라카스를 만들어 보았니?
  - 마라카스를 직접 만들어 보니 어땠니?
  - 노래를 부르며 마라카스를 연주해 보니 어땠니?
  - 활동을 하며 즐거웠던 점이 무엇이니?
  - 활동을 하며 어려웠던 점이 무엇이니?
- 마라카스를 만들고 난 나머지 재료들을 정리한다.
- 활동 시 유의사항
  - 유아들이 자신의 생각을 자유롭게 이야기할 수 있도록 돕는다.

4. 확장활동

- 마라카스 연주에 어울리는 다른 곡을 찾아 연주해 본다.

씨앗

김성균 작사
김성균 작곡

활동 3 즐거운 여름

봄, 여름, 가을, 겨울

대상연령	만 4세	활동시간	15~20분	집단 및 인원	10~15명(대집단)
활동목표	• 여름철 날씨에 관심을 가진다. • 악기를 사용하여 날씨에 대한 느낌을 나타낸다.				
누리과정 관련 요소	• 예술경험 > 예술적 표현하기 > 음악으로 표현하기 • 의사소통 > 말하기 > 느낌, 생각, 경험 말하기				
음악교육 내용	악기 다루기, 소리 탐색하기				
음악 개념	셈여림, 음색, 리듬, 형식				
활동자료	천둥 소리, 빗소리, 파도 소리 음원 CD, CD 플레이어, 천둥치는 하늘 사진, 비가 내리는 사진, 파도 사진, 여러 가지 악기				

활동방법

1. 흥미유발 및 자료제시

- 여름철에 들리는 소리의 음원을 들어 본다.
  - 선생님이 들려주는 소리를 잘 들어 볼 수 있겠니?
  - 이 소리는 어떤 소리일까?
  - 어디서 이 소리를 들어 보았니?
  - 이 소리가 들리는 곳의 날씨는 어떨까?
  - 그럼 이 소리가 어떤 소리인지 맞혀 볼까?
  - 소리에 맞는 사진을 제시한다.
  - 어때? 너희들이 생각한 소리가 맞는 것 같니?
- 여러 가지 악기들을 제시한다.
  - 여러 가지 악기를 사용하여 어떻게 소리를 표현해 볼 수 있는지 생각해 볼까?
  - 여러 가지 악기를 사용하여 천둥 소리를 표현해 볼까?
  - 여러 가지 악기를 사용하여 빗소리를 표현해 볼까?
  - 여러 가지 악기를 사용하여 파도 소리를 표현해 볼까?
- 활동 시 유의사항
  - 소리가 크고 명확한 음원을 유아들에게 제시하여야 한다.

2. 음률활동

- 활동을 하며 지켜야 할 약속에 대해 알아본다.
  - 즐겁게 활동을 하기 위해 지켜야 할 약속은 무엇일까?
- 음률영역에 제시된 다양한 악기를 탐색한다.
- 사용하고 싶은 악기를 선택한다.
  - 너희들이 사용하고 싶은 악기를 선택해 볼 수 있니?
- 음원을 들어 보며 악기를 연주한다.
  - 빗소리가 어떻게 날까?
  - 악기를 어떻게 연주해 빗소리를 표현해 볼 수 있을까?
  - 천둥 소리가 어떻게 나는지 악기로 표현해 볼까?
  - 파도가 '철썩철썩~' 하는 소리는 어떻게 연주해 볼 수 있을까?
- 동작으로 표현하며 악기를 연주해 본다.
  - 이번에는 다 같이 일어나서 자유롭게 몸을 움직이며 악기를 연주해 볼까?
- 악기를 바꾸어 연주해 본다.
  - 옆 친구와 악기를 바꾸어 연주해 볼까?
- 활동 시 유의사항
  - 악기를 연주할 때 옆 친구와 부딪치지 않도록 유의한다.
  - 유아들이 다양한 셈여림과 리듬으로 악기를 연주할 수 있도록 돕는다.

3. 마무리

- 활동을 마무리하고 느낌을 이야기 나누어 본다.
  - 악기로 다양한 여름의 소리를 표현해 보니 어땠니?
  - 어떤 악기를 연주할 때 가장 즐거웠니?
  - 어떤 소리를 연주할 때 가장 즐거웠니?

4. 확장활동

- 다양한 악기로 친구들 앞에서 합주회를 해 본다.

활동 4 '퐁당퐁당' 난타놀이

봄, 여름, 가을, 겨울

대상연령	만 4세	활동시간	15~20분	집단 및 인원	5~7명(소집단)
활동목표	• 노래를 부르며 난타 장단을 연주하는 것에 관심을 갖는다. • 친구들과 즐겁게 난타 연주를 한다.				
누리과정 관련 요소	• 예술경험 > 예술적 표현하기 > 음악으로 표현하기 • 예술경험 > 예술적 표현하기 > 움직임과 춤으로 표현하기				
음악교육 내용	소리 탐색하기, 악기 다루기				
음악 개념	셈여림, 리듬, 음고, 형식				
활동자료	USB 플레이어, 교실에 있는 소리 나는 모든 교구, 분유통, 리듬막대, 북 등				

활동방법

1. 흥미유발 및 자료제시

- 교실에서 두드리면 소리가 나는 물건을 찾아본다.
  - 교실에서 두드리면 소리가 나는 물건은 어떤 것들이 있을까?
- 찾은 물건을 손이나 리듬막대로 두르려 본다.
  - 찾은 물건을 손으로 두드려 볼까?
  - 다음으로 리듬막대로 두드려 볼까?
- 난타 동영상을 보여 주며 이야기를 나눈다.
  - 난타라는 것을 알고 있니?
  - 공연하는 것을 본 적이 있니?
  - 공연하는 사람들이 무엇을 두드리고, 어떤 동작을 했었니?
  - 또 어떤 부분이 가장 재미있었니?
- 활동 시 유의사항
  - 미술 시간에 미리 분유통으로 북을 만들어 보는 활동을 하여 북을 만들어 놓는다.
  - 리듬막대로 교실의 물건을 너무 세게 두드리지 않도록 한다.
  - 리듬막대를 활용할 때 손을 다치지 않도록 주의한다.

2. 음률활동

- 손장단 '당당궁' 기본 장단을 배워 본다.

- 오른손을 '당', 왼손을 '궁'이라고 해. 그럼, 오른손을 두 번, 왼손을 한 번 무릎을 치며 '당당궁~' 해 볼까?
- '당당궁~ 당당궁~ 당당궁~'. 그럼, 이번에는 한 번씩 '당궁~ 당궁~ 당궁~'하며 무릎을 쳐 볼까?
- 이번에는 우리가 만든 북을 가지고 해 볼까?
- 손으로 쳐 보고 북채로도 해 보자.

• 새로운 장단을 만들어 본다.
  - '당당궁'이나 '당궁' 말고 다른 장단은 어떤 것들이 있을까?
  - 우리가 만들어 볼까?
• 동요 '퐁당퐁당'을 부르며 난타를 자유롭게 해 본다.
  - 그럼, 동요 '퐁당퐁당'을 부르며 난타를 해 볼까?
• 유아들과 장단을 만들어 본다.
  - 이번에는 다 같이 장단을 정해서 함께 연주해 볼까?
• 유아들이 쉽게 따라 할 수 있는 장단을 만들어 보고 함께 연주해 본다.
• 맨 손으로 북을 연주를 해 보고 리듬막대로도 연주를 해 본다.
  - 그럼, 우리 먼저 손으로 북을 치며 난타 연주를 해 볼까?
    (노래를 부르며 손으로 북을 치며 난타 연주를 해 본다.)
  - 이번에는 리듬막대로 북을 치며 난타 연주를 해 볼까?
    (노래를 부르며 리듬막대로 북을 치며 난타 연주를 해 본다.)
• 활동 시 유의사항
  - 장단을 유아들과 만들며 색이 다른 펜으로 장단을 표시해 준다.
  - 악보를 보는 것보다 장단을 자유롭게 느낄 수 있도록 격려한다.

3. 마무리

• 오늘 난타를 해 보았는데, 어땠니?
• 어떤 부분이 가장 재미있었니?
• 어떤 부분이 어려웠니?
• 다음에 연주를 해 본다면 어떻게 해 보고 싶니?

4. 확장활동

• 유아들이 '퐁당퐁당' 곡으로 연주를 능숙하게 되면 친구들 앞에서 난타 연주 발표회를 진행해 본다.

활동 5 낙엽 놀이

봄, 여름, 가을, 겨울

대상연령	만 4세	활동시간	15~20분	집단 및 인원	10~15명(대집단)
활동목표	• 자연의 소리를 관찰한다. • 낙엽의 움직임을 창의적으로 표현한다.				
누리과정 관련 요소	• 예술경험 > 아름다움 찾아보기 > 움직임과 춤 요소 탐색하기 • 의사소통 > 말하기 > 느낌, 생각, 경험 말하기 • 신체운동 · 건강 > 신체활동에 참여하기 > 기구를 이용하여 신체활동하기				
음악교육 내용	소리 탐색하기, 노래 부르기, 신체표현하기				
음악 개념	음색, 리듬, 음고, 형식				
활동자료	낙엽, 스카프, 부채, '낙엽을 밟으며' 음원 CD, CD 플레이어				

활동방법

1. 흥미유발 및 자료제시

- '낙엽을 밟으며' 동요를 들려준다.
  - 선생님이 재미있는 동요를 들려주려고 하는데, 잘 들어 볼 수 있겠니?
  - 어떤 노래일까?
- 교사가 미리 준비한 낙엽을 보여 준다.
  - 이것이 무엇인지 알고 있니?
  - 친구들은 낙엽을 본 적이 있니?
  - 낙엽을 밟아 본 적이 있니?
  - 어떤 소리가 들렸니?

2. 음률활동

- 스카프를 나누어 준다.
  - 이 스카프를 낙엽처럼 밟아 볼까?
  - 어떤 소리가 들리는 것 같니?
  - 음악과 함께 낙엽놀이를 해 볼까?
  - 노랫말에 맞추어 낙엽을 밟아 볼까?
  - 낙엽 외에 어떤 것들을 표현해 보면 좋을까?

- 낙엽이 바람을 만나면 어떻게 될까?
- 스카프를 낙엽처럼 날려 볼까?

• 바람과 낙엽 역할을 나누어 활동해 본다.
  - 낙엽 역할을 하고 싶은 친구?
  - 바람 역할을 하고 싶은 친구?
  - 자, 이제 바람이 불어와 낙엽이 날아가는 것을 표현해 볼까?
  - 바람 역할의 친구는 부채질을 해서 낙엽을 날려 볼까?
  - 낙엽 친구가 어떻게 날아갔지?
  - 이번엔 세게 바람을 불어 볼까?
  - 이번엔 약하게 바람을 불어 볼까?
• 역할을 바꾸어 활동해 본다.
  - 이번엔 옆 친구와 역할을 바꾸어 낙엽놀이를 해 볼까?
• 노래가 익숙해진 친구들은 낙엽 소리를 따라 부르며 활동을 해 본다.
• 활동 시 유의사항
  - 사전에 낙엽의 움직임과 소리에 대해 알 수 있도록 산책을 나가 낙엽을 관찰해 본다.
  - 유아들이 낙엽의 특징과 움직임 등을 창의적으로 표현할 수 있도록 격려한다.

3. 마무리

• 주위를 정리하고 자리에 앉아 활동하고 난 후 느낌에 대해 이야기를 나누어 본다.
  - 낙엽이 되어 보니 어땠니?
  - 바람이 되어 보니 어땠니?
  - 무엇이 가장 즐거웠니?
  - 힘들었던 점은 무엇이니?
• 활동 시 유의사항
  - 유아들이 자유롭게 이야기할 수 있도록 돕는다.

4. 확장활동

• 산책을 하며 낙엽을 직접 밟아 보고 탐색할 수 있도록 녹음하여 들어 본다.

활동 6 동물농장

봄, 여름, 가을, 겨울

대상연령	만 3세	활동시간	15~20분	집단 및 인원	4~7명(소집단)
활동목표	• 노래를 부르며 음악을 즐긴다. • 노랫말을 생각하며 노랫말에 맞는 동물 울음소리를 다양한 리듬으로 표현해 본다.				
누리과정 관련 요소	• 예술경험 > 예술적 표현하기 > 움직임과 춤으로 표현하기 • 예술경험 > 아름다움 찾아보기 > 음악적 요소 탐색하기				
음악교육 내용	노래 부르기, 소리 탐색하기				
음악 개념	리듬, 음고, 선율				
활동자료	USB 플레이어, 동물 모자, '동물농장' 음원				

활동방법

1. 흥미유발 및 자료제시

- 동물들의 울음소리를 탐색한다.
  - 동물들의 울음소리를 들어 보고 흉내 내어 볼까?

2. 음률활동

- '동물농장' 노래를 유아들과 함께 불러 본다.
- 동물의 울음소리를 표현할 때 리듬을 바꾸어 본다.
  - 울음소리 만들어 볼까?
  - 우리 친구들이 바꾸고 싶은 대로 한 번 바꿔서 동물의 울음소리를 흉내 내어 볼까?
  - 먼저 닭소리는 어떤 리듬으로 어떻게 바꿀 수 있을까?
  - 거위의 울음소리는 어떻게 바꾸어 볼 수 있을까?
- 유아들이 동그랗게 앉아서 동물 한 가지를 선택하여 동물 모자를 쓰고 그 동물이 되어 노래를 부르며 맞은 역할의 동물이 나왔을 때 한 명씩 울음소리를 내어 보며 노래를 불러 본다.
- 바꾼 울음소리를 가지고 울음소리를 바꾸어 소리 내어 본다.

3. 마무리

- 이야기를 나누며 활동을 정리한다.
  - 어떤 동물의 울음소리가 가장 재미있고 기억에 남았니?
  - 동물의 울음소리를 바꿔서 노래 부르기를 했을 때 어떻게 다르니?

4. 확장활동

- 팀을 나누어 동물 울음소리를 좀 더 다양하게 바꿔서 노래를 만들어 비교해 본다.

동물농장

전석환 작사
로드바기스 작곡

활동 7 겨울

봄, 여름, 가을, 겨울

대상연령	만 3세	활동시간	15~20분	집단 및 인원	10~12명(대집단)
활동목표	• 겨울철 날씨의 특징을 알아본다. • 악기로 겨울 날씨에 대한 느낌을 나타낸다.				
누리과정 관련 요소	• 예술경험 > 예술적 표현하기 > 음악으로 표현하기 • 자연탐구 > 과학적 탐구하기 > 자연현상 알아보기				
음악교육 내용	소리 탐색하기, 악기 다루기				
음악 개념	셈여림, 음색, 리듬, 형식				
활동자료	다양한 리듬악기				

활동방법

1. 흥미유발 및 자료제시

- 겨울 날씨의 특성에 대해 이야기 나눈다.
  - 지금은 어떤 계절이니?
  - 겨울의 특징이 있을까?
  - 겨울에 경험할 수 있는 날씨에는 무엇이 있을까?
  - 겨울 날씨 중에 좋아하는 날씨가 있니?
  - 어떤 날씨를 좋아하니?
  - 그 날씨를 가장 좋아하는 이유는 무엇이니?
  - 가장 좋아하는 겨울 날씨를 소리로 표현해 볼 수 있을까?
- 오늘의 활동과 준비된 재료들을 알아본다.
  - 소리를 이용해 겨울 날씨를 표현해 볼 수 있을까?
  - 어떤 악기로 겨울 날씨를 표현해 보고 싶니?
  - 활동을 위해 또 무엇이 필요할까?
- 활동 시 유의사항
  - 유아가 자유롭게 이야기할 수 있도록 도와준다.
  - 산만하지 않게 교사가 도와준다.
  - 그림 자료를 보여 주면서 유아가 자유롭게 이야기할 수 있도록 도와준다.

2. 음률활동

- 활동방법을 알아본다.
  - 활동은 어떻게 하는 것일까?
  - 활동방법을 함께 알아보도록 할까?
- 활동하며 지켜야 할 약속을 알아본다.
  - 즐겁게 활동하기 위해 지켜야 할 약속은 무엇일까?
  - 우리 스스로 할 수 있는 약속이 있을까?
  - 활동을 하다가 어려운 점이 있으면 누구에게 도움을 청하면 좋을까?
- 음률영역에 제시된 다양한 악기를 탐색한다.
- 사용하고 싶은 악기를 선택한다.
- 악기로 겨울 날씨에 특징을 자유롭게 표현한다.
- 악기를 연주하며 동작으로 표현한다.
- 활동이 끝나면 자리를 정리한다.
- 활동 시 유의사항
  - 활동을 하며 유아들이 악기를 바르게 사용할 수 있는 태도를 기를 수 있도록 격려한다.
  - 처음에는 유아 혼자 악기를 연주하며 소리를 만들어 보다가 점차 2~3명의 친구와 악기를 함께 연주하며 다양한 소리를 만들어 볼 수 있도록 안내한다.
  - 활동을 하며 유아들이 참고할 수 있도록 겨울 날씨의 특징이 분명하게 담긴 사진을 함께 제시해 준다.

3. 마무리

- 활동이 끝난 후 평가한다.
  - 소리를 이용해 겨울 날씨를 표현해 보니 어땠니?
  - 가장 기억에 남는 소리는 무엇이니?
  - 어떤 악기를 사용한 것이 기억에 남니?
  - 친구들이 연주하는 소리를 들어 본 느낌은 어떠니?

4. 확장활동

- 유아들이 만든 악기 소리를 녹음하여 어떤 날씨를 표현한 것인지 이야기 나눈다.

활동 8 괜찮아요

봄, 여름, 가을, 겨울

대상연령	만 3세	활동시간	15~20분	집단 및 인원	10~12명(대집단)
활동목표	• 노래를 통해 추운 겨울의 날씨에 관심을 가진다. • 노래의 한 마디를 따라 부른다. • 리듬과 음높이에 맞추어 소리를 낸다.				
누리과정 관련 요소	• 예술경험 > 아름다움 찾아보기 > 음악적 요소 탐색하기 • 예술경험 > 예술 감상하기 > 다양한 예술 감상하기				
음악교육 내용	음악 감상하기, 노래 부르기				
음악 개념	리듬, 음고, 선율, 음색				
활동자료	동요 노랫말 판, 음원 CD, CD 플레이어, 그림 자료				

활동방법

1. 흥미유발 및 자료제시

- 바람이 많이 불어 옷을 여미고 가는 그림 자료를 보여 주면서 이야기를 나눈다.
  - 그림의 날씨가 어떠니?
  - 그림에 누가 있지?
  - 또 어떤 그림이 보이니?
- 활동 시 유의사항
  - 그림 자료를 보여 주면서 유아가 자유롭게 이야기할 수 있도록 도와준다.

2. 음률활동

- 노래를 들려준다.
  - 어떤 느낌이 드니?
- 허밍으로 한 소절씩 불러 본다.
  - 이번엔 '음~'으로만 불러 볼까?
  - 이번엔 '흠~'으로만 불러 볼까?
- '괜찮아요' 가사를 중심으로 바꾸어 가면서 불러 본다.
  - 왜 괜찮을까?
  - 바람 불어도 왜 괜찮을까?

- '괜찮아요'만 불러 볼까?
- 노랫말에 익숙해지면 다 같이 불러 본다.

3. 마무리

- 음악을 듣고, 부르면서 느낀 점에 대해 이야기해 본다.
  - 친구들 노래를 들으면서 어떤 느낌이 들었니?
- 활동 시 유의사항
  - 음악을 듣고 느낀 점에 대하여 자유롭게 이야기한다.

4. 확장활동

- '괜찮아요' 동요의 노랫말을 개사한 후 불러 본다.

괜찮아요

김성균 작사
김성균 작곡

활동 9 겨울 나무

봄, 여름, 가을, 겨울

대상연령	만 5세	활동시간	15~20분	집단 및 인원	15~20명(대집단)
활동목표	• 노래를 부르며 음악을 즐긴다. • '겨울 나무' 노래를 부르며 노랫말에 나오는 것을 표현하며 친구들과 극놀이를 즐긴다.				
누리과정 관련 요소	• 예술경험 > 예술적 표현하기 > 극놀이로 표현하기 • 예술경험 > 예술적 표현하기 > 통합적으로 표현하기				
음악교육 내용	노래 부르기, 음악극				
음악 개념	셈여림, 리듬, 음고, 선율, 형식				
활동자료	'겨울 나무' 음원, USB 플레이어, 겨울 나무 옷, 솜, 오카리나, 부채, 꽃, 가면 등				

활동방법

1. 흥미유발 및 자료제시

- 눈이 쌓여 있는 날 산책활동을 통해 겨울 나무에 대한 관심을 유발한다.
- 활동 시 유의사항
  - 노래는 유아들의 자유선택활동 시간에 틀어 놓고 자연스럽게 익힐 수 있도록 한다.
  - 겨울 풍경에 관심을 가지고 유심히 관찰할 수 있도록 한다.
  - 바깥 놀이를 통해 눈이 온 풍경을 충분히 보고 탐색할 수 있도록 사전활동을 한다.

2. 음률활동

- '겨울 나무' 노래를 따라서 부른다.
- '준비되어 있는 '겨울 나무' 극놀이 재료를 소개한다.
- 역할을 정하고 역할별로 어떻게 표현할 것인지 정한다.
  - 누가 겨울 나무 옷을 입고 겨울 나무가 되어 볼까?
  - 겨울 나무를 또 어떻게 표현할 수 있을까?
  - 겨울 나무에 눈이 온 것은 어떻게 표현할 수 있을까?
  - 우리 친구들이 나무 옷에 솜을 붙여 눈 쌓인 나무를 표현해 볼까?
  - 바람은 어떻게 만들 수 있을까?
  - 누가 부채로 바람을 만들어 볼까?
  - 바람은 어떤 소리가 날까?

- 어떻게 표현할 수 있을까?
- 휘파람은 어떻게 표현해 볼까?
- 어떤 악기로 표현할 수 있을까?

(2절에도 같은 방법으로 역할을 정한다.)

• 각자 맡은 역할의 소품을 착용하고 연습해 본 후 노래를 듣고 불러 보며 극으로 표현해 본다.
  - '겨울 나무' 음악극을 시작해 볼까?
• 활동 시 유의사항
  - 유아들 스스로 역할을 선택할 수 있도록 한다.
  - 유아들끼리 하고 싶은 역할이 겹치면 돌아가며 그 역할을 할 수 있도록 한다.

3. 마무리

• 음악극을 공연한 후 소감을 이야기 나누어 본다.
  - 음악극을 직접 공연해 보니 어땠니?
  - 노래만 불러 보았을 때와 노래에 나오는 노랫말을 극으로 만들어 표현해 보니 어떻게 다르니?

4. 확장활동

• 모둠별로 겨울 나무를 다양하게 신체표현해 보면서 느낀 점을 이야기 나누어 본다.

겨울 나무

이원수 작사
정세문 작곡

참/고/문/헌

교육과학기술부, 보건복지부(2012). 3-5세 누리과정. 서울: 교육과학기술부, 보건복지부.

권덕원(2000). 다문화주의 음악교육론과 국악교육. 음악과 문화, 2, 49-75.

권덕원 · 석문주 · 최은식 · 함희주(2006). 음악교육의 기초. 파주: 교육과학사.

권종애 · 손은영(2015). 영유아음악교육. 서울: 창지사.

길애경 · 임미경(1997). 편저 초등음악지도법. 서울: 수문당.

김금옥(2000). 유아 교육기관의 음악교육활동 실태분석: 시설유형별 · 교사경력별 차이 중심으로. 광주대학교 산업대학원 석사학위논문.

김두범 · 김현희 · 안수정(2014). 아동음악과 동작교육. 파주: 양서원.

김명순 · 조경자(2005). 유아를 위한 음악교육의 이론과 실제. 서울: 다음세대.

김문자(1993). 들으며 배우는 서양음악사. 서울: 심설당.

김민채(2012). 다문화 유아음악교육 프로그램 개발 및 효과. 신라대학교 대학원 박사학위논문.

김선희(2016). 오르프 교수법에 의한 음악활동이 유아의 음악적 창의성에 미치는 영향. 광주교육대학교 교육대학원 석사학위논문.

김성균(1984). 유아음악교육. 서울: 학문사.

_____(1990). 유아음악교육프로그램. 서울: 제성산업주식회사.

_____(1994). 유아 음악교육의 실제. 서울: 현대음악출판사.

김성신(2016). 통합적 음악요소 중심의 음악활동 프로그램이 유아의 음악적 능력 향상에 미치는 영향. 서울신학대학교 석사학위논문.

김소향 · 안경숙(2009). 음악교육 내용영역에 따른 유아교사의 교수방법 실제에 대한 분석연구. 음악교육연구, 36, 29-45.

김영연(2002). 유아음악교육론. 서울: 학지사.

_____(2003). 현대 유아 음악교육과정의 실제와 교사교육의 방향. 제34회 학술세미나 자료집 『지식기반 사회에서의 음악 교육』, 한국음악교육학회, 77-83.

김위자(1987). 미국에 있어서의 Montessori 교육운동에 관한 일 연구. 이화여자대학교 교육대학원 석사학위논문.

김유미(1998). 온몸으로 하는 학습. 서울: 진우.

_____(2000). 유아음악교육의 두뇌생리학적 근거와 적용. 열린유아교육연구, 5, 45-70.

_____(2002). 두뇌를 알고 가르치자. 서울: 학지사.

김인실(1999). Gordon유아음악교육방법의 적용효과성에 관한 연구: 한국의 선정된 지역사회 유아들을 중심으로. 단국대학교 대학원 박사학위논문.

김재은(2015). 아이들에게 예술을 : 창조, 소통, 치유, 즐거움의 끊임없는 샘물. 파주: 교육과학사.

김종환(2004). 음악교육론. 파주: 교육과학사.

김혜경(1987). Maria Montessori의 유아기 음악지도법에 관한 연구. 광주보건대학 논문집, 12, 349-369.

_____(1995). 유아를 위한 음악교육. 서울: 정민사.
_____(2002). 유아음악교육 2000. 서울: 창지사.
박남순(1998). 유아음악교육에서의 시각적 자료의 활용과 실험연구. 서울대학교 대학원 석사학위논문.
박송자(2012). 예술중심 주제 통합 유아교육 과정 운영 사례연구. 홍익대학교 교육대학원 석사학위논문.
박언희(2005). 스즈키 피아노 교수법의 기초 테크닉 연구. 숙명여자대학교 교육대학원 석사학위논문.
박희경(2015). 탐구공동체를 통한 음악 중심 통합예술교육 연구: 고차적 사고력과 인성함양을 중심으로. 경상대학교 대학원 박사학위논문.
방자현(2006). 유아들의 효과적인 노래지도 방법 연구. 원광대학교 교육대학원 석사학위논문.
보건복지부(2013). 표준보육과정. 서울: 보건복지부.
석문주 · 최은식 · 함희주 · 권덕원(2007). 음악교육의 이해와 실천. 파주: 교육과학사.
성현란 · 이현지 · 김혜리 · 박영신 · 박선미 · 유연옥 · 손영숙(2006). 인지발달. 서울: 학지사.
송명자(1999). 발달심리학. 서울: 학지사.
승윤희(2000). 신경과학 연구에 근거한 음악교육의 중요성. 연세음악연구, 7, 201-225.
신수정(2015). 유아조기음악교육의 영향에 관한 연구. 창원대학교 교육대학원 석사학위논문.
신주현(2003). 가정의 음악환경과 예술교육 경험이 유아의 음악능력에 미치는 영향. 세종대학교 교육대학원 석사학위논문.
신화식(1996). 몬테소리교육의 이론과 실제. 파주: 양서원.
심성경 · 이희자 · 이선경 · 김경희 · 이효숙 · 박주희(2004). 유아음악교육. 파주: 양서원.
안경숙 · 김소향 · 나은숙(2012). 영유아음악교육. 파주: 양서원.
안재신(1996). 유아음악교육. 파주: 교육과학사.
_____(2003). 다중지능이론에 기초한 유아음악교육 프로그램 모형 개발 연구. 음악교육연구, 24, 67-83.
_____(2008). 유아음악교육. 서울: 교육과학사.
양옥승(2011). 유아교육과정. 서울: 학지사.
유덕희(1893). 세계음악교육사. 서울: 학문사.
이관섭(1993). 유치원 교사를 위한 유아음악교육. 파주: 양서원.
이기숙(2008). 유아교육과정. 서울: 교문사.
이마리아(2010). 다문화 음악교육에 협동학습을 접목한 음악수업연구 – 국제결혼가정의 초등학교 1, 2학년을 중심으로 –. 경남대학교 대학원 석사학위논문.
이상미(2007). 보육시설의 유아 음악교육 환경과 교사 인식에 대한 연구. 중앙대학교 대학원 석사학위논문.
이성진 · 김계현(1999). 교육심리학의 새로운 쟁점과 이론. 파주: 교육과학사.
이에스더(2003). 음악적 창의성 신장을 위한 달크로즈의 교육방법에 관한 고찰. 아동교육, 12(2), 237-249.
이영 · 유애열(1985). 유아를 위한 음악 활동의 이론과 실제. 서울: 융성출판.
이지연(2014). M. Montessori의 유아음악교육 이론과 그 지도에 관한 연구. 경희대학교 교육대학원 석사학위논문.
이헬렌(2004). 음악 오디에이션의 초급측정과 중급측정. 서울: IEC Music English 출판부.
이홍수(1991). 음악교육의 현대적 접근. 서울: 세광음악출판사.

______(1992). 느낌과 통찰의 음악교육. 서울: 세광음악출판사.

이홍수(1996). 음악과 생활. 서울: 세광음악출판사.

인지연(2000). 피아노를 통한 유아의 음악개념 연구. 이화여자대학교 교육대학원 석사학위논문.

장민희(2015). 통합적 음악활동 경험이 유아의 자아개념에 미치는 영향. 숭실대학교 교육대학원 석사학위논문.

장은주(1997). 노란그림책(Song picture books)이 유아의 읽기 및 음악적 잠재력(aptitude)에 미치는 영향. 이화여자대학교 석사학위논문.

장은주(2015). 유아음악교육. 파주: 양서원.

장정륜(2013). 유아교사의 음악교수불안과 관련 요인과의 관계. 창원대학교 일반대학원 석사학위논문.

장정애(2004). 음악 감상에 기초한 다중 표상 활동이 유아의 음악 지능에 미치는 영향. 한국교원대학교 대학원 석사학위논문.

전인옥 · 이숙희(2003). 유아음악교육. 서울: 한국방송통신대학교 출판부.

전혜미(2012). 통합유아음악교육 프로그램에 대한 비교 · 분석 연구. 건국대학교 교육대학원 석사학위논문.

정재은(2004). 달크로즈 교수법에서의 리듬의 원리와 그 적용. 음악교육연구, 28, 127-154.

정혜선(2007). 가정환경변인과 유아교사 변인이 유아의 음악적 능력 및 태도에 미치는 영향. 대구 가톨릭대학교 석사학위논문.

조주경(2002). 스즈키 음악이념과 피아노 교수법 교재분석 연구. 대구가톨릭대학교 석사학위논문.

주창길(1998). 유아악기 지도와 실제. 서울: 보육사.

채완병 · 조홍기(1999). 코다이 이론과 기초교육 – 교사를 위한 코다이 교수법의 실제. 서울: 다라.

최영애(2006). 다중지능이론에 기초한 유아음악교육 프로그램이 유아의 전인 발달에 미치는 효과. 한국외국어대학교 교육대학원 석사학위논문.

최유주(2008). 다문화 음악교육을 위한 교수 – 학습 방안 연구: 세계민요를 중심으로. 경희대학교 교육대학원 석사학위논문.

최윤정(2012). 칼 오르프 음악교수법을 활용한 유아음악지도 방안에 관한 연구. 단국대학교 교육대학원 석사학위논문.

하귀정(2002). 음악적 환경과 어린이의 EQ, IQ의 관계에 관한 연구. 명지대학교 교육대학원 석사학위논문.

한송이(2016). 고전음악을 활용한 유아 음악극 프로그램 개발 및 효과. 성신여자대학교 대학원 박사학위청구논문.

허순희(1996). 유아의 창의성 증진을 위한 놀이 중심 음악교육 프로그램의 개발과 효과. 계명대학교 대학원 박사학위논문.

허영림(1984). 몬테소리교구와 이론과 실제. 서울: 창지사.

허혜경 · 김혜경 · 우정순(2014). 영유아 음악교육의 이해와 적용. 서울: 태영출판사.

홍순정 · 박선희(2005). 교수학습이론과 매체. 서울: 한국방송통신대학교 출판부.

황인주(2008). 만 2세 영아반에 적절한 음악경험이 음악적성 및 태도에 미치는 영향. 이화여자대학교 대학원 박사학위논문.

Andress, B. (1995). Transforming curriculum in music. In S. Bredekamp & T. Rosegrant(Eds.), *Reaching potentials: Transforming early childhood curriculum and assessment Vol. 2*(pp. 99-108). Washington D. C.: National Association for the Education of young Children.

Arnheim R. (1996). 예술 심리학(김재은 역). 서울: 이화여자대학교 출판부.

Balkin, A. (1985). The creative music classroom laboratory for creativity in life. *Music Educators Journal*, *71*(5), 42-46.

Bayless, K. M. & Ramsey, M. E. (1991). *Music: A way of life for the young child(4th ed.)*. Columbus, OH: Merrill Publishing.

Bearsley, K. M. (1940). *Aesthetic Problems in the philosophy of Criticism*. Harcourt: Brace & World.

Bredekamp, S. (1987). Developmentally appropriate practice in early childhood programs serving children from birth through age 8. Washington D. C.: NAEYC.

Bresler, R. A. (2004). Music and cognitive abilities: A look at the Mozart effect. Unpublished doctoral dissertation, Chicago School of Professional Psychology.

Bruner, J. S. (1966). Toward a theory of instruction. Cambridge, Mass.: Harvard University Press.

Byo, S. J. (1999). Classroom teachers and music specialists' perceived ability to implement the national standards for music education. *Journal of Research in Music Education*, *47*(2), 111-123.

Campbell, P. S. & Scott-Kassner, C. (1995). *Music in childhood*. New York: Schimer Books. Description and standards. Reston, VA: MENC.

Campbell, P. S. & Scott-Kassner, C. (2002). *Music in childhood: from preschool through the elementary grades(2nd ed.)*. Belmont, CA: Wads worth Group/Thomson Learning.

Chen, J. Q. & Feinburg, S. (1990). Spectrum field inventory: Visual arts scoring criteria. Unpublished scoring system.

Chen, Y. Y. (2000). The self-perception of inservice and preservice kindergarten teacher in Kaohsiung and Pingtung regions concerning the usefulness of the music content of their teacher training programs. Unpublished doctoral dissertation, Pennsylvania State University.

Choksy, L., Abramson, R. M., Gillespie, A. E., Woods, D., & York, F. (2001). *Teaching music in twenty-first century(2nd ed.)*. Englewood Cliffs, NJ: Prentice Hall.

Deporter, R. & Singer-Nourie, S. (1999). *Quantum TEACBING*. Boston: Allyn and Bacon.

Doxey, C. & Wright, C. (1990) An exploratory study of children' music ability. *Early Childhood Research Quarterly*, *5*(3), 425-440.

Draper, T. W. & Gayle, C. (1987). An analysis of children's music ability. *Early childhood Research Quarterly*, *5*, 425-440.

Elliott, D. J. (1989). Key concepts in multicultural music education. *International Journal of Music Education*, *13*, 11-18.

Feierabend, J. M. (1984). The effects of specific tonal pattern training on singing and aural discrimination abilities of first grade children. Unpublished doctoral dissertation, Temple University, Freire, P. & Macedo, D. (1987). *Literacy: Reading the word and the world*. London: Routledge & Kegan Paul.

Freire, P. & Macedo, D. P. (1987). *Literacy : reading the word & the world*. South Hadley, Mass.: Bergin & Garvey Publishers.

Freud, S. (1936). Inhibitions, symptoms and anxiety in the major works of sigmund Freud. Chicago, IL: Encylopedia Britannica.

Gallahue, D. L. (1993). *Developmental physical education for today's children*. Madison: Brown & Benchmark.

Gardner, H. (1993). 다중지능의 이론과 실제 (김명희 · 이경희 역). 파주: 양서원.

_________ (2007). 예술교과에서의 수업설계와 평가 (김명희 역). 서울: 문음사.

Gembris, H. (2002). *The development of musical abilities*. In R. Colwell, & C. Richardson(Eds.). New York: Basic Books.

Gordon, E. E. (1965). *Musical aptitude profile: manual*. New York, Houghton: Mifflin Company.

___________ (1986). *Primary measures of music audiation*. Chicago: GIA Publication, Inc.

___________ (1987). *The nature, description, measurement, and evaluation of music aptitudes*. Chicago: GIA Publication, Inc.

___________ (1989). *Advanced measures of music audiation*. Chicago: GIA Publication, Inc..

___________ (1995). *Manual of musical aptitude profile*. Chicago: GIA Publication, Inc..

___________ (1997). *A music learning theory for newborn and young children*. Chicago: GIA Publication, Inc..

___________ (1997). 영, 유아를 위한 음악학습이론 (이헬렌 역). 서울: IEC Music English 출판부.

Greata, J. (2006). *An introduction to music in early childhood education*. Chifton park, New York: Elifton park, Thomson Delmar Learning.

Greenberg, M. (1979). *Your children need music*. Englewood Cliffs, NJ: Prentice-Hall.

___________ (1985). 유아음악교육 (이기숙 · 김영주 역). 서울: 교문사.

Haines, B. J. E. & Gerber, L. L. (1996). *Leading young children to music(5th ed.)*. Columbus, OH: Charles, E. Merrill Publishing.

___________________________ (1999). *Leading young children to music(6th ed.)*. New York: Merrill.

Herrold, R. M. (2001). *New approaches to elementary classroom music*. NJ: Prentice-hall, INC.

Hickey, M. (2001). An application of Amabile's consensual assessment technique for rating the creativity of children's musical compositions. *Journal of Research in music Education*, *49*(3), 234-244.

Hoffer, C. R. (1983). 음악교육론 (안미자 역). 서울: 이화여자대학교 출판부

Holt, D. M. & Others. (1988). Reading, movement education and music: An integrated approach, Educational Document. *Research/Technical*, *143*, 1-15.

Hower, E. (1999). Creating an opera with seventh graders. *Music Educators Journal*, *3*, 30-37.

Jensen, E. (2000). 두뇌기반교수 (김유미 역). 서울: 푸른세상.

_______ (2004). Music with the brain in mind. Thousand Oaks, CA: Corwin Press.

Kieff, J. E. & Casberque, R. M. (2000). *Playful learning and teaching-Integrating play into preschool and primary program*. Needham Heights, MA: Allyn & Bacon

Kodály, Z. (1974). *The selected writings of Z. Kodály*. London: Boosey & Hawkes.

Landis, B. & Carder, P. (1972). *The eclectic curriculum in American music education: contributions of Dalcroze, Kodály, and Orff.* Washington D. C.: Music Educators National Conference.

McDonald, D. T. & Simons, G. M. (1989). *Musical growth and development*. New York: Shirner Books.

McDonald, D. T. (1993). Long-range program goals. *Music in prekindergarten: Planing and teaching*, 15-18.

MENC(1992). MENC position statement on early childhood education. *MENC Soundpost*, *8*(2), 21-22.

Moore, J. (1990). Creative dance for preschool children. *Journal of Physical Recreation and Dance*, *59*, 52-56.

Mursell, J. L. (1934). Human Values in Music Education. p. 8.

Music Educators National Conference (1994). National standards for arts education: What every young American should know and be able to do in the art. Reston, VA: Author.

Music Educators National Conference (1994). School music program: A new vision.

Neely, L. P. (2001). Developmentally appropriate music practice: Children learn what they live. *Young Children*, *56*(3). 32-37

Nettl, B. (1982). Types of tradition and transmission in cross-cultural expectives on music. Toronto: University of Toronto Press.

Nolen, J. (2003). Multiple intelligences in the classroom. *Education*, *124*, 115-120.

Nye, & Vernice. (1975). *Music for young children*. Dubuquem, Iowa: WM, C. Brown Company Publisher.

Orff, C. (1952). *Orff-schulwerk jugenmusik: die weihnachts geschichte*. Mainz: Schott.

______ (1963). The Orff Schulwerk its origins and aims. *Music Educators Journal*, *49*, 69-74.

Ostrander, S., Schroeder, L., & Ostrander, N. (1994). *Superlearning 2000*. New York: Delacorte Press.

Peery, J. C. (1993). Music in Early Childhood Education. In Bernard Spodek(Eds.), *Handbook of Research on The Education of Children*. New York: Macmillan Publication.

Perry, J. G. & Perry, I. W. (1986). Effects of exposure to classical to music on the musical preference of preschool children. *Journal of Research in Music Education*, *34*(1), 24-33.

Piccioni, R. (2003). Integrating technology into undergraduate music appreciation courses. Columbia University Teachers College.

Plato (2004). *Republic* (Translated by Scharffenberger, E. W.). New York: Bernes & Noble Books. (Originally published in 379s B.C.)

Prairie, A. P. (2005). *Inquiry into math, science, and technology for teaching children*. Clifton Park, New York: Thomson Delmar Learning.

Reimer, B. (1989). *A philosophy of music education(2nd ed.)*. Englewood Cliffs, NJ : Prentice Hall.

Roederer, J. G. (1979). Introduction to the physics and psychophysics of music. New York: Springer-Verlag.

Rousseau, J. J. (2001). 에밀 (권용호 역). 서울: 홍신문화사.

Russell, P. (1996). 인간의 두뇌 (김유미 역). 파주: 교육과학사.

Ryle, A. (1998). Transferences and coutreransferences: The Cognitive analytic therapy perspective. B*ritish Journal of Psychotherapy*, *14*(3), 303-309.

Scott-Kassner, C. (1993). Musical Characteristcs. In M. Palmer, & Crook(Eds.). *Music in prekindergarten: Planning and teaching*(pp. 7-14). Reston, Virginia: The Music Educators National Conference.

Sharlene Habermeyer (1999). 좋은 음악이 총명한 아이를 만든다 (김은정 역). 서울: 경성라인.

Shinich Suzuki (1987). 새로운 유아의 재능교육 (김희모 역). 서울: 교학사.

Todd, H. & Hefferman, V. E. (1970). *The Years Before School: Guiding Preschool Children*. New York: The MacMillian Co.

Upitis, R. (1990). *This too is music*. NH: Heinemann.

Wang, C. (1985). *Measures of creativity in sound and music*. Unpublished manuscript.

Wignall, H. J. (1998). Marionettes, children, and the magic of opera. *Music Educators Journal*, *December*, 55-58.

Zimmerman, M. P. (1971). Musical characteristics of children. Washington D. C.: MENC.

뮤앤무 오르프샵. www.orffshop.kr.

EC Music English 출판사(2004). http://musicenglish.co.kr.

West Music. www.westmusic.com.

저/자/소/개

안미숙

숙명여자대학교 대학원 음악교육전공 석사
숙명여자대학교 대학원 유아교육전공 수료
숙명여자대학교 대학원 교육학 박사 수료
백석문화대학교 실용음악학부 피아노과 교수
(現) 백석문화대학교 유아교육과 교수
사)한국생활음악협회 자문위원
백석피아노학회 이사
아동공동생활 행복한사람들 이사

신원애

총신대학교 대학원 유아교육학 박사
동강대학교 초빙교수
수피아 어린이집 원장
(現) 생각발전연구소 소장
총신대학교 원격평생교육원 교수
총신대학교 영유아교육정책연구소 선임연구원

예비교사와 현직교사를 위한 생활중심주제
유아음악교육

초판 1쇄 발행 2016년 8월 29일
초판 3쇄 발행 2019년 1월 10일

지 은 이 | 안미숙 · 신원애
펴 낸 이 | 김기섭
편 집 인 | 김민수
펴 낸 곳 | 창지사 www.changjisa.com
08589 서울시 금천구 가산디지털 1로 83 파트너스타워 1차 9층
전화 (02) 719-2211~3
팩스 (02) 701-9386
등 록 | 1977년 4월 28일 · 제1-421호

ISBN 978-89-426-0900-0 (93370)

값 21,000원

KOMCA 승인필

이 도서의 국립중앙도서관 출판예정도서목록(CIP)은 서지정보유통지원시스템 홈페이지(http://seoji.nl.go.kr)와 국가자료공동목록시스템(http://www.nl.go.kr/kolisnet)에서 이용하실 수 있습니다.(CIP제어번호: CIP2016020565)